人力资源管理

最**常用**的

83 个工具

[2版] ——————严肃◎编著

Human
Resource
Management

中国纺织出版社有限公司

内 容 提 要

"工欲善其事，必先利其器。"对于企业人力资源管理者来说，如果都拥有工作的"利器"——装有许多专业工具的"工具箱"，在管理过程中就可以胸有成竹，方便快捷地解决所遇到的各种问题。

本书中收集、整理了人力资源管理最常用的 83 个管理工具，并对这些管理工具进行了详细系统的分析说明。本书内容丰富全面，涵盖了人力资源管理的整个过程。每一项管理工具从"内容概述""实用范例""分析点评""注意事项"四个方面作了立体式、全方位的介绍，力求使读者便捷有效地解决人力资源管理过程中的各种问题，提高人力资源管理的效率。

本书是企业人力资源经理、人事主管、经理、人力资源总监、老板等人员的管理指南，也适合机关事业单位人事管理人员阅读和使用。

图书在版编目（CIP）数据

人力资源管理最常用的 83 个工具 / 严肃编著. --2 版.--北京：中国纺织出版社有限公司，2022.6（2024.11重印）

ISBN 978-7-5180-7938-4

I.①人… II.①严… III.①人力资源管理 IV. ① F243

中国版本图书馆 CIP 数据核字（2020）第 189355 号

责任编辑：曹炳镝　　责任校对：高　涵　　责任印制：储志伟

中国纺织出版社有限公司出版发行

地址：北京市朝阳区百子湾东里 A407 号楼　邮政编码：100124

销售电话：010—67004422　传真：010—87155801

http：//www.c-textilep.com

中国纺织出版社天猫旗舰店

官方微博 http://weibo.com/2119887771

天津千鹤文化传播有限公司印刷　　各地新华书店经销

2010 年 6 月第 1 版　2022 年 6 月第 2 版　2024 年 11 月第 5 次印刷

开本：710×1000　1/16　印张：23

字数：329 千字　定价：68.00 元

在知识经济时代，一个企业要想生存和发展，实现利润最大化，就必须更新观念，重视人力资源管理的重要地位。企业组织中所有的活动，小到简单工作的完成，大至整个企业的运筹，均需要"人"来执行或管理。人力资源不但是整个企业组织的一项资本或是资产，更是最为关键的一种资源。可以说，人力资源管理做好了，企业中最重要也最难处理的工作就做好了。而要进行科学有效的人力资源管理，就必须掌握相应的管理工具。

"工欲善其事，必先利其器。"对于企业人力资源管理者来说，如果都拥有工作的"利器"——装有许多专业工具的"工具箱"，在管理过程中就可以胸有成竹，方便快捷地解决所遇到的各种问题。

通常而言，人力资源管理工具的使用，主要是解决企业组织中的下列问题：

第一，获取人力资源。根据企业目标确定的所需员工条件，通过规划、招聘、考试、测评、选拔获取企业所需人员。

第二，整合人力资源。通过企业文化、信息沟通、人际关系和谐、矛盾冲突的化解等有效整合，使企业内部的个体、群体的目标、行为、态度趋向企业的要求和理念，使之形成高度的合作与协调，发挥集体的优势，提高企业的生产力和效益。

第三，保持人力资源。通过薪酬、考核、晋升等一系列管理活动，保持员工的积极性、主动性和创造性，维护劳动者的合法权益，保证员工在工作场所的安全、健康、舒适，以增进员工对企业和工作的满意度，使员工安心满意地工作。

第四，评价人力资源。对员工工作成果、劳动态度、技能水平以及其他方面做出全面考核、鉴定和评价，为相应的奖惩、升降、去留等决策提供准确有效的依据。

第五，发展人力资源。通过员工培训、工作丰富化、职业生涯规划与开发，促进员工知识、技巧和其他方面素质的提高，使其劳动能力得到增强和发挥，最大限度地提升其个人价值和对企业的贡献，达到员工个人和企业共同发展的目的。

通过运用科学有效的人力资源管理工具，可以大幅降低人力资源管理的成本，减少人力资源管理的失误，提高人力资源管理的效率，从而真正地实现企业人力资源效益的最大化，促进企业健康快速地发展。

本书收集、整理、编辑了人力资源管理最常用的83个管理工具，并对这些管理工具进行了系统的分析说明。本书内容丰富全面，涵盖了人力资源管理的整个过程，包括人力资源基础管理、规划分析、招聘筛选、培训开发、绩效考核、薪酬管理、劳动关系、员工心理、人力资源战略管理等方面。每一个管理工具，从"内容概述""实用范例""分析点评""注意事项"四个方面做了立体式、全方位的介绍，力求使读者便捷有效地解决人力资源管理过程中的各种问题，提高人力资源管理的效率。

本书是企业老板、人力资源总监、人力资源经理、人事主管、经理等人员进行人力管理的指南，也适合机关事业单位人事管理人员阅读和使用。

编著

2022 年 2 月

|目 录|

第一章 人力资源基本管理工具

第二章 人力资源规划工具

第三章 人力资源分析工具

第四章 招聘筛选工具

第五章　培训开发工具

第六章　绩效考核工具

第七章　薪酬管理工具

第八章 劳动关系管理工具

第九章 员工心理管理工具

第十章　人力资源战略管理工具

第一章　人力资源基本管理工具

工具1：平衡计分卡

● 内容概述

1. 平衡计分卡概念

目前，平衡计分卡是世界上最流行的管理工具之一，是由罗伯特·卡普兰发明的，并被《哈佛商业评论》评为最具影响力的管理学说。作为一个战略实施工具，平衡计分卡能够帮助战略实施人员明确公司在财务、客户、内部流程以及学习与发展四个方面的内在联系。

平衡计分卡是一个为增强公司长期战略计划执行力而编制的工具。一个形象的比喻是：平衡计分卡是飞机驾驶舱内的导航仪，通过这个"导航仪"显示的各种指标，管理层可以借此观察企业运行是否良好，及时发现在战略执行过程中哪一方面亮起了红灯。公司可及时采取行动解决问题，做出调整，改善状况。这是一个动态的持续的战略执行过程。

平衡计分卡的适用领域比较广泛，目前，国外很多企业，特别是他们的跨国公司（包括设在中国的分支机构）都采用了这一管理系统。当然，采用平衡计分卡的不只是公司，一些非营利性组织，如医院、政府部门，甚至警察局也采用了平衡计分卡系统。平衡计分卡最早进入中国约在1996年，当时也只是在少数一些在中国有业务的跨国公司中实施。近年来，平衡计分卡作为战略管理工具的理念和方法真正开始在中国受到重视和运用。

2. 平衡计分卡的特点

（1）平衡计分卡是一个核心的战略管理与执行的工具。平衡计分卡是在对企业总体发展战略达成共识的基础上，通过完美的设计，将其四个维度的目标、指标以及初始行动方案有效地结合在一起，形成一个战略管理与实施的体系。它的主要目的是将企业战略转化为具体的行动，以创造企业的竞争优势。

（2）平衡计分卡是一种先进的绩效衡量的工具。平衡计分卡将战略分成四个不同维度的运作目标，并依此四个维度分别设计适量的绩效衡量指标，因此，它不但为企业提供了有效运作所必需的各种信息，克服了信息的庞杂性和不对称性的干扰，更重要的是，它为企业提供的这些指标具有可量化、可测度、可评估性，从而更有利于企业进行全面系统的监控，促进企业战略与远景目标的达成。

（3）平衡计分卡是企业各级管理者与管理对象进行有效沟通的一个重要方式。为了战略的落实执行，必须将企业的远景规划与各级组织，包括各管理层乃至每个员工进行沟通，使企业所有员工都能够评论和理解战略与远景规划，并及时地给予有价值的反馈。平衡计分卡透过四个不同的维度，将比较抽象、难以表达的公司战略用简单明了的语言表达出来，使每个人"由旁观者变成了主人"，使各个部门和各个岗位的目标同企业的战略目标达成一致，共同为企业战略目标的实现而努力。

（4）平衡计分卡也是一个理念十分先进的"游戏规则"，即一种规范化的管理制度。平衡计分卡在战略执行的过程中，需要在运作目标、工作计划、绩效指标等方面建立一套完整的统计记录表格，并要求实施平衡计分卡的企业从本单位的实际出发，根据内外部环境和生产经营条件，构建起适合企业自身特点的平衡计分卡管理制度，因而，各个企业的平衡计分卡，无论在形式上还是在内容上都存在着很大的差别。

3. 平衡计分卡的四个维度

平衡计分卡之所以叫"平衡",是因为它从四个维度,即财务、客户、流程、学习与发展来帮助管理层对所有具有战略重要性的领域做全方位的思考,可用于确保日常业务运作与企业管理高层所确定的经营战略保持一致。平衡计分卡四个维度的作用、意义以及指标如表1-1所示。

表1-1 平衡计分卡四个维度的作用、意义以及指标

财务维度	其目标是解决"股东如何看待我们"这一类问题。表明我们的努力是否对企业的经济收益产生了积极的作用,是其他三个方面的出发点和归宿。财务指标通常包括利润、收入、资产回报率和经济增加值(EVA)等
客户维度	这一维度回答的是"客户如何看待我们"的问题。客户是企业之本,是现代企业的利润来源,客户感受理应成为企业的关注焦点。通过顾客的眼睛来看我们公司,从时间(交货周期)、质量、服务和成本几个方面关注市场份额以及顾客的需求和满意程度。客户方面体现了公司对外界变化的反映,它是平衡计分卡的平衡点。常见指标包括:按时交货率、新产品销售所占百分比、重要客户的购买份额、客户满意度指数、客户排名顺序、客户忠诚度、新客户增加比例、客户利润贡献度等指标
内部流程维度	内部业务维度着眼于企业的核心竞争力,回答的是"我们的优势是什么"的问题。事实上,无论是按时向客户交货还是为客户创利,都是以企业的内部业务为依托的。因此,企业应当选出那些对客户满意度有最大影响的业务程序(包括影响时间、质量、服务和生产率的各种因素),明确自身的核心竞争力,并把它们转化成具体的测评指标,内部过程是公司改善经营业绩的重点
学习和发展维度	其目标是解决"我们是否能继续提高并创造价值"这一类问题。只有持续不断地开发新产品,为客户创造更多价值并提高经营效率,企业才能打入新市场,增加红利。根据经营环境和利润增长点的差异,企业可以确定不同的产品创新、程序创新和生产水平提高指标,如员工士气、员工满意度、平均培训时间、再培训投资和关键员工流失率等,它是平衡计分卡的基点

⇨【实用范例】

平衡计分卡的应用非常广泛,可口可乐瑞典饮料公司(CC)就是一个典型的案例。可口可乐公司以前在瑞典的业务是通过许可协议由瑞典最具优势的啤酒公司普里普斯公司代理的。该许可协议在1996年到期终止后,可口可乐公司已经在瑞典市场上建立了新的生产与分销渠道。1997年春季,新公司承担了销售责任,并从1998年年初开始全面负责生产任务。

1. CC 正在其不断发展的公司中推广平衡计分卡的概念

若干年来，可口可乐公司的其他子公司已经在做这项工作了，但是，总公司并没有要求所有的子公司都用这种方式来进行报告和管理控制。

CC 采纳了卡普兰和诺顿的建议，从财务层面、客户和消费者层面、内部经营流程层面以及组织学习与成长四个方面来测量其战略行动。

为了推广平衡计分卡的概念，CC 的高层管理人员开了3天会议，把公司的综合业务计划作为讨论的基础。在此期间，每一位管理人员都要履行下面的步骤：

（1）定义远景。

（2）设定长期目标（大致的时间范围：3年）。

（3）描述当前的形势。

（4）描述将要采取的战略计划。

（5）为不同的体系和测量程序定义参数。

由于 CC 刚刚成立，讨论的结果是它需要大量的措施。由于公司处于发展时期，管理层决定形成一种文化和一种连续的体系，在此范围内所有主要的参数都要进行测量。在不同的水平上，将把关注的焦点放在与战略行动有关的关键测量上。

在构造公司的平衡计分卡时，高层管理人员已经设法强调了保持各方面平衡的重要性。为了达到该目的，CC 使用的是一种循序渐进的过程。

第一步，阐明与战略计划相关的财务措施，然后以这些措施为基础设定财务目标，并且确定为实现这些目标而应当采取的适当行动。

第二步，在客户和消费者方面也重复该过程。在此阶段，初步的问题是："如果我们打算完成我们的财务目标，我们的客户必须怎样看待我们？"

第三步，CC 明确了向客户和消费者转移价值所必需的内部过程。然后CC 的管理层问自己的问题是：自己是否具备足够的创新精神、自己是否愿意为了让公司以一种合适的方式发展而变革。

经过这些过程，CC 能够确保各个方面达到平衡，并且所有的参数和行动都会导致向同一个方向的变化。但是，CC 认为在各方达到完全平衡之前有必要把不同的步骤再重复几次。

2. CC 已经把平衡计分卡的概念分解到个人层面上

在 CC，很重要的一点就是，只依靠那些个人能够影响的计量因素来评估个人业绩。这样做的目的是，通过测量与员工的具体职责相关联的一系列确定目标来考察他的业绩。根据员工在几个指标上的得分而建立奖金制度，公司就控制或者聚焦于各种战略计划上。

在 CC，强调的既不是商业计划，也不是预算安排，而且不是把平衡计分卡看成是一成不变的；相反，对所有问题的考虑都是动态的，并且每年都要不断地进行检查和修正。按照 CC 的说法，在推广平衡计分卡概念过程中最大的挑战是既要寻找各层面的不同测量方法之间的适当平衡，又要确保能够获得所有将该概念推广下去所需要的信息系统。此外，要获得成功重要的一点是，每个人都要确保及时提交所有的信息。信息的提交也要考虑在业绩表现里。

分析点评

平衡计分卡作为一种全新的绩效评价体系，既包括财务衡量指标，也包括对客户维度、内部流程及组织的创新与成长进行测评的业务指标。前者用来说明已采取的行动所产生的结果，而后者则是对财务业绩驱动系统的考察。财务、客户、内部流程和学习与发展四个维度均包含战略目标、绩效指标、目标值、行动方案和任务几部分。其因果关系为：员工的素质决定产品质量、销售渠道等，产品或服务质量决定顾客满意度和忠诚度，顾客满意度和忠诚度及产品或服务质量等决定财务状况和市场份额。

平衡计分卡始终把战略和远景放在其变化和管理过程中的核心位置，通过清晰地定义战略，始终如一地进行组织沟通，并将其与变化驱动因素联系起来，构建"以战略为核心的开放型闭环组织结构"，使财务、客户、内部流程和学习与发展四因素互动互联，浑然一体。利用平衡计分卡，我们就可以明确自己的公司如何为当前以及未来的顾客创造价值了。在保持对财务业绩关注的同时，它清楚地表明了卓越而长期的价值和竞争业绩的驱动因素。从人力资源管理的角度来看，平衡计分卡系统地反映了人、财、事、物的完美统一。

➡ **注意事项**

平衡计分卡的优点非常明显，但也有一定的局限性，在使用的过程中应注意以下三个方面：

（1）平衡计分卡的优秀增加了使用它的难度。引用一位使用平衡计分卡失败的人力资源专员的话，"那些没有明确的组织战略、高层管理者缺乏分解和沟通战略的能力和意愿、中高层管理者缺乏指标创新的能力和意愿的组织不适合使用平衡计分卡"。

（2）平衡计分卡的工作量极大。除对战略的深刻理解外，需要消耗大量精力和时间把它分解到部门，并找出恰当的指标。而落实到最后，指标可能会达 15 ~ 20 个，在考核与收集数据时，也是一个不轻的负担。

（3）不适用于个人。并不是说平衡计分卡不能分解到个人层面，而是相比较于成本和收益，没有必要把它分解到个人层面。对于个人而言，要求绩效考核易于理解、易于操作、易于管理，而平衡计分卡并不具备这些特点。

工具 2：扁平化管理

🔔 (内容概述)

1. 扁平化管理的概念

扁平化管理是指通过减少管理层次、压缩职能部门和机构、裁减人员，使企业的决策层和操作层之间的中间管理层级尽可能减少，以便企业快速地将决策权延至企业生产、营销的最前线，是为提高企业效率而建立的富有弹性的新型管理模式。它摒弃了传统的"金字塔"状的企业管理模式的诸多难以解决的问题和矛盾。

扁平化管理是企业为解决层级结构的组织形式在现代环境下面临的难

题而实施的一种管理模式。当企业规模扩大时，原来的有效办法是增加管理层次，而现在的有效办法是增加管理幅度。当管理层次减少而管理幅度增加时，"金字塔"状的组织形式就被"压缩"成扁平状的组织形式。

想要对扁平化管理的概念有真正的了解，就必须明确几个其他相关的基础概念：

（1）管理幅度是指管理者所管辖的下属人员或部门的数目。人的管理幅度是有限的，有效的管理幅度要取决于各种影响因素。当管理幅度以算术级数增加时，管理者和下属之间可能存在的关系却是以几何级数增加。管理者和下属人员会使管理工作复杂化，而个人的工作能力则是有限的，因而有必要确定合理有效的管理幅度，这是企业组织结构设计的一项重要内容。

（2）管理层次是指组织内纵向管理系统所划分的等级。企业内部的组织层次，实际上是垂直的组织分工，部门化并不是企业内部唯一的组织分工。部门分工与层次分工分别属于企业组织分工的两个不同侧面。组织层次的分工，着重表现出在一定限度内自上而下地行使权力、利用资源以及明确管理职能的过程。组织中各个层次都承担着一定的管理职能。

（3）科层结构，也称"宝塔形"结构，是指一种典型的管理层次较多、管理幅度较小的组织结构。

（4）扁平化结构是与科层结构相对应的，是指管理层次较少、管理幅度较大的组织结构。

在这几个相关概念中，（1）与（2）呈负相关关系，也就是说，管理幅度越小、越窄，管理层次就越多；管理幅度越大、越宽，管理层次也就越少。（3）与（4）是两个相对立的概念，代表了（1）与（2）在量化上的此增彼减。

2. 如何运用扁平化管理模式

运用扁平化管理模式，旨在构筑新模式、组建新机构、再造新流程，变矩阵式管理为扁平化管理，突破次序、等级结构的界限；突破部门和职能职责的界限，变分散管理为集成管理，对企业进行整合。

（1）构建扁平化的组织。扁平化管理包括三个方面的内容：信息的扁平化、组织机构的扁平化和业务流程的扁平化。组织结构的扁平化只是为扁平化管理提供了一个平台，在这个平台上要不断地进行业务流程的优化，从而为信息的扁平化提供物质载体。

（2）构建企业内部的信息网络。企业内部信息的畅通是保证一个组织高效运转的必要条件之一。目前，企业的组织一般都是基于职能设立的，因此不可避免地会出现各部门为了自身的利益而各自为战的现象，失去了协同作战的能力。所以，企业在进行组织结构调整的同时，需要建立相应的制度来保证信息网络的畅通。

（3）构建企业外部的信息网络。随着互联网络的发展，外部信息的获得多数是通过网络来完成的，信息的获得越来越具有同质性的特点，关键在于谁能及时获得信息，谁就能领先进入市场。

3. 实施扁平化管理的对策

实施扁平化管理不是简单地撤并机构就可以完成的，特别是大型企业的管理关系和生产流程较为复杂，在推行组织结构扁平化时应从以下四个方面着手：

（1）要对管理业务整合和职能调整进行认真调查和论证。业务流程设计应做到职能设置科学，管理流程短，信息畅通。管理层的机构和岗位设置应做到精干高效、责权对应。

（2）要对作业层进行整合。整合的原则是工艺相近，区域相邻，集散有度，有利管理。

（3）要提高员工素质。由于扁平化的内涵是减少管理层次、扩大管理幅度，因此一定要实行竞争上岗，保证关键岗位上的人员素质。

（4）要周密编制实施方案，特别是企业集团大范围地推行扁平化管理，更应编制好科学、详尽的实施方案。

实施扁平化管理是推进企业信息化的有效途径，可以全面提高企业的管理水平。

⇨【实用范例】

最早将"扁平化管理"思想付诸实践的是美国通用电气公司。1981年，杰克·韦尔奇就任通用公司首席执行官时，通用电气公司从董事长到现场管理员之间的管理层数目，达24～26层。韦尔奇上任后，顶住压力，通过采取"无边界行动""零管理层"等管理措施，使公司管理层级数锐减至 5～6 层，彻底瓦解了自 20 世纪 60 年代就深植于组织内部的官僚系统，不但节省了大笔开支，更极大地提高了管理效率，企业的经济效益大幅提高。

分析点评

在今后的竞争中，规模已不再是企业最终命运的决定力量，灵活性和适应性将成为企业参与市场竞争成败的关键。由此，扁平化管理的趋势不可逆转。

按照管理层次与管理幅度的关系，组织结构有两种形式，即扁平结构和直式结构。扁平结构是管理层次少而管理幅度大的结构；直式结构是管理层次多而管理幅度小的结构。管理幅度小，管理层次和管理人员就要增多，花费的精力、时间和费用都要增加；而扩大管理幅度，可以减少管理层次，所需的管理人员、时间和费用减少，上下级之间信息传递的渠道缩短，可以提高工作效率。

扁平化之所以能在世界范围内大行其道，原因有以下几点：

（1）分权管理成为一种普遍趋势，"金字塔"状的组织结构是与集权管理体制相适应的，而在分权的管理体制之下，各层级之间的联系相对减少，各基层组织之间相对独立，扁平化的组织形式能够有效运作。

（2）企业快速适应市场变化的需要。传统的组织形式难以适应快速变化的市场环境，为了不被淘汰，就必须实行扁平化。

（3）现代信息技术的发展，特别是计算机管理信息系统的出现，使传统的管理幅度理论不再有效。

注意事项

企业组织在实施扁平化管理时需要注意的是，这种方法并不是包治百病的灵丹妙药。面对相同的外部环境，不同的企业会有不同的选择：有的企业钟情扁平化管理，而有的企业甚至会强化"金字塔"式的层级结构，这里没有绝对的先进和后进，只有适合与不适合，即符合组织实际情况的、经典的方法也是好方法；而脱离组织实际的，越是先进的方法，失败的可能性会越大。

工具3：标杆管理

内容概述

1.标杆管理的概念

标杆管理（Benchmarking）又称基准管理，是指一个组织瞄准一个比其绩效更高的组织进行比较，以便取得更好的绩效，不断超越自己，超越标杆，追求卓越，组织创新和流程再造的过程。

标杆管理起源于20世纪70年代末80年代初，在美国学习日本的运动中，首先开创标杆管理先河的是施乐公司，后经美国生产力与质量中心系统化和规范化。

标杆管理的概念可概括为：不断寻找和研究同行一流公司的最佳实践，并以此为基准与本企业进行比较、分析、判断，从而使自己企业得到不断改进，进入或赶超一流公司，创造优秀业绩的良性循环过程。标杆管理的核心是向业内或业外的最优秀的企业学习。通过学习，企业重新思考和改进经营实践，创造自己的最佳实践，这实际上是模仿创新的过程。

2.标杆管理的优越性

（1）标杆管理会让企业形成一种持续学习的文化，让企业认识到"赶""学""超"的重要性，企业的运作业绩永远是动态变化的，只有持续追求最好，才能获得持续的竞争力，才能始终立于不败之地。

（2）标杆管理为企业提供了优秀的管理方法和管理工具。主要表现在以下几个方面：

①通过标杆管理，企业可以选择标杆，确定企业中、长期发展战略；并与竞争对手对比分析，制订战略实施计划，并选择相应的策略与措施。

②标杆管理可以作为企业业绩提升与业绩评估的工具。标杆管理通过设定可达目标来改进和提高企业的经营业绩。目标有明确含义，有达到的途径，

可行、可信，使企业可以坚信绩效完全有办法提高到最佳。而且，标杆管理是一种辨识世界上最好的企业实践并进行学习的过程。通过辨识行业内外最佳企业业绩及其实践途径，企业可以制定业绩评估标准，然后对其业绩进行评估，同时制定相应的改善措施。企业可以明确本企业所处的地位、管理运作以及需要改进的地方，从而制定适合本企业的有效的发展战略。

（3）标杆管理有助于企业建立学习型组织。学习型组织实质是一个能熟练地创造、获取和传递知识的组织，同时也要善于修正自身的行为，以适应新的知识和见解。而实施标杆管理后，有助于企业发现在产品、服务、生产流程以及管理模式方面存在的不足，并学习"标杆企业"的成功之处，再结合实际，将其充分运用到自己的企业当中。

3. 标杆管理"四步曲"

标杆管理作为一项战术管理工具看似简单，似乎不过是更为精确的竞争比较而已，但如果把它视作一项战略管理工具，去发掘其创新管理含义、学习管理含义，就必须有系统、周密、稳健、可行的标杆管理流程的指导。

以下是从准备到实施的标杆管理"四步曲"，它覆盖了标杆管理的关键步骤。

（1）标杆管理准备。

①明确标杆管理目标。

②组建标杆小组。

③形成标杆管理计划。

（2）标杆规划。

①确定标杆管理的范围。

②确定外部的标杆。

③确定标杆资讯源。

（3）标杆比较。

①资讯的收集整理。

②确定标杆管理指标。

③确定绩效差距。

④绩效差距成因分析。

（4）实施标杆管理。

①拟定未来的最佳实践。

②构架 KPI 体系。

③制订并实施改革计划。

④评估与重新校标。

⇨【实用范例】

实施标杆管理的典型是美孚石油（Mobil）公司。美孚石油公司是世界上最著名的公司之一。在 1992 年，它的年收入就高达 670 亿美元，这比世界上大部分国家的收入还高，真正是富可敌国。不过，美孚石油公司并没有满足自己取得的成就，而是积极进取，努力做得更好。于是他们在 1992 年年初做了一个调查，以便发现自己新的发展空间。当时美孚公司询问了服务站的 4000 位顾客什么对他们是最重要的，结果发现，仅有 20% 的被调查者认为价格是最重要的，其余 80% 的被调查者想要三件东西：一是快捷的服务，二是能提供帮助的友好员工，三是对他们的消费忠诚予以一些认可。

美孚石油公司把这三样东西简称为"速度""微笑"和"安抚"。美孚石油公司的管理层认为：论综合实力，美孚石油公司在石油企业里已经独步江湖了，但要把这三项指标拆开看，美国国内一定还有做得更好的其他企业。美孚于是组建了速度、微笑和安抚三个小组，去寻找速度最快、微笑最甜和回头客最多的标杆，并决定以标杆为榜样改造美孚石油公司遍布全美的 8000 个加油站。

经过一番认真寻找，三个标杆都找到了。速度小组锁定了潘斯克（Penske）公司，世界上赛车运动的顶级赛事是一级方程式赛车，即 F1 赛车。但美国人不玩 F1，它有自己的 F1 赛车，即"印地 500 汽车大赛"（Indy 500）。而潘斯克公司就是给"印地 500 汽车大赛"提供加油服务的。在电视转播"印地 500 汽车大赛"时，观众都目睹到这样的景象：赛车风驰电掣般冲进加油站，潘斯克的加油员一拥而上，眨眼间赛车加满油绝尘而去。美孚石油公司的速度小组经过仔细观察，总结了潘斯克之所以能快速加油的绝招：这个团队身着统一的制服，分工细致，配合默契。而且潘斯克的成功，部分归功于电子头套耳机的使用，它使每个小组成员能及时地与同事联系。

于是，速度小组提出了几个有效的改革措施：首先，在加油站的外线上修建停靠点，设立快速通道，供紧急加油使用；其次，加油站员工佩戴耳机，形成一个团队，安全岛与便利店可以保持沟通，及时为顾客提供诸如汽水一类的商品；最后，服务人员穿着统一的制服，给顾客一个专业加油站的印象。

微笑小组锁定了丽思·卡尔顿酒店作为温馨服务的标杆。丽思·卡尔顿酒店号称全美最温馨的酒店，那里的服务人员总保持招牌般的甜蜜微笑，因此获得了不寻常的顾客满意度。美孚石油公司的微笑小组观察到，丽思·卡尔顿酒店对所有新员工进行了广泛的指导和培训，使员工们铭记：自己的使命就是照顾客人，使客人舒适。

微笑的标杆找到了。接着，美孚石油公司开始改进自己的服务：在顾客驾车准备驶进的时候，员工已经为他准备好了汽水和薯片，而且每个员工都面带微笑。如果是老顾客，每个员工会记得顾客的名字，并热情地打招呼。

全美公认的回头客大王是"家庭仓库"公司。安抚小组于是把该公司作为标杆。他们从"家庭仓库"公司学到：公司中最重要的人是直接与客户打交道的人。没有致力于工作的员工，你就不可能得到终身客户。这意味着要把时间和精力投入到如何雇佣和训练员工上。而过去在美孚石油公司，那些销售公司产品、与客户打交道的一线员工传统上被认为公司里最无足轻重的人。

安抚小组的调查改变了美孚石油公司以往的观念，现在领导者认为自己的角色就是支持这些一线员工，使他们能够把出色的服务和微笑传递给公司的客户，传递到公司以外。

美孚石油公司在经过标杆管理之后，他们的顾客一到加油站，迎接他们的是服务员真诚的微笑与问候。所有服务员都穿着整洁的制服，打着领带，配有电子头套耳机，以便能及时地将顾客的需求传递到便利店的出纳那里。希望得到快速服务的顾客可以开进站外的特设通道中，只需要几分钟，就可以完成洗车和收费的全部流程。这样做的结果是：加油站的平均年收入增长了 10%。

分析点评

实践证明，标杆管理是提升企业经营业绩的重要的基本工具之一。标杆管理与企业再造、战略联盟并称为 20 世纪 90 年代三大管理方法。它的本质是一种面向实践、面向过程的以方法为主的管理方式，它与流程重组、企业再造一样，基本思想是系统优化、不断完善和持续改进。

英国的一次调查表明，英国有60%～85%的企业参与了标杆管理活动；在中国，很多知名企业也应用了标杆管理。由此可见，标杆管理具有一定的实用性和普遍性。

➡ 注意事项

在实行标杆管理的过程中，选择标杆是一个关键环节。在这个关键环节中，应该注意下列问题：

1. 群策群力

标杆小组应进行头脑风暴法群体讨论，以寻求一下问题的答案："哪一个公司需要真正做好这一流程？为什么？"并收集尽可能多的答案。

2. 规模不足问题

标杆的规模大小不一定同自己的公司相似（尽管关于一个公司的做法在另一个公司是否适用时要考虑的只有一点点），只要标杆比较方法一致。

3. 泛行业

在寻找标杆方面，可将视野拓宽到你的公司和你的行业之外，视野离开你的公司行业越远，就越有可能取得突破性进展。

工具4：六西格玛理论

📢 内容概述

1. 六西格玛的概念

西格玛（Σ，σ）是希腊文的字母，是用来衡量一个总数里标准误差的统计单位。

6个西格玛＝3.4失误/百万机会，意味着卓越的管理、强大的竞争力和忠诚的客户。

5 个西格玛＝ 230 失误 / 百万机会，意味着优秀的管理、很强的竞争力和比较忠诚的客户。

4 个西格玛＝ 6210 失误 / 百万机会，意味着较好的管理和运营能力，满意的客户。

3 个西格玛＝ 66800 失误 / 百万机会，意味着平平常常的管理，缺乏竞争力。

2 个西格玛＝ 308000 失误 / 百万机会，意味着企业资源每天都有 1/3 的浪费。

1 个西格玛＝ 690000 失误 / 百万机会，意味着每天有 2/3 的事情做错，企业无法生存。

六西格玛概念作为品质管理概念，最早是由摩托罗拉公司的比尔·史密斯于 1986 年提出，其目的是设计一个目标：在生产过程中降低产品及流程的缺陷次数，防止产品变异，提升品质。六西格玛真正流行并发展起来，是在通用电气公司的实践，即 20 世纪 90 年代发展起来的。六西格玛管理总结了全面质量管理的成功经验，提炼了其中流程管理技巧的精华和最行之有效的方法，成为一种提高企业业绩与竞争力的管理模式。该管理法在摩托罗拉公司、通用电气公司、戴尔公司、惠普公司、西门子公司、索尼公司、东芝公司等众多跨国企业的实践证明是卓有成效的。为此，国内一些部门和机构在国内企业大力推行六西格玛管理工作，引导企业开展六西格玛管理。

随着实践的经验积累，它已经从一个单纯的流程优化概念衍生为一种管理哲学思想。它不仅仅是一个衡量业务流程能力的标准，还是一套使业务流程不断优化的方法。

2. 西格玛水平的计算

在西格玛水平的计算中有四个基本概念：单元、需求、缺陷和缺陷机会。单元是指最终传递给客户的产品或服务；在产品或服务中，任何不能满足客户需求的事件都称为缺陷；客户的每一个需求都对应着产品或服务的一个缺陷机会。为了更清楚地说明这四个概念，我们这里举一个简单的例子：快餐外卖。在快餐外卖业务中，客户希望快餐能够准时送到，能够是热的，并且快餐的包装没有损坏。在这里，"单元"是快餐；客户的"需求"有 3 个：准时、热量和包装；这 3 个需求对每份快餐来讲，就是 3 个"缺陷机会"。我们假设收集了 500 份快餐外卖的数据，发现其中有 25 个是迟到的，10 个太冷，7 个包装损坏，则总共有 25+10+7=42 个缺陷。我们这样计算西格玛；缺陷总数 /（单元总数 × 缺陷机会数），得到 42/（500×3）=0.028，我们称其为每次机会缺陷（DPO）。我们通常考虑 100 万个机会。在快餐外卖这个例子中，将是每百万次机会有 28000 个缺陷（DPMO）。在表 1-2 中查找 DPMO 值，可知快餐外卖的业绩水平大约是 3.3 西格玛。

表 1-2　Sigma 值与 DPMO 值的转换表

合格率（%）	DPMO	Sigma 值
6.68	933200	0
8.455	915450	0.125
10.56	894400	0.25
13.03	869700	0.375
15.87	841300	0.5
19.08	809200	0.625
22.66	773400	0.75
26.595	734050	0.875
30.85	691500	1
35.435	645650	1.125
40.13	598700	1.25
45.025	549750	1.375
50	500000	1.5
54.975	450250	1.625
59.87	401300	1.75
64.565	354350	1.875
69.15	308500	2
73.405	265950	2.125
77.34	226600	2.25
80.92	190800	2.375
84.13	158700	2.5
86.97	130300	2.625
89.44	105600	2.75
91.545	84550	2.875
93.32	66800	3

合格率（%）	DPMO	Sigma 值
94.79	52100	3.125
95.99	40100	3.25
96.96	30400	3.375
97.73	22700	3.5
98.32	16800	3.625
98.78	12200	3.75
99.12	8800	3.875
99.38	6200	4
99.565	4350	4.125
99.7	3000	4.2
99.795	2050	4.375
99.87	1300	4.5
99.91	900	4.625
99.94	600	4.75
99.96	400	4.875
99.977	230	5
99.982	180	5.125
99.987	130	5.25
99.992	80	5.375
99.997	30	5.5
99.99767	23.35	5.625
99.99833	16.7	5.75
99.999	10.05	5.875
99.99966	3.4	6

3. 六西格玛管理的益处

实施六西格玛管理的益处是显而易见的，概括而言，主要表现在以下几个方面：

（1）提升企业管理能力。六西格玛管理以数据和事实为驱动器。过去，企业对管理的理解和对管理理论的认识更多地停留在口头上和书面上，而六西格玛把这一切都转化为实际有效的行动。六西格玛管理法成为追求完美无瑕的管理方式的同义语。

正如杰克·韦尔奇在通用电气公司2000年年报中所指出的："六西格玛管理所创造的高品质，已经奇迹般地降低了通用电气公司在过去复杂管理流程中的浪费，简化了管理流程，降低了材料成本。六西格玛管理的实施已经成为介绍和承诺高品质创新产品的必要战略和标志之一。"

六西格玛管理给予了摩托罗拉公司更多的动力去追求当时看上去几乎是不可能实现的目标。20世纪80年代早期公司的品质目标是每5年改进10倍，而实施六西格玛管理后每2年改进10倍，创造了4年改进100倍的奇迹。

对国外成功经验的统计表明：如果企业全力实施六西格玛革新，每年可提高1个西格玛水平，直到达到4.7个西格玛水平，无须大的资本投入。这期间，利润率的提高非常显著。而当达到4.8个西格玛水平以后，再提高水平需要对过程重新设计，资本投入增加，但此时产品、服务的竞争力提高，市场占有率也相应提高。

（2）节约企业运营成本。对于企业而言，所有的不良产品要么被废弃，要么需要重新返工，要么在客户现场需要维修、调换，这些都需要花费企业成本。美国的统计资料显示，一个执行三西格玛管理标准的公司直接与质量问题有关的成本占其销售收入的10%～15%。从实施六西格玛管理的1987～1997年的10年间，摩托罗拉公司由于实施六西格玛管理节省下来的成本累计已达140亿美元。六西格玛管理的实施，使霍尼韦尔公司1999年一年就节约成本6亿美元。

（3）增加顾客价值。实施六西格玛管理可以使企业从了解并满足顾客需求到实现最大利润之间的各个环节实现良性循环：公司首先了解、掌握顾客的需求，然后通过采用六西格玛管理原则减少随意性和降低差错率，从而提高顾客满意程度。

通用电气的医疗设备部门在导入六西格玛管理之后创造了一种新的技术，带来了医疗检测技术革命。以往病人做一次全身检查需要3分钟，现在只需要1分钟。医院也因此提高了设备的利用率，降低了检查成本。这样，出现了令公司、医院、病人三方面都满意的结果。

（4）改进服务水平。由于六西格玛管理不但可以用来改善产品品质，而且可以用来改善服务流程，因此，对顾客服务的水平也得以大大提高。

通用电气照明部门的一个六西格玛管理小组成功地改善了同其最大客户沃尔玛的支付关系，使得票据错误和双方争执减少了98%，既加快了支付速度，又融洽了双方互利互惠的合作关系。

4. 六西格玛实施流程

六西格玛模式是一种自上而下的革新方法，它由企业最高管理者领导并驱动，由最高管理层提出改进或革新目标（这个目标与企业发展战略和远景密切相关）、资源和时间框架。推行六西格玛模式可以采用由定义、评估、分析、改进、控制（DMAIC）构成的改进流程。

（1）定义（Define）。定义阶段主要是明确问题、目标和流程，需要回答以下问题：应该重点关注哪些问题或机会？应该达到什么结果？何时达到这一结果？正在调查的是什么流程？它主要服务和影响哪些顾客？

（2）评估（Measure）。评估阶段主要是分析问题的焦点是什么，借助关键数据缩小问题的范围，找到导致问题产生的关键原因，明确问题的核心所在。

（3）分析（Analyze）。通过采用逻辑分析法、观察法、访谈法等方法，对已评估出来的导致问题产生的原因进行进一步分析，确认它们之间是否存在因果关系。

（4）改进（Improve）。拟订几个可供选择的改进方案，通过讨论并多方面征求意见，从中挑选出最理想的改进方案并付诸实施。实施六西格玛改进，可以是对原有流程进行局部的改进；或在原有流程问题较多或惰性较大的情况下，也可以重新进行流程再设计，推出新的业务流程。

（5）控制（Control）。根据改进方案中预先确定的控制标准，在改进过程中，及时解决出现的各种问题，使改进过程不至于偏离预先确定的轨道，发生较大的失误。

⇨【实用范例】

通用电气公司（GE）是世界上最大的多元化服务性公司，同时也是高质量、高科技工业和消费产品的提供者。GE在全世界100多个国家开展业务，在全球拥有员工近30万人。六西格玛理论被GE用在了企业管理的方方面面，在 GE 的发展过程中起到了重要的作用。以前六西格玛主要用于生产领域的质量管理，现在逐渐用在了人力资源管理工作方面上，帮助提高人力资源管理的质量。

在 GE 这个拥有 30 万员工的企业帝国，"员工就是客户""同事就是上帝"，员工的满意度将直接影响其忠诚度和工作智慧的发挥。因此，减少纰漏，提高效率，提高员工满意度，增强 GE 人力资源的竞争力是 GE 人力资源管理的最终目标。在 GE 人力资源部门，六西格玛已经成为所有人基本的工作语言。

1. GE 用六西格玛理论招聘员工

在 GE，人力资源管理工作从职位出现空缺开始，到发布招聘广告、初步筛选、面试应聘者、选到合适的人员、向录用者发入职通知、员工培训、职业发展的设计与促进以及福利管理、职位晋升，然后职位又出现新的空缺，再开始重新招聘……这是一个不断循环的过程。而 GE 就是用六西格玛来监控人力资源管理的整个过程。GE 的人力资源部门将这一过程的详细环节、程序列出来，分析每个程序是否有偏颇，使每个程序都在六西格玛的监管之下。

拿招聘来说，每个岗位的招聘都是一个流程，都有各自的招聘周期，GE 正是运用六西格玛对这个流程进行管理。肩负着为 GE 搜罗优秀人才重任的招聘程序被"笼罩"在六西格玛的"魔力"之下，以期为 GE 带来最高效的招聘。

GE 采用六西格玛 DMADV 方式来管理公司的人力资源招聘工作。

Define（定义）是 DMADV 的第一步。核心内容就是要去发现存在的问题，并设定新的目标，以及确定由谁来负责组建团队实施这一项目并实现目标。第二步就是 Measure（测量），专职人员将对现有的案例和数据进行综合衡量，分析对招聘周期产生影响的因素。需要衡量的还包括客户的需求 VOC（Voice of Customer），即被招聘人员的意见，衡量被招聘人员希望完成招聘的周期和质量等因素。GE 会对所有 VOC 的信息进行综合衡量，找出能够影响招聘周期的关键因素。第三步 Analyze（分析）是对新的职位数据进行分析，与现有的数据和案例进行比较，找出影响招聘流程的问题。根据对所有新旧数据的对比和分析，将在 Design（设计）步骤中设计出新的程序和流程，避免已经出现的问题。DMAIC 的第四步 Improve（改进）是通过新方法对现有流程与程序的提高与改善，而不是设计一种全新的流程。同样，DMAIC 的 Control（控制）环节也正是对经过改善的流程的控制。而 DMADV 的第五步 Verify（检验）则是验证新的流程和程序是否可行，是否能够真正缩短招聘周期、提高招聘质量。

曾经，GE 的一些业务部门对招聘流程做过衡量，从简历甄选，到每一次面试，到决定录用员工，到与新员工谈工资待遇……对整个招聘过程进行分析。通过分析，检验招聘流程中哪个环节消耗的时间最长，找到改进的方法。如今，GE 正逐步建立拥有丰富招聘案例的历史数据库，供人力资源部来做系统的分析。GE 希望能够有更多历史数据帮助人力资源部门建立科学的衡量体系，挖掘衡量的标准参数，界定每一个招聘环节所用的时间，确定误差范围。

人力资源部会在招聘周期、招聘费用、招聘质量三个主要方面来衡量人力资源部门是否在人才招聘上做好了工作，会在这三个方面制定相应的标准，按照标准来执行。

（1）招聘周期。肯定是周期越短越好。假设某个岗位要求在 40 天之内找到合适的人选，但结果没有完成。公司就会分析，是市场的原因呢，还是广告没有宣传到位，还是找错了对象，或是其他原因。当找到相关原因，就提高了工作质量。

（2）招聘费用。广告费、猎头等人力资源服务中介费用等招聘费用或成本方面，只要能够实现招聘目标，肯定是费用越低越好。GE 人力资源部会制定一个标准，要求招聘费用在这个标准之内，这个标准也是公司与客户一起根据实际情况制定的客观标准。

（3）招聘质量。招聘到的员工的质量要求越高越好。在人才质量上，比如，看新员工是否能够顺利度过试用期，如果一个员工连试用期都没过，达不到公司的要求，就说明招聘时面试出了纰漏，没有真正衡量出应聘者的能力。

2. 人力资源管理的"次品"

在 GE，严格定义了人力资源管理工作中的"次品"：工资发放出现错误；账务报销错误；账务报销周期过长，超出设定的标准；招聘周期过长；招聘费用过高；招聘的人员质量达不到原定的要求……

任何一个具体的管理环节，所有的细微之处只要出现一次错误，都会被视为人力资源管理过程中的质量"次品"。

招聘、培训、福利管理等所有人力资源环节都被细分成不同的项目和流程，六西格玛的管理工具被应用到所有的流程。尽管人力资源管理工作与生产管理大相径庭，但GE竭力让每个管理环节被量化、流程化，也就有了应用六西格玛工具的可能。对于GE的人力资源管理人员而言，首要的是必须具有六西格玛的思维方式和工作思路，这就像GE员工必须恪守GE三大核心价值观一样，六西格玛被看作GE人力资源管理人员工作方法上的必备价值观。

当然，六西格玛在GE人力资源管理中的应用也不可避免地遇到了挑战。比如，当人力资源部制定一项新的政策时，很多管理人员认为把六西格玛运用其中有很大困难。但实际上，类似于人力资源政策的制定等工作，都要在VOC的基础上实施，都离不开对员工满意度的分析，而许多数字是可以描述和反映员工满意度的。因此，不断寻找量化工作的方法，使得六西格玛的基因最终融入几乎所有的GE人力资源管理工作中。

分析点评

杰克·韦尔奇说："六西格玛管理是我们曾尝试过的最重要的管理方法。六西格玛管理法胜过到哈佛工商学院就读，也胜过到GE总部的克劳顿村进修，六西格玛管理法教会你一种完全与众不同的思维方式。"韦尔奇的话是对六西格玛重要作用的最中肯的评价。也正是有了六西格玛，GE几乎所有的人力资源工作都变得标准化，标准化了的流程都可以被衡量和控制，而GE员工的满意度也得到了不断的提高。

注意事项

六西格玛管理主要是以数据为基础，通过数据查找关键因素、主要问题，并把产生的问题数据进行统计分析，继而提出解决问题的方案和办法。对改进方法进行长期控制，以保证解决方案的可行性、有效性。因而，在六西格玛学习和实施中，决不能忽略对数据的采集、计算、统计分析等方法的学习及运用，这也是六西格玛成功与否的关键。

工具 5： 危机管理

内容概述

1. 危机管理的概念

危机管理是专门的管理科学，它是指企业通过危机监测、危机预警、危机决策和危机处理，达到避免、减少危机产生的危害，总结危机发生、发展的规律，对危机处理科学化、系统化的一种新型管理体系。通常而言，企业危机管理的内涵包括以下四个方面：

（1）危机监测。

（2）危机预警。

（3）危机决策。

（4）危机处理。

2. 危机管理的特征

（1）突发性。危机往往都是不期而至、令人措手不及的。危机一般是在企业毫无准备的情况下瞬间发生的，给企业带来的是混乱和惊恐。

（2）急迫性。危机的突发性特征决定了企业对危机做出的反应和处理的时间十分紧迫，任何延迟都会带来更大的损失。危机的迅速发生引起了各大传媒以及社会大众对于这些意外事件的关注，使得企业必须立即进行事件调查与对外说明。

（3）不确定性。事件爆发前的征兆一般不是很明显，企业难以做出预测。危机出现与否与出现的时机是无法完全确定的。

（4）破坏性。危机发生后可能会带来比较严重的物质损失和负面影响，有些危机用毁于一旦来形容一点不为过。

（5）舆论关注性。危机事件的爆发能够刺激人们的好奇心理，常常成为人们谈论的热门话题和媒体跟踪报道的内容。企业越是束手无策，危机事件越会增添神秘色彩引起各方的关注。

（6）信息资源紧缺性。危机往往突然降临，决策者必须作出快速决策，在时间有限的条件下，混乱和惊恐的心理使得获取相关信息的渠道出现"瓶颈"现象，决策者很难在众多的信息中发现准确的信息。

3. 危机管理的类型

不同类型的危机，处理的方法存在着很大的差异。在处理危机前，企业首先要确定危机的类型，以便于有针对性地采取对策。企业组织面临的危机主要有以下8种：

（1）决策危机。它是企业经营决策失误造成的危机。企业不能根据环境条件变化趋势正确制定经营战略，而使企业遇到困难无法经营，甚至走向绝路。例如，巨人集团涉足房地产项目——建造巨人大厦，并一再增加层数，隐含着经营决策危机。决策失误没有及时调整而给企业带来了灭顶之灾。

（2）信誉危机。它是企业在长期的生产经营过程中，公众对其产品和服务的整体印象和评价。企业由于没有履行合同及其对消费者的承诺，而产生的一系列纠纷，甚至给合作伙伴及消费者造成重大损失或伤害，企业信誉下降，失去公众的信任和支持而造成的危机。

（3）灾难危机。它是指企业无法预测人力不可抗拒的强制力量，如地震、台风、洪水等自然灾害，战争，重大工伤事故，经济危机，交通事故等造成巨大损失的危机。危机给企业带来巨额的财产损失，使企业经营难以开展。

（4）经营管理危机。它是企业管理不善而导致的危机。主要包括产品质量危机、环境污染危机和关系纠纷危机。

（5）法律危机。它是指企业高层领导法律意识淡薄，在企业的生产经营中涉嫌偷税漏税、以权谋私等，事件暴露后，企业陷入危机之中。

（6）人才危机。它是指人才频繁流失所造成的危机。尤其是企业核心员工离职，其岗位没有合适的人选，给企业带来的危机也是比较严重的危机现象。

（7）财务危机。企业投资决策的失误、资金周转不灵、股票市场的波动、贷款利率和汇率的调整等因素使企业资金暂时出现断流，难以正常运转，严重的最终造成企业瘫痪。

（8）媒介危机。真实性是新闻报道的基本原则，但是由于客观事物和环境的复杂性和多变性，以及报道人员观察问题的立场角度有所不同，媒体的报道出现失误是常有的现象。一是媒介对企业的报道不全面或失实。媒体不了解事实真相，报道不能客观地反映事实，引起的企业危机。二是曲解事实。由于新科技的引入，媒体还是按照原有的观念、态度分析和看待事件而引起企业的危机。三是报道失误。人为的诬陷，引起企业的危机。

4. 危机管理的对策

企业在生产经营中面临着多种危机，并且无论哪种危机发生，都有可能给企业带来致命的打击。企业通过危机管理对策把一些潜在的危机消灭在萌芽状态，把必然发生的危机损失降到最低。虽然危机具有偶然性，但是危机管理对策并不是无章可循。我们通过对企业危机实践总结，不难发现危机管理对策主要包括如下几个方面：

（1）做好危机预防工作。企业危机产生的原因非常多，不排除偶然的原因，多数危机的产生有一个变化的过程。如果企业管理人员有敏锐的洞察力，根据日常收集的各方面信息，能够及时采取有效的防范措施，完全可以避免危机的发生或使危机造成的损害和影响尽可能降到最低限度。因此，预防危机是危机管理的首要环节。危机预防主要包括：

①树立强烈的危机意识。
②建立预防危机的预警系统。
③建立危机管理机构。
④制订危机管理计划。

（2）进行危机确认。危机管理人员要做好日常的信息收集、分类管理，建立起危机防范预警机制。危机管理人员要善于捕捉危机发生前的信息，在出现危机征兆时，尽快确认危机的类型，为有效的危机控制做好前期工作。

（3）危机处理。

①有效的危机控制。危机发生后，危机管理机构快速调查事件原因，弄清事实真相，尽可能把真实的、完整的情况公布于众，各部门保证信息

的一致性，避免公众的各种无端猜疑。配合有关调查小组的调查，并做好应对有关部门和媒体的解释工作以及事故善后处理工作。速度是危机控制阶段的关键，决策要快速，行动要果断，力度要到位。

②迅速拿出解决方案。企业以最快的速度启动危机处理计划。每次危机各不相同，应该针对具体问题，随时修正和充实危机处理对策。主动、真诚、快速反应、公众利益至上是企业面对危机最好的策略。企业应该掌握宣传报道的主动权，通过召开新闻发布会，向公众告知危机发生的具体情况，企业解决问题的措施等内容。发布的信息应该具体、准确，随时接受媒体和有关公众的访问，以公众利益至上的原则解决问题。还可以发挥权威性的机构对解决危机的作用，处理危机时，最好邀请权威人士辅助调查，以赢取公众的信任，这往往对企业危机的处理起到决定性作用。

⇨【实用范例】

美国强生公司的泰诺药片中毒事件是典型的企业危机管理案例。1982年9月，美国芝加哥地区发生有人服用含氰化物的泰诺药片中毒死亡的严重事故，一开始死亡人数只有3人，后来却传说全美各地死亡人数高达250人。其影响迅速扩散到全国各地，调查显示有94%的消费者知道泰诺中毒事件。

事件发生后，在首席执行官吉姆·博克的领导下，强生公司迅速采取了一系列有效措施。首先，强生公司立即抽调大批人马对所有药片进行检验。经过公司各部门的联合调查，在全部800万片药剂的检验中，发现所有受污染的药片只源于一批药，总计不超过75片，并且全部在芝加哥地区，不会对全美其他地区有丝毫影响，而最终的死亡人数也确定为7人。但强生公司仍然按照公司最高危机方案原则，即"在遇到危机时，公司应首先考虑公众和消费者利益"，不惜花巨资在最短时间内向各大药店收回了所有的数百万瓶这种药，并花费50万美元向有关的医生、医院和经销商发出警报。

对此，《华尔街日报》报道说："强生公司选择了一种自己承担巨大损失而使他人免受伤害的做法。如果昧着良心干，强生将会遇到很大的麻烦。"泰诺案例成功的关键是因为强生公司有一个"做最坏打算的危机管理方案"。该计划的重点是首先考虑公众和消费者利益，这一信条最终拯救了强生公司的信誉。

事故发生前，泰诺在美国成人止痛药市场中占有 35% 的份额，年销售额高达 4.5 亿美元，占强生公司总利润的 15%。事故发生后，泰诺的市场份额曾一度下降。当强生公司得知事态已稳定，并且在药片中投毒的疯子已被拘留时，并没有将产品马上投入市场。当时美国政府和芝加哥等地的地方政府正在制定新的药品安全法，要求药品生产企业采用"无污染包装"。强生公司看准了这一机会，立即率先响应新规定，结果在价值 12 亿美元的止痛片市场上挤走了它的竞争对手，仅用 5 个月的时间就夺回了原市场份额的 70%。

分析点评

强生公司处理这一危机的做法成功地向公众传达了企业的社会责任感，受到了消费者的欢迎和认可。强生还因此获得了美国公关协会颁发的银钻奖。原本一场"灭顶之灾"竟然奇迹般的为强生迎来了更高的声誉，这归功于强生高超的危机管理技巧。

注意事项

危机的善后工作主要是消除危机处理后遗留问题和影响。危机发生后，企业形象受到了影响，公众对企业会非常敏感，要靠一系列危机善后管理工作来挽回影响。

1. 进行危机管理总结、评估

对危机管理工作进行全面的评价，包括对预警系统的组织和工作程序、危机处理计划、危机决策等各方面的评价，要详尽地列出危机管理工作中存在的各种问题。

2. 对问题进行整顿

多数危机的爆发与企业管理不善有关，通过总结评估提出改正措施，责成有关部门逐项落实，完善危机管理内容。

3. 寻找商机

危机给企业制造了另外一种环境，企业管理者要善于利用危机探索经营的新路子，进行重大改革。这样，危机可能会给企业带来商机。

总而言之，危机并不等同于企业失败，危机之中往往孕育着转机。危机管理是一种智慧，是一门艺术，是企业发展战略中的一项长期规划。企业在不断谋求技术、市场、管理和组织制度等一系列创新的同时，应将危机管理创新放在重要的位置上。一个企业在危机管理上的成败能够显示出它的整体素质和综合实力。成功的企业不仅能够妥善处理危机，而且能够化危机为商机。

工具 6： 二八法则

内容概述

二八法则又称"帕累托法则"，是国际上公认的一种企业法则。二八法则是一项对提高人类效率影响深远的法则，其本质就是要在有限的时间内产生出更多的成果。

二八法则是19世纪末意大利经济学家帕累托提出来的。他认为：在任何特定的群体中，重要的因子通常只占少数，而不重要的因子则常占多数。因此，只要控制重要的少数，即能控制全局。反映在数量比例上，大体就是2：8。

二八法则最初是一个经济学上的法则，后来逐渐应用于企业组织以及人们的日常生活当中。现在，可以说，世界上到处充满着二八法则：

80%的财富掌握在20%的人手中

80%的市场份额被20%的品牌占有

80%的销售额来自20%的顾客

80%的生产量源自20%的生产线

80%以上的政府工作由20%的公务员承担

80%的电话源自20%的发话人

80%的看电视时间花在20%的节目上

80%的病假由 20%的员工所占用

80%的讨论都出自 20%的讨论者

80%的交通事故是由 20%的汽车狂人造成的

80%的机械故障是由 20%的原因造成的

80%的教师辅导时间花在 20%的学生身上

80%的高水准教育被 20%的孩子享受了

80%以上的教学科研津贴被 20%的高校教师领走了

80%的阅读书籍都取自书架上 20%的书籍

80%的地球资源被 20%的人所消耗

80%的犯罪行为是由 20%的罪犯所引起的

80%的医疗资源被 20%的人口与 20%的疾病所消耗

80%的档案使用量集中于 20%的档案

80%的看报时间都花在 20%的版面上

80%的待洗衣物都来自占总数 20%的衣物

80%的时间里人们所穿的是其所有衣服的 20%

80%的外出吃饭都是前往 20%的餐馆

80%的垃圾源自 20%的地方

总之，二八法则就像放在某一环境中的"坐标"，给人们做各种事情提供了参考的依据。

⇨【实用范例】

IBM 是最早、最成功发现和运用二八法则的公司之一。正是在 IBM 的带动下，20 世纪 60 ～ 70 年代间成长起来的大多数计算机系统专家都熟悉了这一法则。

1963 年，IBM 公司发现，一台电脑大约 80%的工作时间是在执行大约 20%的程序代码。该公司立即更新了它的操作软件，使这 20%的程序代码更易于操作、更人性化。通过这一改革，在大多数应用领域，IBM 公司的电脑比其竞争对手的产品更加高效、快捷。

二八法则在企业的实际应用中，主要体现在如下几个环节：

1. 二八法则在员工管理中的应用

企业主要抓好 20%的骨干力量的管理，再以 20%的少数带动 80%的多数员工，以提高企业效率。

从企业管理的角度讲，二八法则实际侧重的是"榜样的力量"。企业经营者都知道，企业80%的效益是由20%的核心员工来完成的。这20%的骨干员工在企业中是顶梁柱，也是"鲶鱼效应"的主题，通过他们积极主动的工作与活动来带动整个团队的活力，从而为整个企业创造价值。

2. 二八法则在企业决策中的应用

在企业管理的过程中，抓住企业普遍问题中的最关键性的问题进行决策，以达到纲举目张的作用。

从企业决策的角度来讲，二八法则主要侧重于抓典型、抓关键问题进行有效、正确的决策，在企业运行的过程中，几乎每天都有很多问题需要决策，但是能够左右企业的发展方向和企业成败关键问题只有关键的几个，能够善于认清"关键问题"，进行正确的"关键决策"无疑会影响整个企业的发展。我们经常会说这样一句话：人生之路遥远漫长，但是关键的也就是几步，能够影响你一生的命运。因此，抓住企业的关键问题进行正确的决策就像走好人生关键的几步一样重要。

3. 二八法则在企业融资中的应用

管理者要将有限的资金投入到经营的重点项目，以此不断优化资金投向，提高资金使用效率。

二八法则在企业资金运作中主要体现在：将有限的资金和资源，投放到关键的项目，也就是优化投资结构、加快企业资金的周转和利用率。现代化企业拼的是速度，"以速度冲击规模"是现代企业所倡导的全新理念。当你在一味地抱怨自己企业资金不足的时候，早已有很多企业家把眼光放在了提高资金周转速度、提高资金利用率上了。国内曾经涌现出一大批"以速度冲击规模"的典范，当年的TCL公司，曾经创造了用10亿元流动资金，创造出年销售收入150亿元的经营奇迹。可见，优化资金投向、提高资金使用效率，"以速度冲击规模"，是企业健康、良性发展的关键。

4. 二八法则在企业营销中的应用

经营者要抓住20%的重点商品与重点用户，渗透营销，牵一发而动全身。

二八法则在营销环节中，主要体现为两个方面，一是重点产品，二是重点客户。企业80%的销售是由20%的重点商品完成的，企业80%的销量是由20%的核心客户完成的，无论是厂家或者商家，都要明白这个道理。比如，一家冰箱生产企业的产品线规划中，其产品线很长、很丰富，以满足不同区域、不同消费者的需求。但是通过每个月的销售结构统计你会发现，一定有20%的产品占到总体销量的80%。而我们的客户也是一样，展台上摆放多款冰箱产品，其实每个月主要销售的也就那么几款。明白了二八法则在营销中的应用原理至关重要，作为经销商，要根据自己区域的特点，找准核心产品进行主推；作为厂家和代理商，一定要将自己的客户进行A、B、C分类，认清哪些是完成你80%销售任务的核心客户，然后对这些核心客户进行重点的支持和关注。

分析点评

二八法则告诉人们：在投入和产出、努力与收获、原因和结果之间，普遍存在着不平衡关系。少的投入，可以得到多的产出；小的努力，可以获得大的成绩；关键的少数，往往是决定整个组织的产出、盈利和成败的主要因素。而且，经过世界上许多企业的实践检验，二八法则是企业提高效率、实现科学系统管理制胜的法宝。

注意事项

在二八法则的应用过程中，需要注意以下几点：

（1）80：20并非确定的精确的数字，它可以是90：10，也可以是70：30，它仅仅是对不平衡现象粗略地定性，在实际工作中，如果需要得到更准确的比例，还需要进一步分析研究。

（2）80：20这个比例也不是一成不变的，今天是80：20，明天就可能变成70：30或者90：10。

（3）二八原则仅仅是给了我们一个大致的比例：80：20，它并没有告诉我们是80重要，还是20重要，更没有告诉我们应该舍弃80，还是舍弃20。

工具7： 木桶定律

内容概述

1. 木桶原理的内涵

木桶原理又称短板理论、木桶定律，其核心内容为：一只木桶盛水的多少，并不取决于桶壁上最高的那块木块，而恰恰取决于桶壁上最短的那块。根据这一核心内容，木桶理论还有两个推论：其一，只有桶壁上的所有木板都足够高，木桶才能盛满水；其二，只要这个木桶里有一块不够高度，木桶里的水就不可能是满的。

对这个理论，初听时你会产生怀疑：最长的怎么反而不如最短的？继而就是理解和赞同了：确实！木桶盛水的多少，起决定性作用的不是那块最长的木板，而是那块最短的木板。因为长的板子再长也没有用，水的界面是与最短的木板平齐的。"决定木桶容量大小的竟然不是其中最长的那块木板，而是其中最短的木板！"这似乎与常规思维格格不入，然而却被证明是正确的论断。

"木桶理论"可以启发我们思考许多问题，比如，企业团队精神建设的重要性。在一个团队里，决定这个团队战斗力强弱的不是那个能力最强、表现最好的人，而恰恰是那个能力最弱、表现最差的落后者。因为，最短的木板在对最长的木板起着限制和制约作用，决定了这个团队的战斗力，影响了这个团队的综合实力。

若仅仅作为一个形象化的比喻，"木桶定律"可谓是极为巧妙和别致的。但随着它被越来越频繁地应用，应用场合及范围也越来越广泛，已基本由一个单纯的比喻上升到了理论的高度。这由许多块木板组成的"木桶"不仅可象征一个企业、一个部门、一个班组，也可象征某一个员工，而"木桶"的最大容量则象征着整体的实力和竞争力。

2. 木桶原理的应用

一个企业要想成为一个结实耐用的木桶，首先要想方设法提高所有板子的长度。只有让所有的板子都维持"足够高"的高度，才能充分体现团队精神，完全发挥团队作用。在这个充满竞争的年代，越来越多的管理者意识到，只要组织里有一个员工的能力很弱，就足以影响整个组织达成预期的目标。而要想提高每一个员工的竞争力，并将他们的力量有效地凝聚起来，最好的办法就是对员工进行教育和培训。企业培训是一项有意义而又实实在在的工作，许多著名企业都很重视对员工的培训。

惠普公司内部有一项关于管理规范的教育项目，仅仅这一个培训项目，研究经费每年就高达数百万美元。他们不仅研究教育内容，还研究哪一种教育方式易于被人们所接受。

⇨【实用范例】

员工培训实质上就是通过培训来增大这一个个"木桶"的容量，增强企业的总体实力。要想提升企业的整体绩效，除了对所有员工进行培训外，更要注重对"短木板"——非明星员工的开发。

在实际工作中，管理者往往更注重对"明星员工"的利用，而忽视对一般员工的利用和开发。如果企业将过多的精力关注于"明星员工"，而忽略了占公司多数的一般员工，会打击团队士气，从而使"明星员工"的才能与团队合作两者间失去平衡。而且实践证明，超级明星很难服从团队的决定。明星之所以是明星，是因为他们觉得自己和其他人的起点不同，他们需要的是不断提高标准，挑战自己。所以，虽然"明星员工"的光芒很容易看见，但占公司绝大多数的非明星员工也需要鼓励。三个臭皮匠，顶个诸葛亮。对"非明星员工"激励得好，效果可以大大胜过对"明星员工"的激励。

华讯公司有一个员工，由于与主管的关系不太好，工作时的一些想法不能被肯定，从而忧心忡忡、兴致不高。刚巧，摩托罗拉公司需要从华讯借调一名技术人员去协助他们搞市场服务。于是，华讯的总经理在经过深思熟虑后，决定派这位员工去。这位员工很高兴，认为终于等到了一个施展自己拳脚的机会。去之前，总经理只对那位员工简单交代了几句："出去工作，既代表公司，也代表我们个人。怎样做，不用我教。如果觉得顶不住了，打个电话回来。"

一个月后，摩托罗拉公司打来电话："你派出的兵还真棒！""我还有更好的呢！"华讯的总经理在不忘推销公司的同时，着实松了一口气。这位员工回来后，部门主管也对他另眼相看，他自己也增添了自信。后来，这位员工对华讯的发展做出了不小的贡献。

📝 分析点评

华讯的例子表明，注意对"短木板"的激励，可以使"短木板"慢慢变长，从而提高企业的总体实力。人力资源管理不能局限于个体的能力和水平，更应把所有人融合在团队里，科学配置，好钢才能够用在刀刃上。木板的高低与否有时候不是个人问题，是组织的问题。

所以，在加强木桶盛水能力的过程中，不能把"高木板"和"低木板"简单地对立起来。每一个人都有自己的"高木板"，与其不分青红皂白地赶他出局，不如发挥他的长处，把他放在适合他的位置上。

➡ 注意事项

木桶定律也有其适用条件，取决于它们是否有共同的目标，以及要实现什么样的目标。如果系统中各个因素的组合关系是松散型的关系，那么人们可以不必理会那些缺点——最短的"木板"，只需要把优点发挥到极致就行了。

工具8：鲶鱼效应

📢 内容概述

1.鲶鱼效应的概念

挪威人爱吃沙丁鱼，挪威人在海上捕得沙丁鱼后，如果能让它活着抵港，卖价就会比死鱼高好几倍。但是，由于沙丁鱼生性懒惰，不爱运动，而返航的路途又很长，因此捕捞到的沙丁鱼往往一抵达码头就死了，即使有些活的，也是奄奄一息。只有一位渔民的沙丁鱼总是活的，而且很生猛，所以他赚的钱也比别人的多。这位渔民严守成功秘密，直到他死后，人们才打开他的鱼槽，发现只不过是多了一条鲶鱼。原来当鲶鱼装入鱼槽后，由于环境陌生，就会四处游动，而沙丁鱼发现这一异己分子后，也会紧张起来，加速游动，如此一来，沙丁鱼便活着抵港，这就是所谓的"鲶鱼效应"。运用这一效应，通过个体的"中途介入"，对群体起到竞争作用，它符合人才管理的运行机制。

现在，一些企事业单位的公开招考和竞争上岗，就是非常好的典型。这种方法能够使人产生危机感从而更好地工作。同样地，大部分失败的公司，事先都有一些征兆显示已经出了问题，然而即使有少数管理者已略微察觉这些现象，也不太留意。例如，企业的气氛沉闷，缺乏压力，管理层安闲舒适，员工充满惰性，一些真正具有能力和潜力的人员则得不到充分发挥才能的机会，他们或者离开公司，或者被无谓地浪费掉，企业慢慢地失去生机。如果公司的管理者能充分地运用鲶鱼效应，使公司重新焕发活力，从而走向成功。

2. 鲶鱼效应的应用

鲶鱼效应在企业管理中的应用可以从以下三个方面来体现：绩效管理系统、构建竞争性团队、发现并提升潜在明星。

（1）绩效管理系统。推行绩效管理，是传递压力的有效手段，是用机制创造"鲶鱼效应"，让员工紧张起来。

一个企业动力机制的有效性，关键在于员工的薪酬、晋升和淘汰机制的建立与绩效管理系统挂钩的紧密程度。事实上，科学有效的绩效管理系统提供的结果能够为员工薪酬调整、晋升和淘汰提供准确、客观、公正的依据，真正达到"奖龙头，斩蛇尾"的效果，创造压力的机制和氛围。除此之外，推行绩效管理的作用和意义还在于：

①使个人、团队业务和公司的目标密切结合，通过目标和责任的分解，将公司业务的压力传递到每一位员工。

②通过每一层级的主管与下属关于绩效目标设定和绩效考核结果的沟

通及确认，提高管理沟通的质量，让员工对需要完成工作目标做出承诺，并主动付出努力。

③绩效管理过程是主管不断帮助下属明晰其工作，辅导下属完成工作达到目标的过程，作为主管必须明确要达到的结果和需要的具体领导行为，因此，绩效考核在主管考核下属的同时，也是在考核主管本身，不仅让下属行动起来，也让各级主管行动起来。

④推行考核本身就是企业希望改变现状，通过改革谋求发展的风向标，员工很快就能认识到一切的改变正在发生，从而产生紧迫感。

⑤通过考核，在工作要求和个人能力、兴趣与工作重点之间发展最佳的契合点；同时，增强管理人员、团队和个人在实现持续进步方面的共同责任，牵引员工的成长。

（2）构建竞争型团队。在组织中构建竞争型团队，是在结构设计中有意识地制造建设性的冲突，通过对企业资源的内部争夺制造鲶鱼队伍。

一家发展迅速的小型软件公司的创业者说："公司要得到发展，就必须保证没有人在这里感到安闲舒适。"公司支持所有的团队互相竞争内部资源和外部市场资源，通过设置内部群体之间的有序竞争，激发了员工在外部市场中面对的经费压力、人力资源压力、发展压力。其结果是使得公司的员工始终处于充分的战斗状态。

（3）发现并提升潜在明星。寻找组织中的潜在明星并加以重用，通过发现和提升潜在的鲶鱼型的人才激活员工队伍。

在用人方面也一样，只要在组织中找到并提升能干的人才，谁都会紧张。有了压力，自然会拼搏进取，由此一来，整个团队就会生机勃勃。这里的首要问题是如何识别企业内部的潜在明星，以下几条标准可供参考：

①工作热情和强烈的欲望。员工之间能力的高低强弱之差固然不能否定，但这不是员工工作好坏的最关键的因素，工作好坏的首要因素往往在于员工有没有干好工作的强烈欲望。

②通常，只要赋予其挑战性的任务和更大的责任，就能完成更好的业绩，并表现出超过其现在所负担任务的工作能力。

③具有雄心壮志，不满现状。

④能带动别人完成任务。

⑤敢于作出决定，并勇于担负责任。

⑥善于解决问题，比别人进步更快。

这样的潜在明星员工、在一个气氛不良、机制不完善、正在步入慢性死亡的公司中，往往是受到打击和排挤的对象。但是，如果最高管理层真正希望改变现状，创建一种活跃、良好、具有凝聚力和建设性冲突的组织氛围，就有必要去挖掘和提升类似的鲶鱼型员工，不仅体现最高管理层改革的决心，传递压力和紧迫感给"沙丁鱼"员工，同时，更是增强所有员工对改革信心的重要途径。

⇨【实用范例】

怎样才能使自己的企业充满活力，永葆青春呢？日本本田公司总经理本田先生陷入了沉思：上次自己对欧美企业进行考察，发现许多企业的人员基本上由三种类型组成：一是不可缺少的干才，约占20%；二是以公司为家的勤劳人才，约占60%；三是终日东游西荡，拖企业后腿的蠢材，占20%。而自己公司的人员中，缺乏进取心和敬业精神的人员也许还要多些。那么如何使前两种人增多，使其更具有敬业精神，而使第三种人减少呢？如果对第三种类型的人员实行完全淘汰制，一方面，会受到来自工会的压力；另一方面，又会使企业蒙受损失。其实，这些人也能完成工作，只是与公司的要求和发展相距远一些，如果全部淘汰，显然行不通。

于是他找来了自己的得力助手、副总裁宫泽。宫泽先生认为，企业的活力在根本上取决于企业全体员工的进取心和敬业精神，取决于全体员工的活力，特别是企业各级管理人员的活力。公司必须想办法使各级管理人员充满活力，即让他们有敬业精神和进取心。

宫泽给本田讲了挪威人捕沙丁鱼的故事，即鲶鱼效应的来历。本田听完了宫泽的故事，豁然开朗，连声称赞这是个好办法。

宫泽说道："其实人也一样，一个公司如果人员长期固定不变，就会缺乏新鲜感和活力，容易养成惰性，缺乏竞争力。只有外有压力，存在竞争气氛，员工才会有紧迫感，才能激发进取心，企业才有活力。"这时本田接着说："那我们就找一些外来的'鲶鱼'加入公司的员工队伍，制造一种紧张气氛，发挥鲶鱼效应。"

　　于是，本田先生进行人事方面的改革。销售部经理的观念离公司的精神相去甚远，而且他的守旧思想已经严重影响了他的下属，必须找一条"鲶鱼"来，尽早打破销售部只会维持现状的沉闷气氛，否则公司的发展将会受到严重影响。经过周密的计划和努力，终于把松和公司销售部副经理、年仅35岁的武太郎挖了过来。武太郎接任本田公司销售部经理后，凭着自己丰富的市场营销经验和过人的学识以及惊人的毅力和工作热情，受到了销售部全体员工的好评，员工的工作热情被极大地调动起来，活力大为增强。公司的销售出现了转机，月销售额直线上升，公司在欧美及欧洲市场的知名度不断提高。本田先生对武太郎上任以来的工作非常满意，这不仅在于他的工作表现，而且销售部作为企业的龙头部门带动了其他部门经理人员的工作热情和活力。本田深为自己有效地利用"鲶鱼效应"而得意。

　　从此，本田公司每年重点从外部"中途聘用"一些精干利索、思维敏捷的30岁左右的生力军，有时甚至聘请常务董事一级的"大鲶鱼"，这样一来，公司上下的"沙丁鱼"都有了触电式的感觉。

分析点评

　　把忧患意识注入竞争机制之中，使组织保持恒久的活力，这是日本本田公司取得成功的关键。本田先生营造了一种充满忧患意识的竞争环境，激发起每一个人的进取心、荣誉感，调动了员工的工作热情，使得本田公司又重新充满了活力。本田先生的高明之处在于巧妙地运用了"鲶鱼效应"，牵一发而动全身，在公司上下形成了百舸争流、万马奔腾的局面，达到了"不待扬鞭自奋蹄"的理想效果。

→ 注意事项

在运用"鲶鱼效应"的时候需要注意以下事项：
（1）要根据自身的情况选择适合自己企业的鲶鱼，防止"窝里斗"。
（2）要让"沙丁鱼""鲶鱼"所处的环境是"活水"，不能是死水一潭，否则任何鱼在里面都只有死路一条。

（3）引进的"鲶鱼"数量不能过多，不然很可能又会形成另一个"沙丁鱼"群体。

（4）所有激励方式都必须是良性的，要保证"水质"的氧分足够多。

（5）在管理方面，千万不要忘记，放"鲶鱼"的人要随时监控整个环境的流动性，一旦发现异常，要随时应变。

工具9：马太效应

内容概述

1. 马太效应的概念

马太效应是指好的越好，坏的越坏，多的越多，少的越少的一种现象。它是来自于《圣经·马太福音》中的一则寓言：一个人要到外国去，就叫了仆人来，把他的家业交给他们，按照各自的才干分给他们银子。一个给了五千，一个给了两千，一个给了一千。那个领五千的仆人，随即拿去做买卖，另外赚了五千。那个领两千的仆人，也照样另外赚了两千。但那个领一千的仆人，掘开地把主人的银子埋藏了起来。

过了许久，那些仆人的主人来了，和他们算账。那个领五千银子的仆人又带着另赚的五千来说："主人啊，你交给我五千银子，请看，我又赚了五千。"主人说："好，你这又善良又忠心的仆人。你在很多的事上有忠心，我把许多事派你管理，可以尽情享受快乐。"那个领两千的仆人也来说："主人啊，你交给我两千银子，请看，我又赚了两千。"主人说："好，你这又善良又忠心的仆人。你在很多的事上有忠心，我把许多事派你管理，可以尽情享受快乐。"

那个领一千的仆人过来说："主人啊，我知道你是善心的人，没有种的地方要收割，没有散的地方要聚敛。我因为害怕，于是把你的一千银子埋藏在地里。请看，你的原银在这里。"主人回答说："你这又恶又懒的仆人，你既然知道我没有种的地方要收割，没有散的地方要聚敛，就当把我的银子放给兑换银钱的人，等我来的时候，可以连本带利收回。夺过他这一千来，给那有一万的。"于是人们便把这种"穷者越穷，富者越富"的现象称为"马太效应"。

"马太效应"揭示了一个不断增长的个人和企业资源的需求原理，关系到个人的成功和生活幸福，因此它是影响企业发展和个人成功的一个重要法则。

2. 马太效应扩展

1968年，美国科学史研究者罗伯特·莫顿提出这个术语用以概括一种社会心理现象："相对于那些不知名的研究者，声名显赫的科学家通常得到更多的声望，即使他们的成就是相似的。同样地，在同一个项目上，声誉通常给予那些已经出名的研究者，例如，一个奖项几乎总是授予最资深的研究者，即使所有工作都是一个研究生完成的。"

此术语后为经济学界所借用，反映贫者越贫，富者越富，赢家通吃的经济学中收入分配不公的现象。

社会心理学家认为，"马太效应"是个既有消极作用又有积极作用的社会心理现象。其消极作用是：名人与未出名者干出同样的成绩，前者往往上级表扬，记者采访，求教者和访问者接踵而至，各种桂冠也一顶接一顶地飘来，结果往往会使其中一些人因没有清醒的自我认识和理智态度而居功自傲，在人生的道路上跌跟头；而后者则无人问津，甚至还会遭受非议。其积极作用是：其一，可以防止社会过早地承认那些还不成熟的成果或过早地接受貌似正确的成果；其二，"马太效应"所产生的"荣誉追加"和"荣誉终身"等现象，对无名者有巨大的吸引力，促使无名者去奋斗，而这种奋斗又必须有明显超越名人过去的成果才能获得向往的荣誉。

"马太效应"在社会中广泛存在，尤其是经济领域内广泛存在的一个现象：强者恒强，弱者恒弱，或者说，赢家通吃。以经济领域为例，国际上关于地区之间发展趋势主要存在两种不同的观点：

一种观点是，新古典增长理论的"趋同假说"。该假说认为，由于资本的报酬递减规律，当发达地区出现资本报酬递减时，资本就会流向还未出现报酬递减的欠发达地区，其结果是发达地区的增长速度减慢，而欠发达地区的增速加快，最终导致两类地区发达程度的趋同。另一种观点是，当同时考虑到制度、人力资源等因素时，往往会出现另外一种结果，即发达地区与欠发达地区之间的发展，常常会呈现"发展趋异"的"马太效应"。落后地区的人才会流向发达地区，落后地区的资源会廉价流向发达地区，落后地区的制度又通常不如发达地区合理，于是循环往复，地区差异会越来越大。

而社会贫富差距，也会产生"马太效应"。在股市楼市狂潮中，最赚的总是庄家，最赔的总是散户。于是，不加以调节，普通大众的金钱，就会通过这种形态聚集到少数人群手中，进一步加剧贫富分化。另外，由于富者通常会享受到更好的教育和发展机会，而穷者由于经济原因，比富者更缺乏发展机遇，这也会导致富者越富，穷者越穷的"马太效应"。

⇨【实用范例】

"马太效应"的应用非常广泛，我们通过品牌资本的运作来进行说明。

品牌资本的"马太效应"是指，对于某个行业或产业的产品或服务，其品牌知名度越大，品牌的价值越高，其忠实的消费者就越多，其占有的市场份额就越大；反之，对于某个行业或产业的产品或服务，其品牌知名度越小，品牌的价值越低，其忠实的消费者就越少，其占有的市场份额就越小，将导致利润减少，被市场淘汰，其让位的市场将会被品牌知名度高的产品或服务代替。

我们知道，品牌资本的核心价值是标准和技术，衍生的价值为消费者对品牌的认可和品牌营销系统的构建。

最高形态的资本是企业品牌价值；无形形态的资本是企业知识产权的价值，固化形态的资本是企业的机器设备和不动产。对于企业来讲，一流企业出标准，二流企业出技术，三流企业出产品，四流企业出效益。

企业唯有借助航空母舰般的"品牌资本"，在行业中利用制定标准和塑造企业品牌形象，才能立于不败之地。

尤其在软件技术、电子技术等关键领域，核心技术更是企业生存和发展的命脉。比如，一些科技发达国家及跨国公司凭借对很多领域技术标准的控制，左右着产业格局的变化。因此，企业只有极力创新，参与制定具有自主知识产权的标准，占据品牌资本，才可能在自身领域占领技术制高点，获得市场竞争优势。

高通公司、微软公司、日本6C联盟都是凭借标准制胜中国市场的典型。CDMA相关技术在高通公司的运作下成为其所掌握的专利和国际标准，所有生产CDMA相关通信产品的企业都必须向高通公司交纳CDMA的入门费和使用费，高通公司由此一跃成为坐拥标准、日进斗金的跨国企业。

星巴克公司品牌资本的马太效应创造了成功的奇迹，在华尔街，星巴克公司早已成为投资者心目中的安全港。在其高速发展的10年间，它的股价在经历了四次分拆之后攀升了22倍，收益之高超过了通用电气、百事可乐、可口可乐、微软以及IBM等大公司。是什么创造了星巴克公司奇迹？就是其被消费者认可和青睐的金字招牌。

分析点评

这是个赢家通吃的社会，善用马太效应，赢家就是你。对企业经营发展而言，马太效应则告诉我们，要想在某一个领域保持优势，就必须在此领域迅速做大，如上面事例中的微软公司、星巴克公司等，正是利用了其强大的品牌优势。当你成为某个领域的"领头羊"的时候，即使投资回报率相同，你也能更轻易地获得比弱小的同行更大的收益。因此，若没有实力迅速在某个领域做大，就要不停地寻找新的发展领域，才能保证获得较好的回报。

注意事项

当然，任何东西都有其局限性，马太效应也不例外。当我们用辩证的思想方法看待"马太效应"时，就会发现它也有不灵验的时候。如果按强者更强、弱者更弱，富者越富、穷者越穷的"马太效应"，那全世界的绝大多数的白手起家的亿万富翁，如比尔·盖茨、迈克尔·戴尔等也就不会出现了。

工具 10： 目标管理

内容概述

1. 目标管理的概念

目标管理又称为"成果管理"，指的是在企业个体职工的积极参与下，自上而下地确定工作目标，并在工作中实行"自我控制"，自下而上地保证目标实现的一种管理办法。

2. 目标管理的来源

"目标管理"的概念是美国管理大师彼得·德鲁克 1954 年在其名著《管理实践》中最先提出的，其后他又提出"目标管理和自我控制"的主张。德鲁克认为，并不是有了工作才有目标，而是相反，有了目标才能确定每个人的工作。所以，"企业的使命和任务，必须转化为目标"，如果一个领域没有目标，这个领域的工作必然被忽视。因此，管理者应该通过目标对下级进行管理，当组织最高层管理者确定了组织目标后，必须对其进行有效分解，转变成各个部门以及各个人的分目标，管理者根据分目标的完成情况对下级进行考核、评价和奖惩。

3. 目标管理的特点

目标管理的具体形式各种各样，但其基本内容是一样的。所谓目标管理乃是一种程序或过程，它使组织中的上级和下级一起协商，根据组织的使命确定一定时期内组织的总目标，由此决定上、下级的责任和分目标，并把这些目标作为组织经营、评估和奖励每个单位和个人贡献的标准。

目标管理指导思想上是以 Y 理论为基础的，即认为在目标明确的条件下，人们能够对自己负责，具体方法上是泰勒科学管理的进一步发展。它与传统管理方式相比有鲜明的特点，可概括为：

（1）重视人的因素。

（2）建立目标锁链与目标体系。

（3）重视成果。

4. 实施目标管理的原则

目标管理是现代企业管理模式中比较流行、比较实用的管理方式之一。它的最大特征就是方向明确，非常有利于把整个团队的思想、行动统一到同一个目标、同一个理想上来，是企业提高工作效率、实现快速发展的有效手段之一。

做好目标管理并非一般人想象的那么简单，必须遵循以下四个原则：

（1）目标制订必须科学合理。目标管理能不能产生理想的效果、取得预期的成效，首先取决于目标的制订。科学合理的目标是目标管理的前提和基础，脱离了实际的工作目标，轻则影响工作进程和成效，重则使目标管理失去实际意义，影响企业发展大局。目标的制订一般应该注意以下几个方面：

①难易适中的原则（要有难度，但不能让人产生畏难情绪）。

②时间紧凑的原则。

③大小统一的原则（年度目标与月度目标、整体目标与局部目标）。

④方向一致的原则（使所有人都朝一个方向努力）。

（2）督促检查必须贯穿始终。目标管理，关键在于管理。在目标管理的过程中，丝毫的懈怠和放任自流都可能贻害巨大。作为管理者，必须随时跟踪每一个目标的进展，发现问题及时协商、及时处理、及时采取正确的补救措施，确保目标运行方向正确、进展顺利。

（3）成本控制必须严肃认真。目标管理以目标的达成为最终目的，考核评估也是重结果轻过程。这很容易让目标责任人重视目标的实现，轻视成本的核算，特别是当目标运行遇到困难可能影响目标的适时实现时，责任人往往会采取一些应急的手段或方法，这必然导致实现目标的成本不断上升。作为管理者，在督促检查的过程当中，必须对运行成本进行严格控制，既要保证目标的顺利实现，又要把成本控制在合理的范围内。因为，任何目标的实现都不是不计成本的。

（4）考核评估必须执行到位。任何一个目标的达成、项目的完成，都必须有一个严格的考核评估。考核、评估、验收工作必须选择执行力很强的人员进行，必须严格按照目标管理方案或项目管理目标，逐项进行考核并作出结论，对目标完成度高、成效显著、成绩突出的团队或个人按章奖励，对失误多、成本高、影响整体工作的团队或个人按章处罚，真正达到表彰先进、鞭策落后的目的。

5. 目标管理的基本程序

目标管理的具体做法分三个阶段：第一阶段为目标的设置；第二阶段为实现目标过程的管理；第三阶段为总结和评估所取得的成果。

（1）目标的设置。这是目标管理最重要的阶段，第一阶段可以细分为四个步骤：

①高层管理预定目标。这是一个暂时的、可以改变的目标预案，既可以由上级提出，再同下级讨论；也可以由下级提出，经上级批准。无论哪种方式，必须共同商量决定。领导必须根据企业的使命和长远战略，估计客观环境带来的机会和挑战，对本企业的优劣有清醒的认识，对组织应该和能够完成的目标心中有数。

②重新审议组织结构和职责分工。目标管理要求每一个分目标都有确定的责任主体。因此，预定目标之后，需要重新审查现有组织结构，根据新的目标分解要求进行调整，明确目标责任者和协调关系。

③确立下级的目标。首先使下级明确组织的规划和目标，然后商定下级的分目标。在讨论中上级要尊重下级，平等待人，耐心倾听下级意见，帮助下级发展一致性和支持性目标。分目标要具体量化，便于考核；分清轻重缓急，以免顾此失彼；既要有挑战性，又要有实现的可能。每个员工和部门的分目标要和其他的分目标协调一致，支持本单位和组织目标的实现。

④上级和下级就实现各项目标所需的条件以及实现目标后的奖惩事宜达成协议。分目标制订后，要授予下级相应的资源配置的权力，实现权、责、利的统一。由下级写成书面协议，编制目标记录卡片，整个组织汇总所有资料后，绘制出目标图。

（2）实现目标过程的管理。目标管理重视结果，强调自主、自治和自觉，并不等于领导可以放手不管，相反，由于形成了目标体系，一环失误，就会牵动全局。因此，领导在目标实施过程中的管理是不可缺少的。首先，进行定期检查，利用双方经常接触的机会和信息反馈渠道自然地进行；其次，要向下级通报进度，便于互相协调；最后，要帮助下级解决工作中出现的困难问题，当出现意外、不可测事件严重影响组织目标实现时，也可以通过一定的手续，修改原定的目标。

（3）总结和评估。达到预定的期限后，下级首先进行自我评估，提交书面报告。然后，上下级一起考核目标完成情况，决定奖惩。同时，讨论下一阶段目标，开始新循环。如果目标没有完成，应分析原因总结教训，切忌相互指责，以保持相互信任的气氛。

⇨【实用范例】

红星化工厂是一家中型企业，在实行目标管理之前，企业领导总感到员工的积极性没有最大限度发挥出来，上下级之间关系也比较紧张，管理很不顺畅，企业效益自2006年以来连续下滑。为从根本上扭转这种被动的管理局面，从管理中要效益，企业领导班子达成共识，从2007年开始实行目标管理。

1. 确定目标

红星化工厂制订的总目标尽量用定量指标表达，且目标又分期望和必达两种。

（1）对社会贡献目标。红星化工厂作为一个地方化工企业，不仅要满足地区经济发展的物质要求，而且要满足人民群众对化工产品的不断增长需求。具体指标为：总产值7914万元必达，期望8644万元，净产值1336万元必达，期望1468万元；上缴税收517万元必达，期望648万元。

（2）对市场目标。随着市场经济的发展与深入，化工产品市场竞争越来越激烈。红星化工厂在本省是具有竞争力的企业，所以在力图巩固现有市场份额的基础上，强化市场营销策略，不断扩大销售量，并开拓外省（市）市场，从而提高市场占有率。对销售指标：必达年增6%～7%，期望年增8%～10%；对市场占有率指标：必达34%，期望38%。

（3）企业发展目标。红星化工厂根据企业总体发展规划，确定其发展目标为：销售收入6287万元必达，期望10000万元，且年增6%～8%；资产总额650万元，且年增10%～12%；必须开发5个新系列化工产品，期望开发6个新产品系列；员工人数年增长3%，且实行全员培训，员工培训合格率必达85%，期望98%。

（4）企业利益和效益目标。利润总额480万元必达，期望实现540万元；销售利润率 7.6% 必达，期望达到 8.5%；劳动生产率年增 85% 必达，期望年增 105%；合格品率 92% 必达，期望 95%；一级品占全部合格品比重达 50% 必达，期望 60%。

2. 目标分解

红星化工厂对于总目标的每一个表达指标，都按纵横两个系统从上至下层层分解。从横向系统看，企业每一个职能部门都细分到各自的目标，并且一直到科室人员。从纵向系统看，从企业总部到下属车间、工段、班组直至每个岗位工人都要落实细分的目标，由此形成层层关联的目标关联体系。

现以企业实现利润总额 480 万元为例，对其目标进行分解。为确保 2007 年实现利润总额 480 万元，必须降低成本；而成本降低又分解为原材料成本、工时成本、废品损失和管理费用四个第三层次的目标，然后继续分解下去，共细分成 96 项具体目标，涉及降低物耗，提高劳动生产率，保证和提高产品质量以及管理部门节约、高效的具体要求。最后按归口分级原则落实到责任单位和责任人。

3. 执行目标

红星化工厂按照目标管理的要求，让各目标执行者"自主管理"，使其能在"自我控制"下充分发挥积极性和潜能。为员工实现自己的细分目标创造一个宽松的管理环境，不再强调上级对下属严密监督和下级任何事情都必须请示上级才行动的陈旧管理模式。

在此阶段，红星化工厂领导注重做到以下几点：

（1）对于大多数部门和岗位，都进行充分的委权和放权，提高自主管理和自我控制的水平。对于极少数部门和岗位，上级领导仍应实施一定的管理和控制，以确保这些关键部门和岗位的目标得以实现。

（2）企业建立和健全了自身的管理信息系统，创造了执行目标所需的信息交流条件，使得上下级和平级之间的不同单位、部门、人员都能在执行各自目标时得到信息的支持。

（3）企业各级领导人员对下属与人员，并不是完全不管不问。他们的职责主要表现在以下方面：一是为下属创造良好的工作环境；二是对下级部门和下属人员做好必要的指导和协调工作；三是遇到例外事项时，上级要主动到下属中去协商研究解决，而不是简单下指令。

4. 评定成果

目标管理很重要的一点就是完成情况的评定。红星化工厂在进行目标管理时，非常重视成果评定。当预定目标实施期限结束时（通常为一年），就大规模开展评定成果活动，借以总结成绩，鼓励先进，同时发现差距和问题，为更好地开展下一轮的目标管理打好基础。

红星化工厂强调评定成果要贯彻三项原则：一是以自我评定为主，上级评定与自我评定相结合；二是要考虑目标达到程度、目标的复杂程度和执行目标的努力程度，并对这三个主要因素进行综合评定；三是按综合评定成果进行奖励，体现公平、公正的激励原则。

分析点评

红星化工厂执行目标管理的第一年就取得了丰硕成果。企业总目标都超额实现。总产值达到8953万元，净产值达1534万元，上缴税收680万元。总目标中对社会贡献的目标全部超过期望目标。在市场目标方面：2007年比2006年销售量增长9%，市场占有率达到35%，都超过了必达目标。在企业发展目标方面：销售额达到7130万元，比上年增长85%；资产总额730万元，比上年增长15%；已开发出6个新品种系列；职工培训上岗合格率已达93%。在企业利益和效益目标方面：已实现利润总额630万元，其他各项经济效益指标也全部达到甚至超过预定目标。

同时，在企业内部的上下级关系和人际关系方面开始变得融洽、和睦，员工的积极性、主动性、创造性得以真正发挥。全企业呈现一种同心协力、努力奋斗，力争实现企业目标的新景象。

注意事项

在实际操作中，目标管理也存在明显的缺点，主要表现在：

1. 目标难以制订

组织内的许多目标难以定量化、具体化；许多团队工作在技术上不可解；组织环境的可变因素越来越多，变化越来越快，组织的内部活动日益复杂，使组织活动的不确定性越来越大，这些都使得组织的许多活动制定量化目标是很困难的。

2. 目标管理的哲学假设不一定都存在

Y理论对于人类的动机作了过分乐观的假设，实际中的人是有"机会主义本性"的，尤其在监督不力的情况下。因此许多情况下，目标管理所要求的承诺、自觉、自治气氛难以形成。

3. 目标商定可能增加管理成本

目标商定要上下沟通、统一思想，这是很费时间的，每个单位、个人都关注自身目标的完成，很可能忽略了相互协作和组织目标的实现，滋长本位主义、临时观点和急功近利倾向。

有时奖惩不一定都和目标成果相配合，也很难保证公正性，从而削弱了目标管理的效果。在实际中推行目标管理时，除了掌握具体的方法以外，还要特别注意把握工作的性质，分析其分解和量化的可能；提高员工的职业道德水平，培养合作精神，建立健全各项规章制度，注意改进领导作风和工作方法，使目标管理的推行建立在一定的思想基础和科学管理基础上；要逐步推行，长期坚持，不断完善，从而使目标管理发挥预期的作用。

第二章 人力资源规划工具

工具1：人力资源规划

内容概述

1. 人力资源规划的含义

人力资源规划是指根据企业的发展规划，通过企业未来的人力资源的需求和供给状况的分析及估计，对职务编制、人员配置、教育培训、人力资源管理政策、招聘和选择等内容进行的人力资源部门的职能性规划。通俗地讲，人力资源规划是为了说明人力资源部门未来要做的工作内容和工作步骤。

规划根据时间的长短不同，可分为长期规划、中期规划、年度规划和短期规划四种。长期规划适合于大型企业，往往是5～10年的规划；中期规划适合于大、中型企业，一般的期限是2～5年；年度规划适合于所有企业，每年进行一次，常常是企业的年度发展规划的一部分；短期规划适用于短期内企业人力资源变动加剧的情况，是一种应急计划。

2. 人力资源规划的内容

企业的人力资源规划从内容的性质上可以分为战略规划和策略规划。战略规划阐述了人力资源管理的原则和目标，策略规划则重点强调了具体每项工作的实施计划和操作步骤。通常而言，一个完整的人力资源规划应该包括以下几个方面：

（1）总规划。人力资源总规划主要阐述了人力资源规划的总原则、总方针和总目标。

（2）职务编制规划。这一规划主要阐述了企业的组织结构、职务设置、职务描述和职务资格要求等内容。

（3）人员配置规划。这一规划阐述了企业每个职务的人员数量、人员的职务变动、职务人员空缺数量等。

（4）人员需求规划。通过总规划、职务编制规划、人员配置规划可以得出人员需求规划。需求计划中应阐明需求的职务名称、人员数量、希望到岗时间等。

（5）人员供给规划。这主要是指人员需求计划的对策性规划。主要阐述了人员供给的方式（外部招聘、内部招聘等）、人员内部流动政策、人员外部流动政策、人员获取途径和获取实施规划等。

（6）教育培训规划。主要包括教育培训需求、培训内容、培训形式、培训考核等内容。

（7）人力资源管理政策调整规划。计划中明确规划期内的人力资源政策的调整原因、调整步骤和调整范围等。

（8）投资预算。上述各项规划的费用预算。

3. 人力资源规划的目的

（1）规划人力发展。人力发展包括人力预测、人力增补及人员培训，这三者紧密联系，不可分割。人力资源规划，一方面，对目前人力现状予以分析，以了解人事动态；另一方面，对未来人力需求做一些预测，以便对企业人力的增减进行通盘考虑，再据以制订人员增补和培训计划。所以，人力资源规划是人力发展的基础。

（2）促进人力资源的合理运用。只有少数企业人力的配置完全符合理想的状况。在相当多的企业中，其中一些人的工作负荷过重，而另一些人的工作则过于轻松；也许有一些人的能力有限，而另一些人则感到能力有余，未能充分发挥。人力资源规划可改善人力分配的不平衡状况，进而谋求合理化，以使人力资源能配合组织的发展需要。

（3）配合组织发展的需要。任何组织的特性，都是不断地追求生存和发展，而生存和发展的主要因素是人力资源的获得与运用，也就是如何适时、适量及适当地使组织获得所需的各类人力资源。由于现代科学技术日新月异，社会环境变化多端，如何针对这些多变的因素，配合组织发展目标，对人力资源恰当规划甚为重要。

（4）降低用人成本。影响企业结构用人数目的因素很多，如业务、技术革新、机器设备、组织工作制度、工作人员的能力等。人力资源规划可对现有的人力结构做一些分析，并找出影响人力资源有效运用的"瓶颈"，使人力资源效能充分发挥，降低人力资源在成本中所占的比率。

4. 人力资源规划编制流程

一个企业必须根据企业的整体发展战略目标和任务来制订其自身的人力资源计划。一般来说，一个企业组织的人力资源计划的编制要经过五个步骤（见图2-1）。

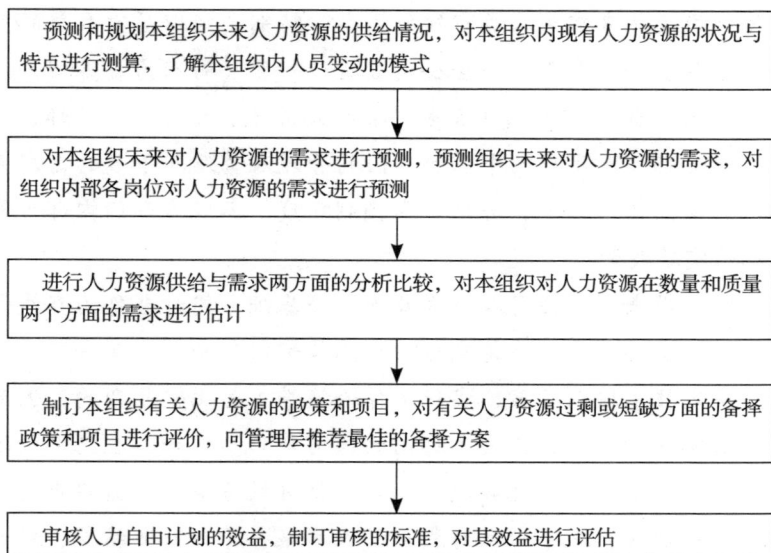

预测和规划本组织未来人力资源的供给情况，对本组织内现有人力资源的状况与特点进行测算，了解本组织内人员变动的模式

对本组织未来对人力资源的需求进行预测，预测组织未来对人力资源的需求，对组织内部各岗位对人力资源的需求进行预测

进行人力资源供给与需求两方面的分析比较，对本组织对人力资源在数量和质量两个方面的需求进行估计

制订本组织有关人力资源的政策和项目，对有关人力资源过剩或短缺方面的备择政策和项目进行评价，向管理层推荐最佳的备择方案

审核人力自由计划的效益，制订审核的标准，对其效益进行评估

图2-1 人力资源计划编制步骤

5. 人力资源规划的发展趋势

詹斯·沃克曾经在《人力资源计划：90年代的模式》一文中，对人力资源规划的发展趋势做了科学的分析。沃克认为，人力资源规划正朝着灵活、高效等方向发展。具体的趋势为：

（1）为了保证企业人力资源规划的实用性和有效性，人力资源计划将更加注重对关键环节的阐述。

（2）对人力资源规划中的长期计划而言，也倾向于将规划中的关键环节明确化、细致化，并将它们提炼成具体的、可执行的规划，最好明确计划的责任和要求，并且有相应的评估策略。

（3）由于人力资源市场和企业发展的变化周期增快，企业更倾向于致力于编写年度人力资源规划和短期规划。

（4）企业的人力资源规划将会更加注重关键环节的数据分析和量化评估，并且将明确限定人力资源规划的范围。

⇨【实用范例】

华隆公司近年来常为人员空缺所困惑，特别是经理层次人员的空缺常使得公司陷入被动的局面。华隆公司最近进行了公司人力资源规划。公司首先由四名人事部的管理人员负责收集和分析目前公司对生产部、市场与销售部、财务部、人事部四个职能部门的管理人员及其下属的需求情况以及劳动力市场的供给情况，并估计在预测年度，各职能部门内部可能出现的关键职位空缺数量。

上述结果用来作为公司人力资源规划的基础，同时也作为直线管理人员制订行动方案的基础。但是在这四个职能部门里制订和实施行动方案的过程（如决定技术培训方案、实行工作轮换等）是比较复杂的，因为这一过程会涉及不同的部门，需要各部门的通力合作。例如，生产部经理为制订将本部门A员工的工作轮换到市场与销售部的方案，则需要市场与销售部提供合适的职位，人事部做好相应的人事服务（如财务结算、资金调拨等）。职能部门制订和实施行动方案过程的复杂性给人事部门进行人力资源规划也增加了难度，这是因为，有些因素（如职能部门间的合作的可能性与程度）是不可预测的，它们将直接影响预测结果的准确性。

华隆公司的四名人事管理人员克服种种困难，对经理层的管理人员的职位空缺做出了较准确的预测，制订详细的人力资源规划，使得该层次上人员空缺减少了 50%，也大大地减少了跨地区的人员调动。另外，从内部选拔任职者人选的时间也减少了 50%，并且保证了人选的质量，合格人员的漏选率大大降低，使人员配备过程得到了改进。人力资源规划还使得公司的招聘、培训、员工职业生涯计划与发展等各项业务得到改进，节约了人力成本。

华隆公司取得上述进步，不仅仅得益于人力资源规划的制订，还得益于公司对人力资源规划的实施与评价。在每个季度，高层管理人员会同人事咨询专家共同对上述四名人事管理人员的工作进行检查评价。这一过程按照标准方式进行，即这四名人事管理人员均要在以下几个方面作出书面报告：各职能部门现有人员，人员状况，主要职位空缺及候选人，其他职位空缺及候选人，多余人员的数量，自然减员，人员调入，人员调出，内部变动率，招聘人数，劳动力其他来源，工作中的问题与难点，组织问题及其他方面（如预算情况、职业生涯考察、方针政策的贯彻执行等）。同时，他们必须指出上述几个方面与预测（规划）的差距，并讨论可能的纠正措施。通过检查，一般能够对下季度在各职能部门应采取的措施达成一致意见。

检查结束后，这四名人事管理人员对他们分管的职能部门进行检查。在此过程中，主管人事的副总经理重新检查重点工作，并根据需要与人事管理人员共同制订行动方案。当副总经理与人事管理人员发生意见分歧时，往往可通过协商解决。

分析点评

人力资源规划对企业组织的人力资源管理非常重要，能大大降低人力成本，提高人力资源使用的效率。这一点从华隆公司所取得的成绩就可以看出来。人力资源规划的应用范围非常广，可以应用于各种性质、各种规模的组织中，其本身可以是战略性，也可以是战术性；可以在整个组织范围内运用，也可以在组织中的某个部门中运用。

➡ 注意事项

在进行人力资源规划时，要遵循以下三个原则：

1. 充分考虑内部、外部环境的变化

人力资源规划只有充分地考虑了内、外环境的变化，才能适应需要，真正做到为企业发展目标服务。内部变化主要指销售的变化、开发的变化，或者说企业发展战略的变化，还有公司员工的流动变化等；外部变化指社会消费市场的变化、政府有关人力资源政策的变化、人才市场的变化等。为了更好地适应这些变化，在人力资源规划中应该对可能出现的情况做出预测和风险变化，最好能有面对风险的应对策略。

2. 确保企业的人力资源保障

企业的人力资源保障问题是人力资源规划中应解决的核心问题。它包括人员的流入预测、流出预测，人员的内部流动预测，社会人力资源供给状况分析，人员流动的损益分析等。只有有效地保证了对企业的人力资源供给，才可能进行更深层次的人力资源管理与开发。

3. 使企业和员工都得到长期的利益

人力资源规划不仅是面向企业的规划，也是面向员工的规划。企业的发展和员工的发展是互相依托、互相促进的关系。如果只考虑企业的发展需要，而忽视了员工的发展，则会有损企业发展目标的达成。优秀的人力资源规划，一定是能够使企业每个员工得到长期利益的规划，一定是能够使企业和员工共同发展的规划。

还有一点需要注意，人力资源规划与企业发展规划密切相关，它是达成企业发展目标的一个重要部分。企业的人力资源规划不能与企业的发展规划相背离。

工具2：组织结构设计

内容概述

1. 组织结构设计的概念

所谓组织结构设计，是指建立或改造一个组织的过程，即对组织活动和组织结构的设计和再设计，是把任务、流程、权力和责任进行有效的组合和协调的活动。它是企业总体设计的重要组成部分，也是企业管理的基本前提。

2. 组织结构设计的基本原则

在长期的企业组织变革的实践活动中，管理学家总结出了组织结构设计的一些基本原则：

（1）任务与目标原则。企业组织设计的根本目的，是为实现企业的战略任务和经营目标服务的，这是一条最基本的原则。组织结构的全部设计工作必须以此为出发点和归宿，即企业任务、目标同组织结构之间是目的同手段的关系；衡量组织结构设计的优劣，要以是否有利于实现企业任务、目标作为最终的标准。从这一原则出发，当企业的任务、目标发生重大变化时，例如，从单纯生产型向生产经营型、从内向型向外向型转变时，组织结构必须做相应的调整和变革，以适应任务、目标变化的需要。又如，进行企业机构改革，必须明确要从任务和目标的要求出发，该增则增，该减则减，避免单纯地把精简机构作为改革的目的。

（2）稳定性和适应性相结合原则。稳定性和适应性相结合原则要求组织设计时，既要保证组织在外部环境和企业任务发生变化时，能够继续有序地正常运转；同时又要保证组织在运转过程中，能够根据变化了的情况做出相应的变更，组织应具有一定的弹性和适应性。为此，需要在组织中建立明确的指挥系统、责权关系及规章制度；同时又要求选用一些具有较好适应性的组织形式和措施，使组织在变动的环境中，具有一种内在的自动调节机制。

（3）集权与分权相结合原则。企业组织设计时，既要有必要的权力集中，又要有必要的权力分散，两者不可偏废。集权是大生产的客观要求，它有利于保证企业的统一领导和指挥，有利于人力、物力、财力的合理分配和使用。而分权是调动下级积极性、主动性的必要组织条件。合理分权有利于基层根据实际情况迅速而正确地作出决策，也有利于上层领导摆脱日常事务，集中精力抓重大问题。因此，集权与分权是相辅相成的，是矛盾的统一。没有绝对的集权，也没有绝对的分权。企业在确定内部上下级管理权力分工时，应考虑的主要因素有：企业规模的大小，企业生产技术特点，各项专业工作的性质，各单位的管理水平和人员素质的要求等。

（4）专业分工和协作原则。现代企业的管理工作量大、专业性强。设置不同的专业部门，有利于提高管理工作的质量与效率。在合理分工的基础上，各专业部门只有加强协作与配合，才能保证各项专业管理的顺利开展，达到组织的整体目标。贯彻这一原则，在组织设计中要十分重视横向协调问题。采取的主要措施有：

①实行系统管理，把职能性质相近或工作关系密切的部门归类，成立各个管理子系统，分别由各副总经理（副厂长、部长等）负责管辖。

②设立一些必要的委员会来实现协调。

③创造协调的环境，提高管理人员的全局观念，增加相互间的共同语言。

3. 组织结构设计的程序

企业内部的部门是承担某种职能模块的载体，按一定的原则把它们组合在一起，便表现为组织结构。

（1）分析组织结构的影响因素，选择最佳的组织结构模式。

（2）根据所选的组织结构模式，将企业划分为不同的、相对独立的部门。

（3）为各个部门选择合适的部门结构，进行组织机构设置。

（4）将各个部门组合起来，形成特定的组织结构。

（5）根据环境的变化不断调整组织结构。

⇨【实用范例】

上海滕迈集团公司主要从事家用电器的制造和销售，兼营房地产开发、科技开发与咨询、商业贸易、进出口业务等。公司的主要产品包括空调器、电风扇、微电机、小家电等。

滕迈公司的组织结构设计如下：公司法人治理结构是由股东大会、董事会、监事会以及总经理、副总经理、总工程师、总会计师组成。公司总部设有总经理办公室、行政人事部、财务部、经营部、销售部、进出口部、证券部、法律部、广告科、研究所、技术委员会等机构。公司下设风扇厂、空调设备厂、家电厂、房产公司、贸易发展公司和节能工程研究开发中心。公司还拥有控股和持股的企业，如冷气机制造有限公司、电机制造有限公司、钢铁开发有限公司等。

随着各项经营业务的发展，滕迈公司开始推行事业部制改革，按照产品类别将原有经营单位分为五个事业部，即空调、风扇、电饭煲、电机和小家电事业部。组织结构的调整极大地调动了下属各单位的积极性。与此同时，组织运行中也发现，风扇与电饭煲两类产品的销售和服务网络具有很强的兼容性和互补性。为优化资源配置，公司又将风扇事业部和电饭煲事业部重组为滕迈小家电事业一部（原来的小家电事业部相应更名为小家电事业二部）。小家电事业一部由国内营销公司、国外营销公司和六个生产厂组成。营销公司与生产厂之间的关系由单纯的产销关系转变成买卖关系，营销公司是生产厂的顾客，营销环节的问题由两大营销公司全权负责，制造质量和设备质量造成的损失则由生产厂承担。新体制的推行使该事业部全面进入"市场经营"和"顾客服务"状态中，效率大为提高。

分析点评

组织结构是企业存在发展的形式，组织结构设计得合不合理，对企业有非常大的影响。合理的组织结构设计能实现组织资源价值最大化和组织绩效最大化。上海滕迈集团公司就是通过合理的组织机构设计以及事业部制度改革，优化了企业的组织结构，提高了企业的生产效率，取得了很大的成功。

注意事项

（1）组织结构要尽量简单化，在组织层级设计中尽量不超过四级。

（2）每一个部门、每一位领导人都要有合理的管理幅度。管理幅度太大，无暇顾及；管理幅度太小，可能没有完全发挥作用。所以，在进行组织结构设计的时候，要制定合理恰当的管理幅度。

（3）人员能力水平到位以及企业具有信息共享和合作的文化氛围，其中人员能力的到位主要指部门负责人的水平能力符合管理的需要，能管理十个人和能管理一百个人的管理干部标准不一样。

工具3：人力资源需求预测

内容概述

1. 人力资源需求预测的概念

人力资源需求预测是指根据企业的发展规划和企业的内外条件，选择适当的预测技术，对人力资源需求的数量、质量和结构进行预测。人力资源需求预测中的重点通常有以下几方面：

（1）预测是为企业的发展规划服务，这是预测的目的。

（2）预测要在内部条件和外部环境的基础上做出，必须符合现实情况。

（3）应该选择恰当的预测技术，预测要考虑科学性、经济性和可行性，综合各方面作出选择。

（4）预测的内容是未来人力资源的数量、质量和结构，应该在预测结果中体现。

2. 人力资源需求预测的方法

人力资源需求预测的方法主要有两类：定性预测法与定量预测法。

（1）人力资源需求预测的定性方法。

①经验预测法。经验预测法就是企业根据以往的经验对人力资源进行预测的方法，简便易行，预测的效果受经验的影响较大。因此，保持历史档案，并采用多人集合的经验，可减少误差。现在不少企业采用这种方法

来预测本组织对将来某段时期内人力资源的需求。企业在有人员流动的情况下，如晋升、降职、退休或调出等，可以采用与人力资源现状规划相结合的方法来制定规划。

②现状规划法。这是一种最简单的预测方法，比较容易操作。它是假定企业保持原有的生产和生产技术不变，则企业的人力资源也应处于相对稳定的状态，即企业目前各种人员的配备比例和人员的总数将完全能适应预测规划期内人力资源的需要。在此预测方法中，人力资源规划人员所要做的工作是测算出在规划期内有哪些岗位上的人员将得到晋升、降职、退休或调出本组织，再准备调动人员去弥补就行了。

③分合性预测法。这是一种常用的预测方法，它采取先分后合的形式。这种方法的第一步是企业组织要求下属各个部门、单位根据各自的生产任务、技术设备等变化的情况对本单位将来对各种人员的需求进行综合预测，在此基础上，把下属各部门的预测数进行综合平衡，从中预测出整个组织将来某一时期内对各种人员的需求总数。这种方法要求在人事部门或专职人力资源规划人员的指导下进行，下属各级管理人员能充分发挥在人力资源预测规划中的作用。

④描述法。描述法是人力资源规划人员可以通过对本企业组织在未来某一时期的有关因素的变化进行描述或假设，并从描述、假设、分析和综合中对将来人力资源的需求进行预测规划。由于这是假定性的描述，因此，人力资源需求就有几种备选方案，目的是适应和应付环境因素的变化。

（2）人力资源需求预测的定量方法。

①趋势预测法。趋势预测法是一种基于统计资料的定量预测方法，一般是利用过去5年左右的时间里员工雇用数据来推算未来的员工需求量。

这一方法假设人力需求与企业产出水平（可用产量和劳动生产率表示）成比例关系：

$$员工需求量＝产量÷劳动生产率 \quad (2-1)$$

趋势预测法一般只适合中期预测或比较稳定时的预测。

②多元回归预测法。多元回归预测法是一种建立在统计技术上的人力资源需求预测法。与趋势预测法不同的是，它不只考虑时间或产量等单个因素，还考虑了两个或两个以上因素对人力资源需求的影响。多元回归预

测法运用事物之间的各种因果关系，根据多个自变量的变化来推测各变量的变化，而推测的有效性可通过一些指标来加以控制。

③工作负荷法。工作负荷法又叫比率分析法。它的考虑对象是企业目标和完成任务所需人力资源数量间的关系，考虑的是每个人的工作负荷和企业目标间的比率。企业的目标通常是指生产量或者销售量等容易量化的目标。每个人的工作负荷则是指某一特定的工作时间每个人的工作量。预测未来一段时间里企业要达到的目标，如要完成的产量或销售量，再结合每个人的工作负荷就可以确定出企业未来所需的人员数量。

④趋势外推法。趋势外推法又称时间序列预测法。它是按已知的时间序列，用一定方法向外延伸，以得到未来发展趋势。具体又分为直接延伸法、滑动平均法两种。

3. 人力资源需求预测的典型步骤

人力资源需求预测应按如下步骤来操作：

（1）确定预测目标。它是根据组织一定时期的任务和要解决的问题而确定的。预测目标一般包括：预测项目（即要解决的具体问题）、范围要求、时间要求、各种指标及其准确性要求等。

（2）调查、收集并筛选信息。信息是预测的依据。信息应尽可能全面、系统、真实、可靠。

（3）选择预测方法。根据预测目标和掌握的信息情况，选择可行的预测方法。在预测过程中，单纯使用一种方法进行预测并不多见，也不大可靠。采用定性与定量的方法同时进行预测，或以多种预测相互比较来印证预测结果，这样可以使预测的准确度提高。

（4）建立预测模型。在进行定量预测时，通常需要建立预测模型。预测模型在这里生气勃勃是指以数学方程式表达各种变量之间的函数关系，它抽象地描述人力资源需求的各种因素之间的关。

（5）预测的计算机分析。根据所建立的预测模型，运用数学方法，借助计算机，做出相应的预测，并写出预测结果的分析报告。

（6）预测结果的评价与判断。预测的结果未必完全符合未来的实际，依模型方法的要求，必须对预测结果进行分析、评价和检验。

（7）分析预测误差，修正预测值。找出并分析产生误差的原因，修改预测模型，修正预测结果，选出较理想的数值作为规划的依据。

⇨【实用范例】

人力资源的预测方法有很多种，我们这里通过趋势预测法来进行说明。

天龙空调制造公司，2005～2009年的产量、劳动生产率和员工需求量如表2-1所示。

根据历史数据，算出2005～2009年的平均劳动生产率为54台/人，根据公司的产量可以预测：

2010年的员工需求量为：

$$800000 \div 54 = 14815（人）$$

2011年的员工需求量为：

$$1000000 \div 54 = 18519（人）$$

据此，列填表2-1。

表2-1　天龙空调制造公司人力资源需求表

年份	产量（万台）	劳动生产率（台/人）	员工需求量（人）
2005	20	50	4000
2006	30	55	5455
2007	40	55	7273
2008	60	50	12000
2009	70	60	11667
2010	80	54	14815
2011	100	54	18519

分析点评

趋势预测法作为一种初步预测是很有价值的，但它有很大的局限性，因为企业人力资源需求不可能只受单个因素的影响，比如，企业管理的改善可能少用员工，企业成本预算会使企业人力资源需求受到更多的限制。在使用趋势预测法时，一定要注意前提条件是假定企业比较稳定，如企业生产技术不变，单位产品的人工成本才大致保持不变，才可以根据产量来预测员工需求量。

➡️ **注意事项**

做好人力资源需求预测必须注意以下几点：

（1）在进行人力资源需求预测前，需要认真盘点人力资源现状，对人员需求进行详细分析。

（2）确保人员需求不是临时提出来的，不能出现管理者临时决定引进人员的情况。

（3）确定各个部门、岗位的工作量和工作强度。

（4）分析业务量的增长趋势。

（5）正确预测退休、离职以及未来的人员流失率。

工具4：职位结构分类工具

🔘 **内容概述**

1. 职位结构分类的概念

职位结构分类是企业人力资源管理工作的一项基础工作。所谓职位结构分类，是指以客观存在的事实为依据，将企业中的职位按其工作性质、任务的繁简难易程度、责任的大小、承担本项工作的资格及条件加以分析和比较，并根据一定的标准，把每一个职位都归入适当的等级档次，以作为劳动报酬和任用、考核、晋升、调配、奖惩员工的基本依据。也就是说，职位结构分类是将企业中的工作岗位即职位，在纵向上根据不同的工作性质划分为若干职门、职组、职系；在横行上根据职位的责任轻重、工作繁简难易程度、任职资格条件等因素划分若干职级、职等，对每个职位通过全面调查，认真评价，给予准确的定义和说明，对每一职级、职等制订详细的划分标准和规范，以此作为人力资源管理的基础和依据。

2. 职位结构分类的特征

（1）职位结构分类是以"事"为中心的归类。

（2）职位结构分类要严格按照工作性质和任务来确定职位的数量和名称。

（3）职位结构分类可按照职位的不同工作性质、繁简难易、责任大小和所需人员的资格条件进行横向和纵向的职位划分。

（4）职位结构分类不允许因职位所在工作人员的变动而引起职位的变动。

3. 职位结构分类的作用

职位结构分类和工作分析与职位评价有着很密切的关系，它们都是人力资源管理科学化的基础。总的来说，职位结构分类有以下作用：

（1）是招聘录用科学化的依据。

（2）是对聘用人员的工作进行考核的依据。

（3）是合理支付报酬的依据。

（4）可以增加人员培训的针对性和目的性。通过职位分类，明确不同职位的培训目标、培训内容和培训方法。

（5）有利于对人员升迁、晋级、调转的管理，便于掌握员工升迁的幅度、横向调转的可能性。

（6）有利于制订人事预算。需要增加哪些职位，相应增加多少薪金，一目了然。

（7）有利于调整编制、提高效率。当机构的任务和工作量发生变化时，根据职位分类及时调整职位编制，提高工作效率，防止人浮于事或人员短缺。

（8）有利于保持组织活力。组织由无数个职位组成，实行职位分类可以动态调整组织结构，使其充满活力，富于弹性。

4. 职位结构分类体系的几个因素

职位是职位结构分类结构中最基本的元素，由它可以构成多种多样的职系、职组、职门和高低不等的职级、职等。

（1）职系。职系是指工作性质相同，而责任轻重和困难程度不同的职位系列。一般来说，一个职系就是一种专门职业，如机械工程职系。职系是录用、考核、晋升、培训员工时，从专业性质上进行考核的依据。

（2）职组。性质相近的若干职系构成一个职组，如医疗职系、护理职系、药理职系、理疗职系等构成的卫生职组。职组的作用在于方便职位分类。

（3）职门。若干工作性质大体相近的职组可以划归为一个部门，如行政部门、专业技术部门等，它是职位分类中最粗略的概括。

（4）职级。职级是指将工作内容、难易程度、责任大小、所需资格皆很相似的职位划分同一职级。职级的职位数量并不相同，少则一个，多则数个。职级是人员录用、考核、培养、晋级时，从专业程度和能力上考虑的依据。

（5）职等。职等是在不同职系之间，把职责轻重、工作繁简复杂情况以及任职资格条件充分相同的职位归入同一等。同一职等上职位的劳动报酬相同，所有的职位都可以归入适当的职等。职等是工资、待遇、奖惩、调整的依据。

5. 职位结构分类的结构

职位结构分类结构应建立在科学化和系统化的基础上，它以职位为基本元素，以职系、职组、职门作为横向分类坐标，以职级、职等作为纵向分类坐标交叉构造而成。企业中每个员工的职位，都可以在职位分类结构中找到自己的位置。

职位结构分类的结构并非一成不变，随着职位的增减、社会经济和科学技术的发展可以不断调整。职位结构分类（见图2-2）。

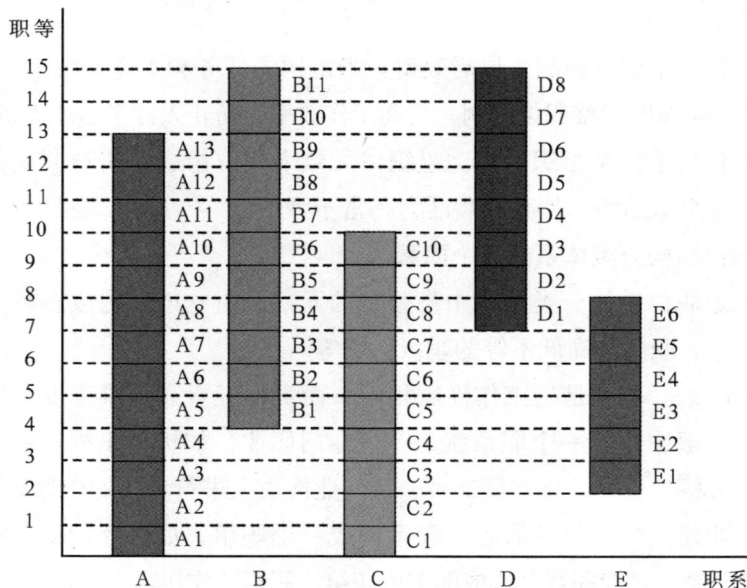

图2-2　职位结构分类

⇨【实用范例】

　　天轮汽车配件制造公司原先是一家为别人加工配件的小厂，经过6年的发展，成了一家实力较强的中型企业。但是，公司的发展却突然慢了下来，生产效率逐渐降低。经过调查研究发现，公司发展遇阻的原因是：以前小作坊式的职位设置已经不能满足公司现在的经营状况。于是企业负责人进行了组织结构改革，重新设计了公司的职位结构。具体的职位结构分类（见表2-2）。

表2-2　天轮汽车配件制造公司职位结构分类

序号	经营/管理类					生产/研发类				
	部门名称	权威职位	高级职位	中级职位	一般经管	部门名称	权威职位	高级职位	中级职位	一般生研
01										
02										
03										
04										
05										
06										
07										
08										
09										
10										
11										
12										
13										
14										
15										
16										
17										
18										
……										

分析点评

　　天轮汽车配件制造公司通过科学合理的职位分类，杜绝了如下现象：避免了因人设事的滥竽充数现象；做到了职责分明，淘汰不必要的推诿纠纷，提高组织机构的科学化、系统化水平，从而使公司的生产效率大为提高。

注意事项

　　职位结构分类作为现代人力资源管理的基础，具有很多优点和作用。但是，职位结构分类也存在着一定的局限性。

　　（1）在适用范围方面，职位结构分类比较适用于专业性、机械性、事务性较强的职位。因为这类职位的工作较容易进行定量化测量，使人们有一个标准，也便于监督和执行。而对于高级领导职位、机密性职位、临时性职位和通用性职位，则不太适用。

　　（2）实行职位分类，程序复杂，往往需要大量的人力和财力，而且需要富有经验的专家参与，否则难以做好。

　　（3）职位结构分类重事不重人，规定了工作人员的升迁调转途径，这在一定程度上阻碍人才跨职系和跨行业的流动。

　　（4）在进行职位调查时，担任各种职位的工作人员应避免夸大自己本职的重要性和复杂程度，以防职位分类出现职级膨胀的现象。

工具 5：人力资源数量分析工具

内容概述

1. 人力资源数量分析的概念

人力资源数量分析是指根据企业战略对未来业务规模、业务流程、地域分布、产品线、历史经营统计数据等各因素进行分析，以确定未来企业各级组织人力资源编制，包括各职类、职能人员数量以及人力成本（薪酬、福利、培训）。

2. 人力资源数量分析的方法

（1）工作效率法。工作效率法是根据员工的工作量和工作效率以及出勤等因素来计算岗位人数的方法。

（2）预算控制法。预算控制法是西方企业流行使用的方法，它通过人工成本预算控制人员数量，而不是对某一部门内某一岗位的具体人数作硬性的规定。企业年度制订人力成本预算，将企业的总预算分解到公司的各部门，在获得批准的预算范围内，自行决定各岗位的具体人数，部门负责人对部门的业务目标和岗位人数负责。由于企业的资源是有限的，并且是与产出密切相关的，因此，预算控制对企业各部门人数的扩充有严格的约束。

（3）行业比例法。行业比例法是根据企业员工总数或某一类人员总数的比例来确定岗位的人数。在同一行业中，由于专业化的分工和协作的要求，某一类人员和另一类人员之间存在一定的比例关系。某一类人员的比例会随着另一类人员的人数变化而变化。这一方法比较适合各种辅助和支持性岗位人员的规划，例如，人力资源类和财务管理类人员。

（4）业务分析法。业务分析法是根据企业的历史数据和战略目标，确定企业在未来一定时期内的编制人数。业务分析法需要以往的销售收入、销量、利润、市场占有率等历史业务数据为基础，通过这些数据与人员数量建立回归方程，通过回归分析计算而得。

回归分析方法是建立在对未来预测的基础上的，结果的准确性与预测的准确性有很大关系。业务分析法还需要企业加强知识管理，保留真实的历史数据，便于用统计的方法建立回归分析方程。

（5）标杆对照法。标杆对照法是根据世界最佳典范和标杆值，结合企业特性、作业流程、效率和业务量的整体考虑来确定岗位的人数。标杆值是取样群在标杆项目的统计值，标杆值平均值以取样群的平均值为基准，即取样群各有约 50% 概率，实际值会高于或低于平均值。标杆值数据种类可包括作业绩效（如成本、效率）和人力配置等值，但并非所有产业、功能、作业项目都有现成的标杆值。

通过以上的量化的人员数量规划方法，可以在保证工作需要的前提下，与同行业标准或条件相同的企业所确立的标准相比较，以体现组织结构精干、用人相对较少、劳动生产率相对较高的特点。

⇨ 【实用范例】

这里以工作效率法举例说明人力资源数量分析工具的运用。假如某全国性的手机分销企业每年手机的总销量为 5000000 台，销售人员每人每日平均手机销量为 46 台，根据以往的经验，销售人员每销售一台手机需要 0.174 小时，销售人员的年平均出勤率为 95%。根据以上数据我们可以计算该企业的销售人员的编制人数：

1. 按销量定额来计算

人员数量＝全国销量 ÷（员工平均销量 × 出勤率）

$$= 5000000 \text{ 台} \div \{46 \text{ 台} \times [(365 - 2 \times 52 - 10) \text{ 天} \times 0.95]\}$$

$$= 456 \text{（人）}$$

2. 按时间定额来计算

人员数量＝全国销量 × 时间定额 ÷（员工工作时间 × 出勤率）

$$= 5000000 \text{ 台} \times 0.174 \text{ 小时} \div \{8 \text{ 小时} \times [(365 - 2 \times 52 - 10)$$

$$\text{天} \times 0.95]\}$$

$$= 456 \text{（人）}$$

✎ **分析点评**

工作效率法在计算时间时，假设每周休息 2 天，全年 10 天节日休息。这一计算方法的假设前提是销售的多少完全取决于销售人员的工作时间，而忽略了产品、市场、内部支持系统等因素。在实际定编过程中应该考虑诸多的因素，参考计算的结果来确定编制人数。

➡ **注意事项**

在企业实际管理中，通常是将各种办法结合起来，参照行业最佳案例来规划本企业的岗位人数。但由于各企业的情况差别和情况不断的变化，很难有一个所谓"绝对正确、完全适用和一成不变"的人力规划方法。人力规划应从企业的总体目标要求出发，在不断的变化中调整，因此人力资源规划是个动态的过程。人力规划的硬约束是投入与产出，在企业投入有限的情况下，岗位人数是有限的。因此，人力资源管理最重要的是如何运用有限的投入获得最佳的岗位和人数的组合，从而产生最佳的效益。

工具 6：人力资源规划环境分析

内容概述

在制订人力资源规划的过程中，非常重要但又是非常难做的一部分就是人力资源的环境分析。说其重要是因为环境直接影响人力资源工作所要采取的达到目标的各种行动。说其难做原因有两点：一是不知道该分析哪些方面的内容；二是就算确定了内容，收集所需要的相关资料还是比较困难。

人力资源规划环境分析涉及外部环境和内部环境两个方面。

1. 外部环境

那些从外部影响企业人力资源的因素组成了人力资源的外部环境。外部因素包括经济环境、人口环境、文化法律环境以及科技环境。每个因素，无论是单独的还是相互联系在一起，均能对企业人力资源的规划造成影响。

（1）经济环境。经济环境方面的各种变化在宏观上改变着企业员工队伍的数量、质量和结构，它对企业人力资源需求影响较大。其影响主要体现在以下几个方面：

①经济形势。当经济处于萧条期时，人力资源的获得成本和人工成本较低，但是企业受经济形势的影响，对人力资源的需求减少；当经济处于繁荣期时，劳动力成本较高，但是企业处于扩张时期，对人力资源的需求量会增加。企业在进行人员规划时，必须考虑所处经济社会的宏观经济形

势，在整体趋势上保证人员规划总体战略的正确性。

②劳动力市场的供求关系。劳动力市场上的各种人才的供求关系对于企业获得各种人才的成本、难易程度都有较大的影响。

（2）人口环境。人员规划的对象是人，因此，人口环境，尤其是企业所在地区的人口环境，对企业获取人力资源有重要的影响。人口环境因素主要包括：社会或本地区的人口规模，劳动力队伍的数量、结构和质量等特征。

在制订人员规划时，还要考虑劳动力年龄因素对人员规划的影响。因为不同年龄段的员工在收入、生理需要、价值观念、生活方式、社会活动等方面存在一定的差异性，有不同的追求。

（3）文化法律环境。社会文化反映社会民众的基本信念、价值观，对人力资源管理有间接的影响。例如，不同的文化对待劳动关系的观点就有所不同：我国东部沿海地区，受西方文化的影响较大，人们在选择工作、与企业确定劳动关系时，可能很痛快地与企业签订契约关系。而我国西部广大地区，人们可能比较喜欢传统的较为稳定的终身雇佣制度。因此，企业在制订人员规划时，应慎重考虑社会文化环境因素，尤其是跨国公司，在国际化与本土化相结合的经营战略下，人员规划以及人力资源管理的其他环节都要充分考虑各个国家和不同地区的社会文化的差异性。

影响人力资源活动的法律因素有：政府有关的劳动就业制度、工时制度、最低工资标准、职业卫生、劳动保护、安全生产等规定以及户籍制度、住房制度、社会保障制度等，因为这些制度、政策、规定会影响人力资源管理工作的全过程，当然也会影响企业的人员规划。

（4）科技环境。科学技术对企业人员规划的影响是全方位的，它使企业对人力资源的需要和供给处于结构性的变化状态（或处于动态的不平衡状态）。例如，计算机网络技术的飞速发展，使得网络招聘等成为现实；新技术的引进与新机器设备的应用，使得企业对低技能员工的需求量减少，对高技能员工的需求量增加。

2. 内部环境

那些从内部影响企业人力资源的因素构成了人力资源规划的内部环境。企业的行业特征、发展战略、企业人力资源管理系统、企业文化等都是重要的内部因素，这些因素对决定人力资源规划有重要的影响。

（1）企业的行业特征。企业所处的行业特征在很大程度上决定着企业的管理模式，也影响着人力资源管理工作。企业的行业属性不同，企业的产品组合结构、生产的自动化程度、产品的销售方式等内容也不同，则企业对所需要的人力资源数量和质量的要求也不同。比如，对于传统的生产性企业而言，生产技术和手段都比较规范和程序化，人员招聘来源大都以掌握熟练技术的工人为主；而对于现代的高科技企业来说，则需要技术创新型的技术开发人员。

（2）企业发展战略。企业在确定发展战略目标时，就要制订相应的措施来保证企业发展目标的实现。比如，企业生产规模的扩大、产品结构的调整或升级、采用新生产工艺等，会造成企业人力资源结构的调整。因此，在制订企业人员规划时要着重考虑企业的发展战略，以保证企业人力资源符合企业战略目标的要求。

（3）企业人力资源管理系统。企业人力资源管理系统既包括企业拥有的人力资源的数量、质量和结构等特征，也包括人力资源战略、培训制度、薪酬激励制度、员工职业生涯规划等功能模块，这些都对人员规划有重要的影响。

（4）企业文化。企业文化对企业的发展有重要的影响，好的、适合的企业文化，能加强企业的凝聚力，增强员工的进取精神，稳定企业的员工队伍，企业面临的人力资源方面的不确定性因素就会少些，有利于人员规划的制订。

⇨【实用范例】

鸿达公司是一家实力雄厚的集团公司。为了进一步扩大企业的生产规模，公司的高层管理人员策划了一项重大的投资项目：计划在西部经济欠发达地区进行上亿元的巨额投资，建立大型的纸模生产企业。

传统的包装材料有许多是木材和不可降解的塑料生产而成，这些材料有的造成资源的浪费，如木材等；有的造成污染，如发泡聚苯乙烯、聚乙烯、聚丙烯等。使用由稻草、麦秸和芦苇等处理的农业废弃物和野生资源生产的纸模材料，是一种新型的包装材料，它既可以缓解自然资源的过度开采，又可以减少环境的污染，净化环境。因此，具有较好的发展前景。

　　鸿达公司在西部某省经济欠发达地区考察以后，发现该地区稻草、麦秸和芦苇等纸模产品原料的资源十分丰富，交通运输也很便利，从原材料和生产的角度来说，是理想的纸模生产基地。于是，鸿达公司组织有关的人员对在该地区投资建立国内最大的纸模生产基地进行论证和决策，其中，一个很重要的方面就是人力资源规划环境方面的分析和论证。

　　公司人力资源总监是一名经验十分丰富的资深管理人员。为了对当地的人力资源环境进行深入详尽的了解，他几次进行实地调查。最后，将有关人力资源环境方面的主要问题总结如下：

　　（1）当地的劳动力资源十分丰富，有大量的没有技能的劳动力，而且劳动力的成本很低。

　　（2）在当地劳动力资源的结构中，具有工业生产技能的熟练工人很少，原有的一些熟练工人大多也去经济发达地区打工，当地的熟练工人的数量远远不能满足新建企业的大量需求。

　　（3）如果在当地建立大型的纸模生产企业，需要相当数量的中高级的专业技术人员和管理人员，对企业的生产和经营进行管理，而这些人员在当地严重短缺，企业必须从其他地区招聘和引进这类人员。

　　（4）由于该地区的经济较落后，生活条件较差，要招聘和引进中高级的专业技术人员和管理人员有一定的难度，而且需要提供优厚的薪酬福利待遇，其标准远远高于公司目前的水平。

　　（5）由于当地的劳动力缺乏必要的劳动技能，如果在当地建立大型的纸模生产企业，必须对大量的当地员工进行必要的入职培训和岗前培训。

　　人力资源总监将这些问题向公司做了详细的书面和口头汇报，对公司的投资决策起到了很大的作用。

分析点评

　　世界上任何事物的存在都不是孤立的，都会受到各种因素的影响，人力资源的环境也不例外。只有对人力资源的环境了解清楚，才能真正做好人力资源的规划。鸿达公司对人力资源环境的深入调查，为企业投资分析提供了宝贵的参考。

➥ **注意事项**

　　在人力资源规划环境分析的过程中，有一点需要注意，那就是人力资源规划的环境是不断变化的，这就需要企业的调查分析人员用动态的眼光对待人力资源环境，并随时做出必要的调整。

工具7：德尔菲法

➤ **内容概述**

1. 德尔菲法的概念

　　德尔菲法是在 20 世纪 40 年代由 O. 赫尔姆和 N. 达尔克首创，经过 T. J. 戈尔登和兰德公司进一步发展而成的。德尔菲这一名称起源于古希腊有关太阳神阿波罗的神话，传说中阿波罗具有预见未来的能力。因此，这种预测方法被命名为德尔菲法。1946 年，兰德公司首次用这种方法进行预测，后来该方法被迅速广泛采用。

　　德尔菲法依据系统的程序，采用匿名发表意见的方式，即专家之间不得互相讨论，不发生横向联系，只能与调查人员联系。通过多轮次调查专家对问卷所提问题的看法，经过反复征询、归纳、修改，最后汇总成专家基本一致的看法，作为预测的结果。德尔菲法具有广泛的代表性，预测的结果较为可靠。

2. 德尔菲法的特点

　　德尔菲法的基本特点有以下三个：

　　（1）资源利用的充分性。由于吸收不同的专家与预测，充分利用了专家的经验和学识。

　　（2）最终结论的可靠性。由于采用匿名或背靠背的方式，能使每一位专家独立地作出自己的判断，不会受到其他繁杂因素的影响。

（3）最终结论的统一性。预测过程必须经过几轮的反馈，使专家的意见逐渐趋同。

正是德尔菲法的以上特点，使它在诸多判断预测或决策手段中脱颖而出。这种方法的优点主要是简便易行，具有一定的科学性和实用性，可以避免会议讨论时产生的害怕权威随声附和，或固执己见，或因顾虑情面不愿与他人意见冲突等弊病。同时也可以使大家发表的意见较快达成一致，具有一定程度综合意见的客观性。

3. 德尔菲法的具体实施步骤

（1）成立专家小组。按照预测项目所需要的知识范围确定专家。专家人数的多少，可根据预测课题的大小和涉及面的宽窄而定，但通常不超过20人。

（2）向所有专家提出所要预测的问题及有关要求，并附上有关这个问题的所有背景材料，同时请专家提出还需要什么材料。然后，由专家作书面答复。

（3）各个专家根据他们所收到的材料，提出自己的预测意见，并说明自己是怎样利用这些材料并提出预测值的。

（4）将各位专家第一次判断意见汇总，列成图表，进行对比，再分发给各位专家，让专家比较自己同他人的不同意见，修改自己的意见和判断。也可以把各位专家的意见加以整理，或请身份更高的其他专家加以评论，然后把这些意见再分送给各位专家，以便他们参考后修改自己的意见。

（5）将所有专家的修改意见收集起来，汇总，再次分发给各位专家，以便做第二次修改。逐轮收集意见并为专家反馈信息是德尔菲法的主要环节，收集意见和信息反馈一般要经过三四轮。在向专家进行反馈的时候，只给出各种意见，但并不说明发表各种意见的专家的具体姓名。这一过程重复进行，直到每一个专家不再改变自己的意见为止。最后，对专家的意见进行综合处理，得出预测结果。

⇨【实用范例】

翰龙文化公司是一家大型图书出版商。它对公司出版的一本专著的销量运用德尔菲法进行了预测。

（1）公司首先选择若干书店经理、书评家、读者、编审、销售代表和海外公司经理组成专家小组。将该专著和一些相应的背景材料发给各位专家，要求大家给出该专著最低销售量、最可能销售量和最高销售量三个数字，同时说明自己作出判断的主要理由。

（2）三天后，公司将这些专家的意见收集起来，归纳整理后返回给各位专家，然后要求专家们参考他人的意见对自己的预测重新考虑。专家们完成第一次预测并得到第一次预测的汇总结果以后，除书店经理王先生外，其他专家在第二次预测中都做了不同程度的修正。

（3）按照上面的程序进行第三次预测，在这次预测中，大多数专家又一次修改了自己的看法。

（4）在第三次的基础上又进行了第四次预测，结果所有专家都不再修改自己的意见。因此，专家意见收集过程在第四次以后停止。

（5）最终预测结果为最低销售量15万册，最高销售量50万册，最可能销售量32万册。

一年后，公司对采用德尔菲法预测的结果进行核实，这本专著的销量达到了30万册，和预测的结果基本相符。

分析点评

由上面的事例可以看出，德尔菲法的预测结果还是比较准确的。同常见的召集专家开会，通过集体讨论得出一致预测意见的专家会议法相比，德尔菲法能充分发挥专家会议法的优点，即能充分发挥各位专家的作用，集思广益，准确性高；能把各位专家意见的分歧点表达出来，取各家之长，避各家之短。同时，德尔菲法又能避免专家会议法的缺点，即权威人士的意见影响他人的意见；有些专家碍于情面，不愿意发表与其他人不同的意见；出于自尊心而不愿意修改自己原来不全面的意见。这些因素综合在一起，就充分保证了德尔菲法预测的准确性。

→ 注意事项

在使用德尔菲法时，需要注意的是，这一方法的过程比较复杂，花费时间较长，因此需要实施者要有充分的耐心，不能"偷工减料"。

工具 8：人员接续计划法

■）内容概述

对于人员供给的预测，简单而又有效的方法就是人员的接续计划。人员接续计划可以预测企业中具体岗位的人力资源供给，避免人员流动带来的损失。人员接续计划的过程是：

（1）通过工作分析，明确工作岗位对员工的需求，确定岗位需要的人数。

（2）根据绩效评估和经验预测，确定哪些员工能够达到工作要求？哪些员工可以晋升？哪些员工需要培训？哪些员工需要淘汰？

（3）根据以上数据，企业就可以确定该岗位上合适的人员补充。

人员的接续计划可以用下面的公式来进行预测：

未来人员供给量 = 现有的人员数量 + 流入人员的数量 - 流出人员的数量（2-2）

流入人员有外部招聘人数和将提升到本层次人员数量，流出人员有将提升到上一层次人数和退休人数以及辞职、开除、降职人数。

如果将整个公司的各个岗位都进行人员接续模型分析，就可以得到整个公司的人员供给分析了。

⇨【实用范例】

某企业的某一个岗位人员定编50人，根据绩效评估和经验预测，称职的有32人，需要培训的10人，3人需要淘汰，而人员流动大约有5人。根据数据，企业就可以确定合适的人员补充，晋升3名优秀人员，对绩效稍差的进行培训，淘汰不合格人员，并通过人才库，选拔内部合适人才6名，然后确定外部招聘人员5人，从而保证本岗位有充足的人员供给（见图2-3）。

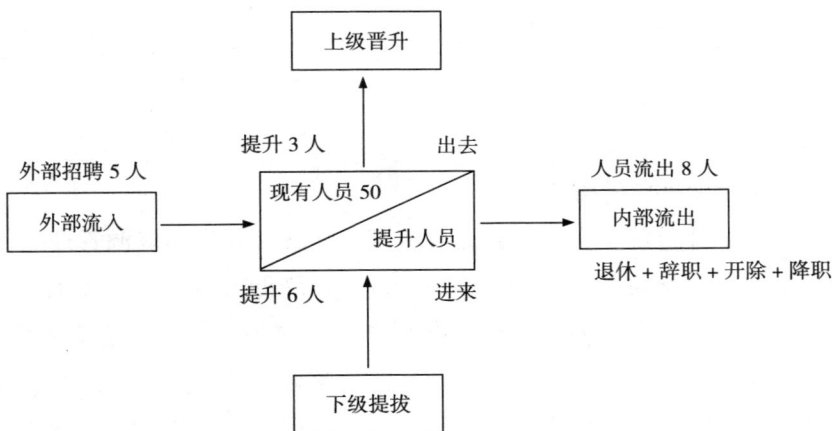

图2-3　人员接续预测模型

分析点评

通过人员接续计划，可以避免企业的人才中断风险：当前许多企业，实行一专多职制，企业的核心业务掌握在少数人手中，人才高度浓缩。从短时间看，企业的效率很高，而一旦人才流失，企业损失将是巨大的。通过人员接续计划，建立后续人才储备梯队，根据职位要求提早进行相关培训。这样既培养了后备人才，又有效规避了企业的风险。

→ **注意事项**

人员接续计划法使用的前提是，企业要建立完善科学的绩效评估体系，这样才能给人员的提拔和晋升提供科学的依据。

工具 9： 人力资源外包

🔊 内容概述

1. 人力资源外包的概念

人力资源外包就是企业根据需要将某一项或几项人力资源管理工作或职能外包出去，交由其他企业或组织管理，以降低人力成本，实现效率最大化。总的来说，人力资源管理外包渗透到了企业内部的所有人事业务，包括人力资源规划、制度设计与创新、流程整合、员工满意度调查、薪资调查及方案设计、培训工作、劳动仲裁、员工关系、企业文化设计等方面。

2. 人力资源外包的作用

人力资源外包的作用有微观企业层面的和宏观社会层面的：

（1）人力资源外包致使专业机构规模化社会运作，降低单个企业成本。多个企业相同的工作集中于一家专业机构处理，除了技术熟练程度的优势外，专业机构可使三个企业三件相同的工作转为一个企业三件相同的工作，从而在人工、时间和流程的总成本上大大下降，降低单个企业的成本。

（2）人力资源外包可使企业减轻基础性工作，更关注促进企业竞争力的核心工作。根据二八法则，80%的企业利润是由20%的核心工作创造的，将这非核心的工作部分外包出去，则可令企业人力资源人士有更多时间和精力关注这20%的工作，从而有效保持和提升企业核心竞争力。

（3）人力资源外包促使社会分工进一步细化，有利于社会整体运作效率。分工的进一步细分，必然是技能的专门化和效率的提升，社会每个细胞组织的效率提升也必然促进整个社会效率的提高。

3. 人力资源外包的运作流程

（1）确定外包内容。外包的内容是企业在进行人力资源外包决策时首先要考虑的问题。在企业准备实施人力资源管理外包之前，必须先界定清楚，某一职能是否真的适宜外包。对于企业而言，首先是安全性，同时要坚持不能把关系企业核心发展能力的工作外包出去的原则。对于人力资源管理而言，工作分析与岗位描述、员工招聘、培训与发展、薪酬、福利、劳动关系、人力管理信息系统等工作是可以考虑外包的。比如，企业对员工进行的各类在职培训，就企业本身而言一般是没有能力来全部完成的。又如，国家法定的福利制度，如失业保险、养老保险、医疗保险、住房公积金等事务性工作完全可以外包出去。

（2）选择外包服务商。企业人力资源管理外包的内容确定好以后，就要考虑怎样选择服务商。这通常应从以下几个方面来考虑。首先，要考虑服务的价格。其次，注重服务商的信誉和质量，它将对整项工作的完成乃至对企业的正常发展起决定性作用。企业在对涉及企业机密、员工满意度、工作流程等敏感性人力资源管理工作（比如，工作分析与岗位描述、薪酬设计、人力资源管理信息系统等）选择服务商时，必须确信其可靠性。最后，企业还需根据本企业人力资源管理工作量的大小，考虑服务商的强弱，选择适合本企业的服务商。

（3）选择外包方式。接下来的工作就是要选择外包的方式。通常而言，企业寻求人力资源管理外包服务商的方式可分为三大类。第一类是普通的中介咨询机构；第二类是专业的人才或人力资源服务机构；第三类是企业可以寻求高等院校、科研院所的人力资源专家或研究机构的帮助，由他们来为企业出谋划策。当然，上述三类外包的方式不是各自孤立的，在实际操作中企业往往会召集各类人员，组成一个"智囊团"，力求把工作做好。

（4）外包实施。完成了上述工作以后，人力资源外包就可以由相应的服务商来负责实施。在这期间，作为企业的人力资源管理部门并不是消极等待，而应该是积极地参与，概括起来包括两方面内容。一方面，要注意人力资源外包风险的防范与控制，企业方应与服务商就相应的外包项目鉴订书面合同，明确双方的权利和义务以及违约赔偿等问题。在外包实施过程中对工作的进展做定时检查，确保工作的顺利、安全实施；另一方面，企业人力资源部门还应积极参与配合，为外包服务商尽可能提供帮助，双方应建立起双赢的合作关系，共同把工作做好。

【实用范例】

索尼电子有限公司在美国拥有14000名员工，其中人力资源专员主要分布在七个地点。公司投资开发PEOPLE SOFT软件，并以此作为通用平台，但索尼电子仍在不断追求发挥其最佳技术功效。

索尼电子有限公司人力资源高级副总裁指出："众所周知，我们亟待更新软件系统。我们的预期状态与现状之间仍相去甚远！"

索尼公司的人力资源机构在软件应用和文本处理方面徘徊不前。所有的人力资源应用软件中，各地统一化的比率仅占18%，并因此造成低效率。索尼公司电子化人力资源与福利管理副总裁指出："我们拥有诸多量身定做的技术，但客户的满意度却在不断下降。"

人力资源小组很快意识到，他们不仅需要通过技术方案来解决人力资源问题，还需要实行人力资源外包方案。

为了有效地拓展外包合作关系，索尼电子与翰威特进行通力合作，转变人力资源职能。

翰威特人力资源管理咨询总监指出："上述决策意味着我们将对索尼电子的人力资源机构进行重大改革，其内容不仅限于采用新技术。我们可以此为契机提高人力资源数据的质量、简化管理规程、改善服务质量并改变人力资源部门的工作日程，进而提高企业绩效。"

新型合作关系中，翰威特为索尼提供人力资源技术管理方案和主机、人力资源Work Ways用户门户并进行内容管理。

分析点评

索尼电子实施外包方案之际，一些结果已经初见端倪。除整合、改善人力资源政策之外，这一变革项目还转变了索尼 80% 的工作内容，其中将各地的局域网、数据维护转换到人力资源 Work Ways 系统上。数据接口数量减少 2/3。新型的汇报和分析能力取代了原有的、数以千计的专项报告。

实行外包服务的第二年，索尼电子的人力资源部门节省了 15% 左右的年度成本，而到第五年时，节省幅度达 40% 左右。平均而言，五年间的平均节资额度达到 25% 左右。

➔ 注意事项

虽然现在人力资源外包的发展势头如火如荼，但中国人力资源外包市场的发展还存在着一定的问题，受到了一些因素的制约。

（1）目前中国没有统一的服务收费标准，人才机构都是自行制定的价格，参照的价格都不一样。对大多数企业来讲，人力资源外包的收费是否会增加企业劳动力成本，是否用得其所，恐怕是企业考虑最多的问题。

（2）人力资源外包的目的之一是提高工作效率，因而是否具有较高的信息化、网络化程度，也是制约"人力资源外包"服务发展的一个因素。

（3）一些基本福利保障和保险金等的交纳，也是当前企业所避讳的问题。要想人力资源外包能真正扎根本土，企业主的素质还有待全面提高。

（4）目前不少企业依然停留在"人治"方面，不规范、不合理的企业管理制度随处可见。只有企业管理者转变了观念，真正认识到"人"的重要性，才能够认识到人力资源外包服务的必要性和有效性。

（5）中国尚无相应的、完善的法律法规去规范猎头及其他外包行业的运作，所以，这种风险是显而易见的。服务商的规范经营和专业化程度令人不免担心，虽然人才机构发展突飞猛进，但是也带来了负面影响，如从业人员素质参差不齐、专业化程度不高等，加上一些非法经营的中介机构的违规经营，使服务商的诚信度大打折扣。

第三章 人力资源分析工具

工具1：工作日志法

内容概述

1. 工作日志法的概念

工作日志法又称工作写实法，指任职者按时间顺序、详细记录自己的工作内容与工作过程，然后经过归纳、分析，达到工作分析目的的一种方法。

2. 工作日志法的要求

（1）要及时记，天天记。

（2）记录要真实。

（3）要记录有价值的事情，不能写成流水账。

（4）记录时要掌握详略分寸。

3. 工作日志法的优缺点

（1）工作日志法的优点。

①信息可靠性很高，适于确定有关工作职责、工作内容、工作关系、

劳动强度等方面的信息。

②所需费用较少。

③对分析高水平与复杂的工作，显得比较经济有效。

（2）工作日志法的缺点。

①这种方法必须做到，从事这一工作的人对此项工作的情况与要求最清楚。

②使用范围较小，只适用于工作循环周期较短，工作状态稳定无大起伏的职位。

③整理信息的工作量大，归纳工作烦琐。

④工作执行者在填写时，会因为不认真而遗漏很多工作内容，从而影响分析后果。另外，在一定程度上填写日志会影响正常工作。

⑤若由第三者填写，人力投入量就会很大，不适合处理大量的职务。

⇨【实用范例】

1. 某公司员工工作日志实例

根据不同的工作分析目的，需要设计不同的"工作日志"格式，这种格式常常以特定的表格体现。通过填写表格提供有关工作的名称、内容、结果以及所需时间等信息（见表3-1）。

表3-1　工作日志

日期：5月29日　工作开始时间：8：30　工作结束时间：17：30

序号	工作活动名称	工作活动内容	工作活动结果	时间消耗	备注
1	复印	协议文件	4张	6分钟	存档
2	起草公文	贸易代理委托书	800字	1.25小时	报上级审批
3	贸易洽谈	玩具出口	1次	4小时	承办
4	布置工作	对日出口业务	1次	20分钟	指示
5	会议	讨论东欧贸易	1次	1.5小时	参与
……	……	……	……	……	……
16	请示	佣金数额	1次	20分钟	报批
17	计算机录入	经营数据	2屏	1小时	承办
18	接待	参观	3人	35分钟	承办

2. 工作日志填写说明

（1）请您在每天工作开始前将工作日志放在手边，按工作活动发生的顺序及时填写，切勿在一天工作结束后一并填写。

（2）要严格按照表格要求进行填写，不要遗漏那些细小的工作活动，以保证信息的完整性。

（3）请您提供真实的信息，以免损害您的利益。

（4）请您注意保留，防止遗失。

分析点评

工作日志记录的内容不但对职务分析有用，而且也是自我诊断的工具。这种方法所获得的信息可靠性高，适用于获取有关工作职责、工作内容、工作关系、工作强度等方面的信息。

注意事项

工作日志法使用范围较小，不适用工作循环周期较长、工作状态不稳定的职位。而且，工作执行者需要整理的信息量大，归纳工作烦琐，不易长期坚持。另外，员工在记录过程中难免会有表功的心态和行为，这就要求管理者注意掌握原始资料的真实性。

工具2：因素比较法

内容概述

因素比较法是常用的岗位评估方法之一。它是指按所选定的评价因素对选定的标准岗位进行评分定级，制订出标准岗位分级表，把非标准岗位与标准岗位分级表对比，评价相应位置的方法。因素比较法最初是评分法的一个分支。1926 年，由高速交通股份公司的 E．J．本奇和他的助手们最先提出，他们是在试图完善评分法时创立了因素比较法的最初形式。因此，因素比较法仍然体现了评分法的一些原则，但两者的主要区别在于因素的配分形式和工作等级转换成工资结构的方法不同。从某种程度来说，因素比较法是一种混合方法，兼有岗位排列法和岗位评分法的特征。

这种方法不须关心具体岗位的岗位职责和任职资格，而是将所有岗位的内容抽象为若干个要素。根据每个岗位对这些要素的不同要求而得出岗位价值。比较科学的做法是将岗位内容抽象成下述五种因素：智力、技能、体力、责任及工作条件。评估小组首先将各因素区分成多个不同的等级，然后再根据岗位的内容将不同因素和不同的等级对应起来，等级数值的总和就为该岗位的岗位价值。

因素比较法是按决定的评价因素对选定的标准岗位进行评分定级，制订标准岗位分级表，把非标准岗位与标准岗位分级表对比并评价相对位置的方法。

因素比较法中因素的数量通常比评分法少。本奇坚持认为，只要根据工作的性质做些修改，仅仅几个基本因素就能适用于几乎所有的工作。比如，对体力劳动，他采取智力、技能、体力、责任、工作条件等因素。对职员、技术和管理人员，他采取智力、技能、身体因素（包括工作条件）、监督管理的责任、其他责任等因素。

⇨【实用范例】

对于因素比较法，我们可以通过下面的具体操作步骤来说明：

（1）成立岗位评估小组。

（2）取得工作资料。先进行工作分析，编写出工作说明书与工作规范书，并确定岗位评估所需要的因素：心智、技能、体能、责任、工作条件。

（3）选择标准职位或关键岗位。由委员会选出 30 种左右的重要岗位，这些岗位必须具有代表性，并能表现出工作岗位的等级，充分显示每一因素重要程度的不同等级，同时在确定的范围内能够准确地给予定义。

（4）按选定的因素对各岗位的要求和重要性依次排列，形成标准工作或职位分级表。先由评价人员按各个因素来排列工作，最后由岗位评估小组取得一致共识。例如，若A、B、C、D、E五项关键性工作，按照（2）中五个因素排名.（见表3-2）。

表3-2　工作（职位）分级表

心智	技能	体能	责任	工作条件
A	A	A	A	A
B	B	B	B	B
C	C	C	C	C
D	D	D	D	D
E	E	E	E	E

（5）将各种标准职位的现行工资按前面所确定的五项标准进行适当的分配，编制标准职位工资表和因素工资分配尺度表。

例如，关键性工作A的平均薪资为3100元，则按工作因素分配为：心智1000元、技能700元、体能200元、责任900元、工作条件300元；依此类推，工作B的平均薪资为2800元，C为2500元，D为1700元，E为1400元，也分别以金额评定其因素价值（见表3-3）。

表3-3　职位工资表和因素工资分配尺度表

薪酬　因素 岗位	平均薪资 （元）	心智 （元）	技能 （元）	体能 （元）	责任 （元）	工作条件 （元）
A	3100	1000	700	200	900	300
B	2800	900	900	500	400	100
C	2500	800	600	300	300	500
D	1700	600	400	100	200	400
E	1400	300	200	600	100	200

（6）对其他岗位进行相应排列。企业中尚未进行评定的其他岗位，与现有的已评定完的标准岗位进行对比，某岗位的某因素相近，就按相近条件的岗位工资分配计算工资，累计后就是本岗位的工资。

分析点评

综观上述内容，因素比较法的优点表现为：

（1）评价结果较为公正。因素比较法把各种不同工作中的相同因素相互比较，然后再将各种因素的工资累计，主观性减少了。

（2）耗费时间少。进行评定时，所选定的影响因素较少，从而避免了重复，简化了评价工作的内容，缩短了评价时间。

（3）减少了工作量。由于因素比较法是先确定标准岗位的系列等级，然后以此为基础，分别对其他各类岗位再进行评定，大大减少了工作量。

注意事项

在使用因素比较法的时候，需要注意两点：

（1）各影响因素的相对价值在总价值中所占的百分比，完全是考评人员的直接判断，这必然会影响评定的精确度。

（2）操作起来相对比较复杂，而且很难对工人们作出解释，尤其是给因素注上货币值的时候很难说明其理由。

工具3： 因素计点法

内容概述

1. 因素计点法的概念

因素计点法也叫评分法，是指在选定岗位主要影响因素的基础上，采用一定的分值（点数）表示每一因素，并按预先规定的衡量标准，对现有岗位的各个因素逐一评比、估价，求得分值，然后将岗位每项因素的分值加总，最后得到各个岗位的总分值，并作为判定不同工作相对价值大小的依据。这种方法由于具有较高的准确性与适当的成本，是目前国内咨询公司中最广泛使用的岗位评估方法之一。

因素计点法是一种复杂的量化职位评价技术。它要求确定：每个要素要分为几个等级，且这些因素的等级都是工作的现实情况。

因此，假设你的职位包括 5 个等级，并假定给每个职位的每个等级确定不同的点值，那么，只要确定职位报酬要素（和责任）的等级，你就可以把每个报酬要素的点值加总，并得出每个职位的总点值。这个结果就是对每个职位进行量化分析得出的点值。

英、美等西方国家多采用 500 点因素计点法，也有采用 800 点、1000 点因素计点法的。关于各评价因素所占的点数比例，美国较为广泛的做法是：知识技能占 50% 左右，责任占 20% 左右，体能和工作环境各占 15%。

2. 因素计点法的操作步骤

（1）确定评价要素及其权重。通常而言，可以把对工作的影响要素分为责任、知识技能、努力程度、工作环境 4 大要素，当然企业也可以根据自己的具体情况进行适当调整。

（2）确定评价项目。为了便于操作，需要将评价要素进一步细分为若干个具体的评价项目，即细分因素（见表 3-4）。

表 3-4　工作评价项目表

评价要素	评价项目
个人条件	1. 专业知识 2. 工作熟练程度 3. 技术 4. 主动性和灵活性
工作类别	1. 脑力强度 2. 体力强度
工作环境	1. 工作场所 2. 危险性
工作责任	1. 材料消耗和产品生产 2. 设备使用、保养 3. 他人安全 4. 他人工作

（3）赋予各评价要素点数。按照各评价要素、项目的权重将总点数分配于各个要素及项目中（见表3-5）。

表3-5 工作评价点数表

评价要素	评价项目	合计
个人条件	1. 专业知识	50
	2. 工作熟练程度	50
	3. 技术	50
	4. 主动性和灵活性	50
	合计	200
工作类别	1. 脑力强度	25
	2. 体力强度	50
	合计	75
工作环境	1. 工作场所	50
	2. 危险性	25
	合计	75
工作责任	1. 材料消耗和产品生产	50
	2. 设备使用、保养	50
	3. 他人安全	25
	4. 他人工作	25
合计		150

（4）制订要素分级标准。为了提高工作评价的准确度，还应对各评价要素、项目进行定义和分级，并在此基础上形成每个要素的评分标准。对评价要素、项目的定义要清晰、简明，对要素的等级划分也要有清晰的界限说明（见表3-6）。

表3-6 评价要素标准表

评价要素	评价项目	5级	4级	3级	2级	1级
个人条件	1. 专业知识	50	40	30	20	10
	2. 工作熟练程度	50	40	30	20	10
	3. 技术	50	40	30	20	10
	4. 主动性和灵活性	50	40	30	20	10

续表

评价要素	评价项目	5级	4级	3级	2级	1级
工作类别	1. 脑力强度	25	20	15	10	5
	2. 体力强度	50	40	30	20	10
工作环境	1. 工作场所	50	40	30	20	10
	2. 危险性	25	20	15	10	5
工作责任	1. 材料消耗和产品生产	50	40	30	20	10
	2. 设备使用、保养	50	40	30	20	10
	3. 他人安全	25	20	15	10	5
	4. 他人工作	25	20	15	10	5

（5）进行工作评价。根据要素评价标准表对各个岗位的每一项要素打分，然后将各要素的得分加总，得到各个岗位的总点数。

（6）划分岗级。根据企业各岗位得分分布的离散程度，将岗位划分为若干个岗级，作为企业制定工资等级的依据。

3. "简化的"因素计点法

由于建立职位的点值体系耗费的时间比较多，于是许多组织开发了一种标准点值方案，并已为数千个组织所采用或改编采用。这套方案包括许多职位的既定的报酬要素及其等级的定义和点值，而且在使用时无须或几乎无须修正。对美国公司的一项调查表明：90%的被调查企业成功地使用了现有的点值评价方案。

⇨ 【实用范例】

下面以生产岗位为例说明因素计点法的具体应用。

表3-7为生产岗位评估因素表。

表3-7　生产岗位评估因素表

评价要素		等级数量	分数	合计数
大要素	细分要素			
劳动技能	文化理论知识	4	25	120
	操作技能	4	45	

评价要素		等级数量	分数	合计数
大要素	细分要素			
劳动技能	作业复杂程度	3	35	120
	预防、处理事故复杂程度	4	15	
劳动责任	质量责任	4	25	100
	原材料消耗责任	4	25	
	经济效益责任	4	25	
	安全责任	4	25	
劳动强度	体力劳动强度	4	50	140
	脑力消耗疲劳程度	4	40	
	作业姿势	3	30	
	工时利用率和工作班制	4	20	
劳动环境	作业条件危险性	4	20	40
	有毒有害危害	4	10	
	噪声危害	4	10	
合　计			400	400

1. 劳动技能大要素

表3-8～表3-11为劳动技能大要素下各细分要素等级划分。

表3-8　文化理论知识细分要素等级划分

定义：评价岗位对人文、技术理论知识方面的要求	
等级1（10分）	了解本岗位专业理论知识，具有初中以上文化知识
等级2（15分）	熟悉本岗位专业技术理论知识，了解相关工种的一般技术理论知识，具有初中以上文化程度
等级3（20分）	岗位专业技术理论要求较高，了解相关工种主要技术理论知识，具有高中或技工学校以上文化程度
等级4（25分）	岗位专业技术理论要求高，较全面了解相关工程技术理论知识，具有高中或技工学校以上文化程度

表3-9　操作技能细分要素等级划分

定义：评价岗位操作的技术复杂程度和对技能的积累程度要求	
等级1（5分）	技术操作技能要求简单
等级2（15分）	技术一般，操作技能要求一般，需要半年以上熟练期

定义：评价岗位操作的技术复杂程度和对技能的积累程度要求	
等级 3（30 分）	技术操作比较复杂，操作技能要求较高，需要 1 年以上实习期
等级 4（45 分）	技术复杂，操作技能要求高，需要 2 年以上实习期

表 3-10 作业复杂程度细分要素等级划分

定义：评价岗位操作工艺的复杂程度和岗位间协调要求	
等级 1（10 分）	操作工序单一、工作物对象简单
等级 2（25 分）	操作工序较多，工作物对象难度一般，需交叉配合作业
等级 3（35 分）	操作工序多，工作物对象难度大，在多工种交叉作业中起关键作用

表 3-11 预防、处理事故复杂程度细分要素等级划分

定义：评价岗位对预防事故和处理事故所具备的能力水平要求	
等级 1（0 分）	对预防、处理事故的技术能力没有专业要求
等级 2（5 分）	对预防、处理事故的技术能力水平要求一般
等级 3（10 分）	对预防、处理事故的技术能力水平较高
等级 4（15 分）	对预防、处理事故的技术能力要求高

2. 劳动责任大要素

表 3-12 ～ 表 3-15 为劳动责任大要素下各细分要素等级划分。

表 3-12 质量要求细分要素等级划分

定义：评价岗位劳动对最终产品的责任大小	
等级 1（5 分）	对最终产品质量基本无影响
等级 2（12 分）	对最终产品质量有一定影响
等级 3（18 分）	对最终产品质量有较大影响
等级 4（25 分）	对最终产品质量有决定性影响

表 3-13 原材料消耗责任细分要素等级划分

定义：评价岗位劳动对物质消耗影响程度	
等级 1（5 分）	对最终产品的成本基本无影响
等级 2（12 分）	对最终产品的成本影响一般
等级 3（18 分）	对最终产品的成本影响较大
等级 4（25 分）	对最终产品的成本影响大

表3-14　经济效益责任细分要素等级划分

定义：评价岗位劳动对经济效益的影响程度	
等级1（5分）	岗位劳动对企业经济效益影响较小
等级2（12分）	岗位劳动对企业经济效益影响一般
等级3（18分）	岗位劳动对企业经济效益影响较大
等级4（25分）	岗位劳动对企业经济效益影响大

表3-15　安全责任细分要素等级划分

定义：评价岗位劳动对安全生产的影响程度	
等级1（5分）	岗位操作环境不会引起伤害事故
等级2（12分）	岗位操作环境很少发生伤害事故，损失较轻
等级3（18分）	岗位操作一般不会引发较大的伤害事故，损失较重
等级4（25分）	岗位操作环境引发伤害事故的可能性较大，造成的损失严重

3. 劳动强度大要素

表3-16 ~ 表3-19为劳动强度大要素下各细分要素等级划分。

表3-16　体力劳动强度细分要素等级划分

定义：评价岗位劳动者的体力消耗强度	
等级1（10分）	轻体力劳动
等级2（25分）	一般体力劳动
等级3（40分）	较重体力劳动
等级4（50分）	重体力劳动强度
执行国家体力劳动分级标准	

表3-17　脑力消耗疲劳程度细分要素等级划分

定义：评价岗位劳动者的脑力消耗程度和疲劳强度	
等级1（10分）	岗位操作注意力较轻松，不太容易疲劳
等级2（20分）	岗位操作注意力一般，疲劳强度一般
等级3（30分）	岗位操作注意力较集中，容易疲劳
等级4（40分）	岗位操作注意力高度集中，极易疲劳

表 3-18　作业姿势细分要素等级划分

定义：评价岗位劳动者的劳动姿势对生理器官的疲劳程度的影响	
等级 1（10 分）	基本上坐式操作
等级 2（20 分）	基本上站式操作
等级 3（30 分）	多种劳动姿势交叉作业，且频率高，有间断性

表 3-19　工时利用率和工作班制

定义：评价岗位劳动时间的利用程度和工作班制对劳动者的体力影响	
等级 1（5 分）	年作业时间低于 250 天，日工时利用率低于 70%，一班制
等级 2（10 分）	年作业天数在 250 ~ 259 天，日工时利用率在 70% ~ 80%，一班或多班制
等级 3（15 分）	年作业天数在 260 ~ 279 天，日工时利用率在 80% ~ 90%，一班或多班制
等级 4（20 分）	年作业时间在 280 天以上，日工时利用率在 90% 以上，一班或多班制

4. 劳动环境大要素

表 3-20 ~ 表 3-22 为劳动环境大要素下各细分要素等级划分。

表 3-20　作业条件危险性细分要素等级划分

定义：评价岗位对劳动者或他人可能引起的危险程度	
等级 1（5 分）	不可能对人体造成任何伤害
等级 2（10 分）	不注意可能会造成人体局部轻度伤害
等级 3（15 分）	不注意可能会造成较严重的伤害
等级 4（20 分）	不注意可能会造成致命的伤害

表 3-21　有毒有害气体、粉尘危害程度细分要素等级划分

定义：评价岗位劳动者接触有毒有害气体、粉尘物对其健康的影响	
等级 1（2 分）	岗位劳动基本不接触有毒有害物质
等级 2（5 分）	岗位劳动直接接触有毒有害物质轻微，对劳动者健康影响较轻
等级 3（8 分）	岗位劳动直接接触有害物质，对劳动者健康有一定程度的影响
等级 4（10 分）	岗位劳动直接接触有毒有害物质，对劳动者健康有较重影响

表 3-22　噪声危害细分要素等级划分

定义：评价岗位劳动者接受噪声影响对其身体健康的危害程度	
等级 1（2 分）	岗位劳动者环境基本不受噪声影响
等级 2（5 分）	岗位劳动环境的噪声一般，对劳动者健康有轻微影响

定义：评价岗位劳动者接受噪声影响对其身体健康的危害程度	
等级3（8分）	岗位劳动环境的噪声较大，对劳动者健康影响较重
等级4（10分）	岗位劳动环境的噪声大，对劳动者健康影响较严重

分析点评

要素分级计点法作为工作评价的方法之一，避免了一定的主观随意性，通常被认为是科学性、可靠性较高的一种评价方法，同时也是得到普遍应用的一种评价方法。

注意事项

因素计点法是一种易于解释和评价的量化评价技术。但从另一方面而言，建立一个点值评价方案相当困难，这也是许多组织采取现成方案的原因。实际上，这种现成方案用于职位评价的可靠性在一定程度上还是有问题的。

工具4：胜任特征模型

内容概述

1. 胜任特征的概念

胜任特征是指能将某一工作或组织中有卓越成就者与表现一般者区分开来的个人的深层次特征。这些特征与效标参照组的工作表现有高度的因果关系。

（1）深层次是指这些特征在人格中扮演深层且持久的角色，而且能预测一个人在复杂的工作环境中担当重任时的行为表现。

（2）因果关系是指特征导致绩效或可用来预测绩效及行为表现。

（3）效标参照是指利用特定的效标或标准来衡量绩效，可以实际预测一个人工作绩效的好坏。

胜任特征是由美国著名心理学家麦克利兰于 1973 年提出的。他总结多年的研究成果指出，传统的智力测验、性向测验和学校的学术测验及等级分数，不能准确预测复杂工作和高层次职位的工作绩效或生活中的成功，而且，对于弱势群体（如少数民族）、妇女和较低社会经济地位的人存在不公平性。针对这些问题，他强调抛开被实践证明无法成立的理论假设和主观判断，从实际出发，从第一手材料入手，直接去发掘那些能够真正影响工作绩效的个人条件和行为特征，为提高组织效率和促进个人事业成功做出实质性贡献。

2. 胜任特征构成要素

胜任特征是一个人潜在的特征，隐含着表现力或思考力，这种力量可以类推到个人工作或生活上各种不同的情况，并且能长久地停留在个人身上。胜任特征自上至下可包括如下几个层面（见图 3-1）。

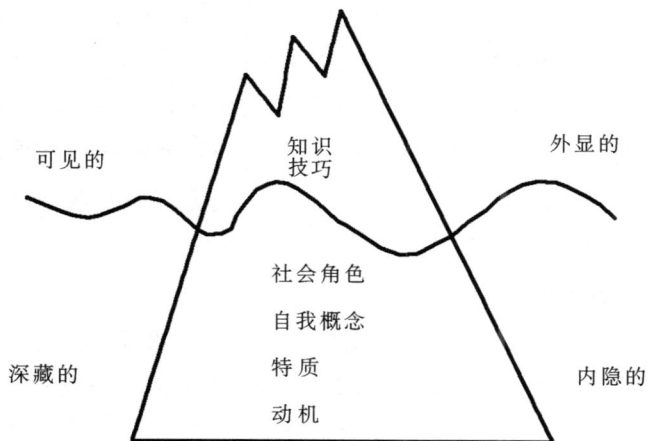

图 3-1　冰山模型

（1）知识，指个人在某一特定领域拥有的事实型与经验型信息。

（2）技巧，指结构化地运用知识完成某项具体工作的能力。

（3）社会角色，指一个人基于态度和价值观的行为方式与风格。

（4）自我概念，指一个人的态度价值观和自我印象。

（5）特质，指个性身体特征对环境和各种信息所表现出来的持续反应。

（6）动机，指一个人对某种事物持续渴望进而付诸行动的内驱力。

冰山水下的部分是我们所指的潜在的特征，从上到下的深度不同，表示被挖掘与感知的难易程度不同。向下越深，越不容易被挖掘与感知。冰山水上的部分是表象部分，即人的知识与技能，容易被感知。被挖掘和发展的难易程度（见图3-2）。

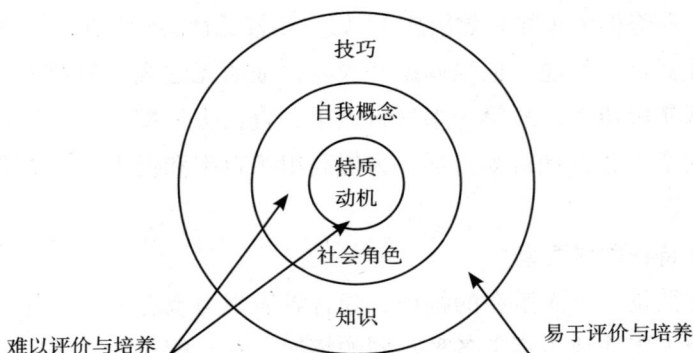

图3-2 被挖掘和发展的难易程度

现在的很多企业常常以表面的知识和技巧为基础选拔人才，并总是假设招募到的人具有深层次的动机和特质，或者认为这些可以通过良好的管理慢慢灌输给他们。然而更加符合成本效益的做法是，企业选择具有核心动机和特质的人才，反过来培养他们在工作上所需要的知识和技巧。正如一句话所说的"你可以教一只火鸡如何爬树，但更容易的则是直接雇用一只松鼠"。

3. 因果关系模型

动机、特质、态度和自我概念的特征，可以用来预测行为，这些行为产生工作的结果，作用机制是动机（特质）→行为→结果，流程（见图3-3）。

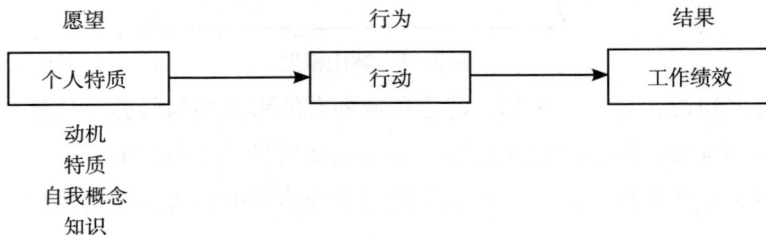

图3-3 因果关系模型

4. 成就动机模型

胜任特征包含愿望，愿望是动机或特质的原动力，这种力量能够产生充沛的行动力而导致结果。因果关系流程模型可以被用来做风险评估的分析。如果组织不甄选发展或引发员工的成就动机，我们就很难预测员工在新产品和服务上会有多大的成长与进步（见图3-4）。

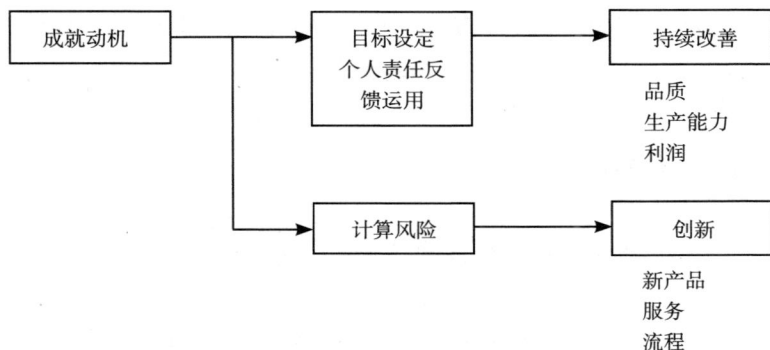

图3-4 成就动机模型

5. 建立胜任特征模型的步骤

（1）定义绩效标准。绩效标准一般采用工作分析和专家小组讨论的办法来确定。采用工作分析的各种工具与方法明确工作的具体要求，提炼出鉴别工作优秀的员工与工作一般的员工的标准。专家小组讨论则是由优秀的领导者、人力资源管理层和研究人员组成的专家小组，就此岗位的任务、责任和绩效标准以及期望优秀领导表现的胜任特征行为和特点进行讨论，得出最终的结论。如果客观绩效指标不容易获得或经费不允许，一个简单的方法就是采用"上级提名"。这种由上级领导直接给出的工作绩效标准的方法虽然较为主观，但对于优秀的领导层也是一种简便可行的方法。企业应根据自身的规模、目标、资源等条件选择合适的绩效标准定义方法。

（2）选取分析效标样本。根据岗位要求，在从事该岗位工作的员工中，分别从绩效优秀和绩效普通的员工中随机抽取一定数量的员工进行调查。

（3）获取效标样本有关胜任特征的数据资料。可以采用行为事件访谈法、专家小组法、问卷调查法、全方位评价法、专家系统数据库和观察法等获取效标样本有关胜任特征数据，但一般以行为事件访谈法为主。

（4）建立胜任特征模型。通过行为访谈报告提炼胜任特征，对行为事件访谈报告进行内容分析，记录各种胜任特征在报告中出现的频次，然后对优秀组和普通组的要素指标发生频次和相关的程度统计指标进行比较，找出两组的共性与差异特征。根据不同的主题进行特征归类，并根据频次的集中程度估计各类特征组的大致权重。

（5）验证胜任特征模型。验证胜任特征模型可以采用回归法或其他相关的验证方法，采用已有的优秀与一般的有关标准或数据进行检验，关键在于企业选取什么样的绩效标准来做验证。

⇨【实用范例】

以某大型电脑公司的销售经理为目标，进行胜任特征模型的构建和分析。

（1）选取该企业不同地区的经理进行工作分析，明确经理的工作内容和工作要求，并结合该企业的实际情况确立了对经理们的绩效考核指标。

（2）在该企业现有的优秀绩效表现与一般绩效表现经理当中随机挑选30名经理，对经理进行行为事件访谈。访谈的内容主要有三个部分：一是被访谈对象的基本资料；二是被访谈者列举自己三件成功事件以及三件不成功的事件；三是对访谈者的综合评价。在实施行为访谈的过程中，同时对这些经理进行了管理素质测评以及管理知识测评，用来验证胜任特征模型的有效性。

根据每个经理的访谈报告，归纳整理出经理胜任特征频次表，并以此构建经理人的胜任特征模型。

（3）根据该胜任特征模型明确了合格的营销经理应该具备的胜任特征，并以此为依据，开发了结合企业目前经理现状的营销经理培训体系。帮助经理们找到自己的"短板"，有针对性地对经理们进行培训，同时也为该企业的人员选拔以及人才招聘提供了有力依据。

分析点评

胜任特征评价提供了一种新的人力资源管理方法，这一方法不仅改变了传统测验在职业选拔中的应用方式，而且也将影响整个人力资源管理模式的变革和创新。基于胜任特征模型的人力资源开发的整体框架和构思，主要涉及八个方面的人力资源开发的问题：战略规划、职务分析、人员招聘、薪酬管理、绩效管理、员工培训、职业发展和变革创新。所有这些人力资源开发工作都是基于胜任特征模型进行的。

⊙ 注意事项

当然，胜任特征模型也并非是完美的，它有许多需要进一步完善的地方，特别是在构建出胜任特征模型以后，开发测量各项胜任特征的量表和工具是值得进一步探讨的问题。量表设计的准确与否将直接影响企业在进行人员招聘时的参照标准，而且企业选择胜任特征分析时一定要从自身的需求、财力、物力等各方面因素综合考虑。因为胜任特征模型的构建总的来说还是较为费时、费力的，所以在选择分析目标时应有所侧重。

工具 5：职能工作分析法

▶ 内容概述

1. 职能工作分析法的概念

职能工作分析法（FJA）最早起源于美国培训与职业服务中心，是从工作活动单元职能作用的角度，对工作进行分析的一种综合方法。这种方法以工作者应发挥的职能为核心，对工作的每项任务进行详细地分析，是工作分析计划表的一种改进。

2. 职能工作分析法的内容

职能工作分析法假设每种工作包括某些职能。在这些职能中，有 3 个最基础、最常见的职能：数据、人员、事物，现对这三种职能进行具体说明。

（1）工作与员工如何做才能完成工作。在工作分析中，了解后者更为重要。

（2）每份工作都与数据、人员和事物有关。

（3）关于事物，员工依靠物质资源；关于数据，员工依靠智力资源；对于人员，员工依靠人际资源。

（4）所有工作都需要员工把数据、人员和事物在某种程度上联系起来。

（5）尽管员工的行为和他的任务可以用许多方式描述，但仅包含几种明确的职能。尽管每一种职能涉及不同的难度和范围很广的内容，但每一种职能基本上只依赖范围相对较窄和具体的相似种类的程度的员工特征及资格。

（6）这些职能从简单到复杂排列。最简单的数据形式将作为比较数据，而最复杂的则作为综合数据。此外，假设需要某种较高层次的职能，那么也必然需要所有较低层次的职能。

（7）为数据、人员、事物的三个层次提供了两种衡量工作的方法。首先，与数据、人员、事物有关的相对复杂的一种衡量方法，实质上就是三种职能间相互关系的总和。其次，对每种职能所占比例的衡量。在这种方法中，分析者把工作行为单元划分为三类：对人员作用，对实物作用，对资料（信息）的作用。然后每一类的功能作用又按由低到高的水平划分为若干层次。最后，对所分析岗位的工作功能做出具体的评判。

3. 职能工作分析方法的要点

（1）工作描述语言的控制。

（2）工作者职能等级的划分依据。工作职能分为事物职能、数据职能和人员职能三部分。

（3）完整意义上的工作者，是指同时拥有通用技能、特定工作技能和适应性技能的工作者。

（4）工作系统。由工作者、工作组织和工作本身组成。

（5）任务。作为工作的子系统和基本的描述单元。

4. 职能工作分析方法的程序

（1）回顾现有的工作信息。现有的工作信息，包括工作描述、培训材料、组织目标陈述，等等。工作分析者深入了解工作语言、工作层次、固定的操作程序以及组织的产出。这个步骤通常会花费1～3天的时间，这主要取决于可得的信息量以及时间的压力。

（2）安排同SMEs（主题专家）的小组会谈。同SMEs进行的小组会谈通常要持续1～2天时间。选择的SMEs从范围上要尽可能广泛地代表工作任职者。会议室要配备必要的设备：投影仪、活动挂图、涂改带，会议室的选址要远离工作地点，尽量把工作的影响减到最小。

（3）分发欢迎信。工作分析者应当向与会者分发一封欢迎信，来说明参与者是会议的主角，要完成大部分工作，而工作分析者只是作为获取信息的向导或是促进者的角色存在。

（4）确定职能工作分析法任务描述的方向。

（5）列出工作产出表。

（6）列出任务。所列出的任务应能覆盖工作所包括的95%以上的工作任务，并要确信没有遗漏重要的任务项。

（7）修改任务库。

（8）产生绩效标准，说明关键任务。

（9）编辑任务库。

▷【实用范例】

下面以某消防队中的"消防队员"这一职位为例，说明工作分析法的运用。表3-23为工作分析记录表。

表3-23　工作分析记录表

职位：消防队员
职责：对紧急火警做出快速的反应
任务：抢救和检查

做什么		为什么	怎么做		职务功能		
工作行为（行为动词）	工作对象（动作接受者）	为了生产出或得到什么	使用哪些工具、设备或辅助手段	根据什么指导	信息	人员	事物
堆积和覆盖							
检查							
搬动							

分析点评

作为一种职位分析系统，FJA 的核心是分析职位的职能。它对职能的分析是通过分析职位任职者在工作中处理数据、人、事的特征进行的。行为的难度越大、所需的能力越高，也就说明了任职者的职能等级越高。

注意事项

职能分析的功能标度采用职能分析法，应该考虑以下几项要求：
（1）工作设施要与员工的身体条件相适应。
（2）要对员工工作过程进行详细分析。
（3）要考虑工作环境条件对员工生理和心理的影响。
（4）要考虑员工的工作态度和积极性。

工具6：关键事件法

内容概述

1.关键事件法的概念

关键事件法就是通过被评人在工作中极为成功或极为失败的事件的分析和评价，来考察被评价者工作绩效的一种方法。这个方法是由美国学者福莱·诺格和伯恩斯在 1954 年共同创立的，它是由上级主管者记录员工平时工作中的关键事件：一种是做得特别好的，另一种是做得不好的。在预定的时间，通常是半年或一年之后，利用积累的记录，由主管者与被测评者讨论相关事件，为测评提供依据。

关键事件法包含了三个重点：

（1）观察。

（2）书面记录员工所做的事情。

（3）有关工作成败的关键性的事实。

关键事件法的主要原则是认定员工与职务有关的行为，并选择其中最重要、最关键的部分来评定其结果。它首先从领导、员工或其他熟悉职务的人那里收集一系列职务行为的事件，然后，描述"特别好"或"特别坏"的职务绩效。这种方法考虑了职务的动态特点和静态特点。对每一事件的描述内容，包括：

（1）导致事件发生的原因和背景。

（2）员工的特别有效或多余的行为。

（3）关键行为的后果。

（4）员工自己能否支配或控制上述后果。

在大量收集这些关键以后，可以对它们作出分类，并总结职务的关键特征和行为要求。关键事件法既能获得有关职务的静态信息，也可以了解职务的动态特点。

2. 记录关键事件的 STAR 法

由于 STAR 英文翻译是星星的意思，所以又叫"星星法"。星星就像一个十字形，分成四个角。而 STAR 法要求记录的事件要从四个方面来写：

（1）S（Situation）代表情境，这件事情发生时的情境是怎么样的。

（2）T（Target）代表目标，他为什么要做这件事。

（3）A（Action）代表行动，他当时采取什么行动。

（4）R（Result）代表结果，他采取这个行动获得了什么结果。

3. 关键事件法的具体用法

在职务分析信息的收集过程中，往往会遇到这样的问题：工作者有时并不是很清楚本工作的职责、所需能力等。此时，职务分析人员可以采用关键事件法。具体的方法是，分析人员可以向工作者询问一些问题，比如，"请问在过去的一年中，您在工作中所遇到比较重要的事件是怎样的？""您认为解决这些事件的最为正确的行为是什么？""最不恰当的行为是什么？""您认为要解决这些事件应该具备哪些素质？"等。对于解决关键事件所需的能力、素质，还可以让工作者进行重要性的评定。比如，让工作者给这些素质按重要性排队；按五点量表打分；或给定一个总分（比如20分），让工作者将其分摊到各个能力、素质中去。

⇨【实用范例】

玛丽是公司的物流主管。物流主管负责将客户从海外运过来的货按照客户的需求运到客户那里。

这家公司很小，共有20位员工，只有玛丽一人负责这项工作。物流工作除了她，再没人懂了。在刚进行完一月份考评后，玛丽二月份就发生一件事情：她80多岁的祖母，在半夜里病逝了。她由祖母从小养大，祖母的病逝使她很悲伤。她为料理后事病倒了，人很憔悴。不巧这时公司一个大客户有一批从美国进口的货，要求第二天清关，并于第二天下午六点钟之前准时运到。玛丽怎么办呢？她强打精神，第二天早上九点钟准时出现在办公室，她的经理和同事都发现，她的脸色铁青，精神也不好，一问才知道家里出了事。但是，玛丽什么话也没说，一直做着进出口报关、清关的手续，把货从海关提出来，并且在下午五点钟就把这批货发出去了，及时运到了客户那里。然后，五点钟时，她就走了。可公司是六点钟下班。

这是一个关键性事件。如果这件事情她的部门经理没有发现，不记下来，或者人力资源部也没有发现，那在其他员工的眼里，六点钟下班，她五点钟就走了，会认为是早退。但是，如果部门经理善于观察，发现了这件事情，问清楚是怎么回事儿，会发现这是很光彩的事情。如果玛丽的祖母没有去世，那帮助客户快速办理货物，这是一个物流主管正常的工作，是不会记下来的。但这一天，她首先考虑的是公司的利益，为了不让客户受损失，克服了种种困难出现在办公室里，提前完成了任务。这是要加分的一件事情，就应当把这件事情记录下来。

当时的情境（S）是：玛丽的祖母病逝了。

当时的目标（T）是：为了把一批货完整、准时地运到客户那里。

当时的行动（A）是：她准时出现在办公室，提前一个小时把货发出去了。

当时的结果（R）是：客户及时收到了货，没有损害公司的信誉。

这个例子，可以帮助我们理解什么叫 STAR 法。STAR 法是最典型的关键事件法，可以记光彩的事情，也可以记不光彩的事情，同样要用情境、目标、行为和结果四个角。

分析点评

使用关键事件法的意义在于：首先，它使主管不得不考虑下属在整个一年时间里所积累的关键事件，从而避免了评定中只关注最近有关绩效情况的倾向；其次，保留一系列关键事件还可以使主管更清楚哪些方面是下属做得较好的，哪些方面还需要通过指导来改进；最后，关键事件法由于借助于一系列事实记录而使得许多评定误差得以较好地控制。

注意事项

在员工绩效管理过程中，为了更好地发挥关键事件法的作用，在应用该方法时，要掌握并遵循以下几点：

（1）所记录"事件"必须是关键事件，即属于典型的"好的"或"不好的"事件。判断是否属于关键事件，其主要依据在于事件的特点与影响性质。所记录的关键事件必须是与被考评者的关键绩效指标有关的事件。

（2）记录的关键事件应当是员工的具体行为，不能加入考评者的主观评价，要把事实与推测区分开来。

（3）关键事件法一般不单独作为绩效考评的工具来使用，而是和其他绩效考评方法结合使用，为其他考评方法提供事实依据。

（4）关键事件的记录要贯穿于整个工作期间，不能仅仅集中在工作最后的几个星期或几个月里。

（5）关键事件法是基于行为的绩效考评技术，特别适用于那些不仅仅以结果来衡量工作绩效，而且还要注重一些重要行为表现的工作岗位。

工具7：海氏工作评价系统

内容概述

1. 海氏工作评价系统的概念

海氏（Hay）工作评价系统又叫指导图表—形状构成法（Guide Chart-Profile），是由美国薪酬设计专家艾德华·海（Edward Hay）于1951年研究开发的，有效地解决了不同职能部门的不同职务之间相对价值的相互比较和量化的难题，在世界各国上万家大型企业推广应用并获得成功，被企业界广泛接受。

海氏工作评价系统实质上是一种评分法，是将付酬因素进一步抽象为具有普遍适用性的三大因素，即技能水平、解决问题能力和风险责任，并相应设计了三套标尺性评价量表，最后将所得分值加以综合，算出各个工作职位的相对价值。根据这个系统，所有职务所包含的最主要的付酬因素有三种，每一种付酬因素又分别由数量不等的子因素构成。图3-5为职务的形态构成。

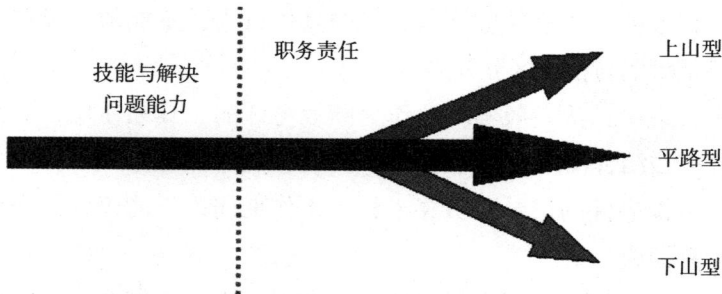

图3-5　职务的形态构成

（1）上山型。该岗位的责任比技能与解决问题的能力重要，如公司总裁、销售经理、负责生产的干部等。

（2）平路型。技能和解决问题能力在此类职务中与责任并重，平分秋色，如会计、人事等职能干部。

（3）下山型。该岗位的职责不及技能与解决问题能力重要，如科研开发、市场分析干部等。

通常要由职务薪酬设计专家分析各类岗位的形状构成，并据此给技能、解决问题的能力这两因素与责任因素各自分配不同的权重，即分别向前两者与后者指派代表其重要性的一个百分数，两个百分数之和应为100%。当然，海氏评估法还涉及每个因素的评估标准和程序、评估结果的处理和形成一个公司的岗位等级体系等分析过程。

2. 海氏工作评价系统内容分析

海氏工作评价系统将三种付酬因素（见表3-24）的各子因素进行组合，形成三张海氏工作评价指导图表。

表3-24 海氏工作评价系统付酬因素描述

付酬因素	付酬因素定义	子因素	子因素释义
技能水平	使工作绩效达到可接受水平所必需的专业知识及相应的实际动作技能的总和	专业理论知识	对该职务要求从事子行业领域的理论、实际方法与专业知识的理解。该子系统分八个等级，从基本的（第一级）到权威专业技术的（第八级）
		管理诀窍	为达到要求绩效水平而具备的计划、组织、执行、控制、廉价的能力与技巧。该子系统分五个等级，从基本的（第一级）到全面的（第五级）
		人际技能	该职务所需要的沟通、协调、激励、培训、关系处理等方面主动而活跃的技巧。该子系统分"基本的""重要的""关键的"三个等级
解决问题的能力	在工作中发现问题，分析诊断问题，提出、权衡与评价对策，做出决策等的能力	思维环境	指定环境对职务行使者的思维的限制程度。该子因素分八个等级，从几乎一切按既定规则办的第一级（高度常规的）到只做了含糊规定的第八级
		思维难度	解决问题时对当事者创造性思维的要求。该子因素分五个等级，从几乎无须动脑只需按老规矩办的第一级（重复性的）到完全无先例可供借鉴的第五级（无先例的）
承担的职务责任	职务行使者的行为对工作最终结果可能造成的影响及承担责任的大小	行动的自由度	职务能在多大程度上对其工作进行个人性指导与控制，该子因素包含九个等级，从自由度最小的第一级（有规定的）到自由度最大的第九级（一般性无指导的）

续表

付酬因素	付酬因素定义	子因素	子因素释义
承担的职务责任	职务行使者的行为对工作最终结果可能造成的影响及承担责任的大小	职务对后果形成的作用	该因素包括四个等级：第一级是后勤性质作用，即只在提供信息或偶然性服务上出力；第二级是咨询性作用，即出主意与提供建议；第三级是分摊性作用，即与本企业内外其他几个部门和个人合作，共同行动，责任分摊；第四级是主要作用，即由本人承担主要责任
		职务责任	可能造成的经济性正负后果。该子因素包括四个等级，即微小的、少量的、中级的和大量的。每一级都有相应的金额下限，具体数额要视企业的具体情况而定

表 3-25 所示是供技能水平评价用的。

表 3-25　海氏工作评价指导图表之一——技能水平

人际技能 / 专业理论知识	管理诀窍 起码的 基本的	重要的	关键的	相关的 基本的	重要的	关键的	多样的 基本的	重要的	关键的	广博的 基本的	重要的	关键的	全面的 基本的	重要的	关键的
基本的	50	57	66	66	76	87	87	100	115	115	132	152	152	175	200
	57	66	76	76	87	100	100	115	132	132	152	175	175	200	230
	66	76	87	87	100	115	115	132	152	152	175	200	200	230	264
初等业务的	66	76	87	87	100	115	115	132	152	152	175	200	200	230	264
	76	87	100	100	115	132	132	152	175	175	200	230	230	264	304
	87	100	115	115	132	152	152	175	200	200	230	264	264	304	350
中等业务的	87	100	115	115	132	152	152	175	200	200	230	264	264	304	350
	100	115	132	132	152	175	175	200	230	230	264	304	304	350	400
	115	132	152	152	175	200	200	230	264	264	304	350	350	400	460
高等业务的	115	132	152	152	175	200	200	230	264	264	304	350	350	400	460
	132	152	175	175	200	230	230	264	304	304	350	400	400	460	528
	152	175	200	200	230	264	264	304	350	350	400	460	460	528	608
基本专业技术	152	175	200	200	230	264	264	304	350	350	400	460	460	528	608
	175	200	230	230	264	304	304	350	400	400	460	528	528	608	700
	200	230	264	264	304	350	350	400	460	460	528	608	608	700	800
熟练专业技术	200	230	264	264	304	350	350	400	460	460	528	608	608	700	800
	230	264	304	304	350	400	400	460	528	528	608	700	700	800	920
	264	304	350	350	400	460	460	528	608	608	700	800	800	920	1056

（注：左侧行类目属"专业理论知识"）

人际技能		管理诀窍													
		起码的			相关的			多样的			广博的			全面的		
		基本的	重要的	关键的	基本的	重要的	关键的	基本的	重要的	关键的	基本的	重要的	关键的	基本的	重要的	关键的
专业理论知识	精通专业技术	264	304	350	350	400	460	460	528	608	608	700	800	800	920	1056
		304	350	400	400	460	528	528	608	700	700	800	920	920	1056	1216
		350	400	460	460	528	608	608	700	800	800	920	1056	1056	1216	1400
	权威专业技术	350	400	460	460	528	608	608	700	800	800	920	1056	1056	1216	1400
		400	460	528	528	608	700	700	800	920	920	1056	1216	1216	1400	1600
		460	528	608	608	700	800	800	920	1056	1056	1216	1400	1400	1600	1800

表 3-26 所示是用来评定解决问题能力的。

表 3-26　海氏工作评价指导图表之二——解决问题的能力

评价值（%）／思维环境＼思维难度	重复性的	模式化的	中间型的	适应性的	无先例的
高度常规性的	10 ~ 12	14 ~ 16	19 ~ 22	25 ~ 29	33 ~ 38
常规性的	12 ~ 14	16 ~ 19	22 ~ 25	29 ~ 33	38 ~ 43
半常规性的	14 ~ 16	19 ~ 22	25 ~ 29	33 ~ 38	43 ~ 50
标准化的	16 ~ 19	22 ~ 25	29 ~ 33	38 ~ 43	50 ~ 57
明确规定的	19 ~ 22	25 ~ 29	33 ~ 38	43 ~ 50	57 ~ 66
广泛规定的	22 ~ 25	29 ~ 33	38 ~ 43	50 ~ 57	66 ~ 76
一般规定的	25 ~ 29	33 ~ 38	43 ~ 50	57 ~ 66	76 ~ 87
抽象规定的	29 ~ 33	38 ~ 43	50 ~ 57	66 ~ 76	87 ~ 100

表 3-27 所示是用来对职务责任进行评定的工具。

表 3-27　海氏工作评价指导表之三——职务责任

职务责任		大小等级														
		微小				少量				中量				大量			
		金额范围														
		—				—				—				—			
职务对后果形成的作用		间接		直接		间接		直接		间接		直接		间接		直接	
		后勤	辅助	分摊	主要	后勤	辅助	分摊	主要	后勤	辅助	分摊	主要	后勤	辅助	分摊	主要
行动的自由度	有规定的	10	14	19	25	14	19	25	33	19	25	33	43	25	33	43	57
		12	16	22	29	16	22	29	38	22	29	38	50	29	38	50	66
		14	19	25	33	19	25	33	43	25	33	43	57	33	43	57	76

职务责任		大小等级															
		微小				少量				中量				大量			
		金额范围															
		—				—				—				—			
职务对后果形成的作用		间接		直接		间接		直接		间接		直接		间接		直接	
		后勤	辅助	分摊	主要	后勤	辅助	分摊	主要	后勤	辅助	分摊	主要	后勤	辅助	分摊	主要
行动的自由度	受控制的	16	22	29	38	22	29	38	50	29	38	50	66	38	50	66	87
		19	25	33	43	25	33	43	57	33	43	57	76	43	57	76	100
		22	29	38	50	29	38	50	66	38	50	66	87	50	66	87	115
	标准化的	25	33	43	57	33	43	57	76	43	57	76	100	57	76	100	132
		29	38	50	66	38	50	66	87	50	66	87	115	66	87	115	152
		33	43	57	76	43	57	76	100	57	76	100	132	76	100	132	175
	一般性规范的	28	50	66	87	50	66	87	115	66	87	115	152	87	115	152	200
		43	57	76	100	57	76	100	132	76	100	132	175	100	132	175	230
		50	66	87	115	66	87	115	152	87	115	152	200	115	152	200	264
	有指导的	57	76	100	132	76	100	132	175	100	132	175	230	132	175	230	304
		66	87	115	152	87	115	152	200	115	152	200	264	152	200	264	350
		76	100	132	175	100	132	175	230	132	175	230	304	175	230	304	400
	方向性指导的	87	115	152	200	115	152	200	264	152	200	264	350	200	264	350	460
		100	132	175	230	132	175	230	304	175	230	304	400	230	304	400	528
		115	152	200	264	152	200	264	350	200	264	350	460	264	350	460	608
	广泛性指导的	132	175	230	304	175	230	304	400	230	304	400	528	304	400	528	700
		152	200	264	350	200	264	350	460	264	350	460	608	350	460	608	800
		175	230	304	400	230	304	400	528	304	400	528	700	400	528	700	920
	战略性指导的	200	264	350	460	264	350	460	608	350	460	608	800	460	608	800	1056
		230	304	400	528	304	400	528	700	400	528	700	920	528	700	920	1216
		264	350	460	608	350	460	608	800	460	608	800	1056	608	800	1056	1400
	一般性无指导的	304	400	528	700	400	528	700	920	528	700	920	1216	700	920	1216	1600
		350	460	608	800	460	608	800	1056	608	800	1056	1400	800	1056	1400	1840
		400	528	700	920	528	700	920	1216	700	920	1216	1600	920	1216	1600	2112

（1）技能水平。技能水平是指使绩效达到可接收程度所必须具备的专门业务知识及其相应的实际操作技能。具体包含三个层面：

①有关科学知识、专门技术及操作方法，分为基本的、初等业务的、中等业务的、高等业务的、基本专门技术的、熟练专门技术的、精通专门技术的和权威专门技术的八个等级。

②有关计划、组织、执行、控制及评价等管理诀窍，分为起码的、有

关的、多样的、广博的和全面的五个等级。

③有关激励、沟通、协调、培养等人际关系技巧，分为基本的、重要的和关键的三个等级。

（2）解决问题的能力。解决问题能力是与工作职位要求承担者对环境的应变力和要处理问题的复杂度有关，海氏评价法将之看作"技能水平"的具体运用，因此以技能水平利用率来测量。进一步分为两个层面：

①环境因素。按环境对工作职位承担者紧松程度或应变能力，分为高度常规性的、常规性的、半常规性的、标准化的、明确规定的、广泛规定的、一般规定的和抽象规定的八个等级。

②问题难度。按解决问题所须创造性由低到高分为重复性的、模式化的、中间型的、适应性的和无先例的五个等级。

（3）承担的职务责任。是指工作职位承担者的行动自由度、行为后果影响及职位责任大小。

行动自由度是工作职位受指导和控制的程度，分为有规定的、受控制的、标准化的、一般性规范的、有指导的、方向性指导的、广泛性指导的、战略性指导的和一般性无指导的九个量级。

行为后果影响分为后勤性、咨询性间接辅助作用与分摊性、主要性直接影响作用两大类、四个级别。

承担的职务责任分为微小、少量、中级和大量四个等级，并有相应的金额范围。

技能水平、解决问题能力和承担的职务责任三个因素，在加总评价分数时实际上被归结为两个方面：

技能水平与解决问题能力的乘积，反映的是一个工作职位人力资本存量使用性价值，即该工作职位承担者所拥有的技能水平（人力资本存量）实际使用后的绩效水平；而承担的职务责任反映的是某工作职位人力资本增量创新性价值，即该工作职位承担者利用其主观能动性进行创新所获得的绩效水平。

海氏认为职务具有一定的"形状"，这个形状主要取决于技能和解决问题的能力两因素相对于职务责任这一因素的影响力间的对比和分配。

根据三种职务的"职务形态构成"，赋予三种职务三个不同因素以不同的权重。即分别向三个职务的技能、解决问题的能力两因素与责任因素指派代表其重要性的一个百分数，这两个百分数之和恰为100%。根据一般性原则，我们粗略地确定"上山型""下山型""平路型"两组因素的权重分配分别为（40%+60%）、（70%+30%）、（50%+50%）。

综合加总时，可以根据企业不同工作职位的具体情况赋予二者以权重。职务评价的最终结果可用以下计算公式一般地表示为：

$$W_i = \gamma[f_i(T, M, H) \cdot Q] + \beta[f_i(F, I, R)] \qquad (3-1)$$

式中：W_i——第 i 种工作职位的相对价值；

$f_i(T, M, H) \cdot Q$——第 i 种工作职位人力资本存量使用性价值；

$f_i(F, I, R)$——第 i 种工作职位人力资本增量创新性价值；

T——专业理论知识（科学知识、专门技术及操作方法）；

M——管理诀窍（计划、组织、执行、控制及评价等管理诀窍）；

H——人际技能（有关激励、沟通、协调、培养等人际关系技巧）；

Q——解决问题的能力；

F——行动自由度；

I——职务对后果形成的作用（行为后果影响）；

R——职务责任（风险责任）；

γ，β——第 i 种工作职位人力资本存量使用性价值和增量创新性价值的权重，$\gamma + \beta = 1$。

通常情况下，γ、β 的取值大致有三种情况：$\gamma = \beta$，如会计、技工等工作职位的情形（平路型）；$\gamma > \beta$，如工程师、营销员等工作职位的情形（下山型）；$\gamma < \beta$，如总裁、副总裁、经理人员等工作职位的情形（上山型）。

⇨【实用范例】

下面我们通过对某企业小车司机班班长、产品开发工程师、营销副总三个职位进行评价，以全面了解和运用海氏工作评价系统。

1. 技能水平

根据技能水平评价图表对小车司机班班长、产品开发工程师、行销副总三个职务做相应的技能因素的相对价值的评价。

小车司机班班长在专业知识方面没有太多的要求，只需高等业务的；在管理诀窍方面，管理一批司机，工作简单，只需起码的；在人际技能方面，小车司机文化虽然不高，但均是为企业高级管理人员提供服务的，长期与高管人员在一起，因此在某种程度上有一定的特权，应付起来不太容易，需要最高一级即关键性的人际处理技巧。所以，其技能因素价值为175分。

产品研发工程师负责企业的研发工作，要求有很高的专门知识，因此在专门知识方面应是精通专门技术的。在管理技巧方面，因其主要工作是独立开展研究工作的，无须管理或很少有开展管理活动的必要，因此应为起码的；在人际技能方面，应为基本的。因此，产品研发工程师的技能价值为304分。

营销副总在企业中全面主管营销事务，而营销工作往往是企业中最难应付的工作，需要很高的管理技巧，因此在管理技巧方面应是全面的；营销副总要精通营销管理的各项专门知识，并要在下属当中树立起自己的权威性，方可充分调动广大营销人员的积极性，因此，在专业知识方面应是权威专门的；在人际技巧方面，它需要熟练的人际技能，这是关键的。因此，营销副总的技能因素价值为1400分。

2. 解决问题的能力

解决问题的能力方面，这三个职位的评价分析如下：

司机班班长属于最基层管理者，管理活动受到企业各种规章制度和上级的约束，其思维环境属"标准化的"；其管理不需要太多的创造性，基本上是"模式化的"。因此，解决问题的能力便评价为技能的25%。

产品开发工程师在产品开发过程中受到行业规范、各种技术标准等的限制，其思维环境属"广泛规定的"；但由于产品开发属于高度创造性的活动，其思维难度属"无先例的"。因此，解决问题的能力便评价为技能的66%。

营销副总是企业市场的开拓者，每天都要面对瞬息万变的市场独立做出营销决策，很多情况下企业都缺乏明确的政策指导，其思维环境属"抽象规定的"。为了占领市场，营销副总需要开展高度的创造性工作，这些工作在企业无先例可循，其思维难度可列"无先例的"。因此，解决问题的能力便评价为技能的87%。

3. 职务责任

在承担的职务责任方面，这三个职位的评价分析如下：

小车司机班班长行动自由度小，只属第3级"标准化的"；但为小车司机班的带头人，所起的作用是最高的第4级"主要的"；不过级别太低，对经济后果的责任也属最低"微小的"。因此，该职务在这一因素上的整体评分为57分。

产品开发工程师的行动自由度比较大，属于方向性指导的；职务责任不大，只有少量的影响；对后果形成的责任比较大，因为其对企业新产品开发和企业进一步发展有直接影响，因此属于分摊的。该职务在这一因素上的整体评分为264分。

营销副总在企业内部地位很高，享有广泛授权，行动的自由度高，属"战略性指导的"；全面主管企业的营销工作，所起的作用是最高的第4级"主要的"；决策有时直接决定企业的生死存亡，其职务责任是"大量的"。该职务在这一因素的整体评分为1056分。

根据海氏工作评价系统，小车司机班班长属于"平路型"，技能和解决问题的能力与责任并重；产品开发过程是属于"下山型"，该职务的责任不及解决问题的能力重要；营销副总属于"上山型"，该职务的责任比技能与解决问题的能力重要。

这样我们将这三个职务在三个因素上的工作评价得分及其相应权重汇总如下：

司机班班长评价总分 $= 175 \times (1 + 25\%) \times 50\% + 57 \times 50\% = 137.875$

产品开发工程师评价总分 $= 304 \times (1 + 66\%) \times 70\% + 264 \times 30\% = 432.448$

营销副总评价总分 $= 1400 \times (1 + 87\%) \times 40\% + 1056 \times 60\% = 1680.8$

分析点评

海氏工作系统方法比较详细具体，依据的因素比较确定，比较适合对管理类和专业技术类工作职位进行评价。因为，这种方法依据的因素是预先确定的，所以对各种工作的评价比较客观。

➡ **注意事项**

海氏测评法在实际操作中应注意以下问题：

（1）注意减少内部人操作的弊端。

（2）降低测评者的主观偏差。

①精心挑选测评者。

②详尽的职位说明书。

③部分标杆岗位先进行试测。

④进行分析，差异大的除去与调整。

（3）尽量结合人的因素。

（4）根据企业的发展对测评结果进行阶段性调整。

（5）特殊岗位特殊对待。

工具8：行为事件访谈法

🔔 **内容概述**

1. 行为事件访谈法的概念

行为事件访谈法主要采用了关键事例法等访谈方式，请受访者回忆过去半年或一年在工作上最具有成就感（或挫折感）的关键事例，收集被访谈人员在代表性事件中的具体行为和心理活动的详细信息的访谈方法。行为事件访谈法是在进行胜任力模型研究过程中，由美国哈佛大学教授麦克里兰提出来的，在胜任力模型的建立中具有特殊的地位和作用。

行为事件访谈法的主要用途是通过被访谈者对以往工作事件的描述，发现杰出者普遍具备的特质，提炼出被访谈者的胜任特征，建立岗位胜任力模型。

2.行为事件访谈法实施步骤

总体来说，进行行为事件访谈的六大步骤分别是：

（1）了解被访谈者的背景，准备访谈提纲与录音设备。这是访谈工作的基础，目的是首先对被访谈者有一个了解，通过分析被访谈者的工作履历、工作内容等基本情况，准备一系列问题逐步引导被访谈者讲述自己的"故事"。录音设备是为访谈录音做准备的，通过录音便与访谈结束后整理访谈记录。

（2）进行访谈者的自我介绍和访谈目的介绍。访谈者应以轻松的口吻做自我介绍，并告知被访者访谈的目的和访谈程序。在介绍中应该明确突出三个问题：

①保密原则——访谈者需要对访谈的目的和保密性等方面做一些补充说明，以帮助被访者消除疑虑，避免产生紧张情绪。

②录音要求——访谈者在访谈开始前应征求被访谈者的意见，之后才可进行录音。此举的目的是与被访谈对象建立信任关系，创造融洽和谐的谈话气氛，使其感到轻松、愉快，并愿意讲出自己的事情，同时强调面谈资料的保密性。这个步骤一般不需要很长的时间，3～5分钟即可，但这个过程却是不容忽略的。

③时间要求——访谈者在访谈开始前应告知被访谈者本次访谈估计占用的时间，以免在访谈过程中被访谈者因为有其他安排而产生焦虑情绪。

（3）询问被访谈人的工作履历、工作内容。这是对被访谈者的一个熟悉和了解过程，询问的问题可以包括：

①基本信息——姓名、性别、年龄、部门、职务、联系电话等。

②工作经历——在本单位的工作经历、之前的工作经历。

③部门信息——部门人数、规模、分工、在同行业中的地位。

④主要工作任务或职责——主要工作内容、主要工作职责。

⑤权力关系——向谁汇报、管理哪个部门、有多少下属。

（4）借助STAR工具挖掘被访谈者的行为事件。通过STAR的访谈思路，引导被访谈者讲故事，采集3～6个被访者在岗位上经历过的典型或关键事件（一般包括2～3个成功事例，以及2～3个失败的例子）的详细资料。

这一步骤的目的是通过针对性的提问，引导被访谈人集中谈论真正体现其个人特质的关键事件，针对每个事件进行深入的挖掘式提问，获得在各种不同的情境下被访谈者相对稳定的行为模式，进而推断出被访谈者的胜任特征。

（5）通过直接询问求证被访谈者所需特质。通过直接询问被访谈者本人对从事工作所需素质的理解，以求证被访谈者所需特质。不同的被访谈者会以自己的理解和语言来表述自己的行为特征，面对不同被访谈者，还需要进行的一个步骤是通过询问、总结、求证的方法来确保信息传达的有效性。

（6）设计结束语。对被访谈者表示感谢，建立友好关系，为可能存在的补访留下余地。结束语设计时应考虑如下几个问题：

①时间控制——根据信息获取的程度和被访谈者的合作态度适时结束访谈。

②问题答疑——留给被访者一个提问的机会并做出解答。

③友好礼貌——对被访者的合作表示感谢。

④关系建立——留下进一步联系的余地。

这一步骤的设计目的是保持良好的商务礼仪，通过访谈中信息获取的程度、被访谈者的耐心，适时结束访谈，建立与被访谈者再次合作的关系。

⇨【实用范例】

李先生是一家公司的人力资源主管。以往，李先生为了考察一个候选人是不是具有责任心，经常会问这些问题：

——你觉得工作中什么品质最重要，为什么？

——你如何看待责任心的重要性？

——在你同事（朋友）眼里，你是一个什么样的人？

但是，时间长了，他发现这种面试方法效果不好，说得好的人实际上不一定做得好。这种提问方法的问题在于两个方面：一是这种问法，候选人都能看出评委想要什么，自然投其所好；二是这种问题更多地讨论价值观的问题（尤其是前两个问题），而价值观和行为还有一定距离。

于是，李先生采用了行为事件访谈法，并设计了一些问题。例如：

李先生：回想过去几年，有没有什么工作中的事让你感觉非常有成就（或满意、振奋、沮丧等）？请介绍一下。

候选人：有的……（描述事情）

李先生：能不能和我们详细说说这件事情一开始的情况？

候选人：嗯，开始时是这样的……（介绍背景和情况）

李先生：你当时的角色是——

候选人：当时，我是这个项目的负责人（或项目成员等）。

李先生：（在这种情况下）你做了什么？

候选人：我赶紧联系了支持工程师……

李先生：（在做这个行动的时候）你是怎么想的？

候选人：我觉得这事情很紧急，如果不赶紧处理，会影响……

李先生：接下来情况怎样？

候选人：……

李先生：你当时是怎么考虑的？

候选人：……

李先生：最后结果如何？

候选人：……

分析点评

行为事件访谈法是一种深度访谈，用以挖掘个人在过往事件中的具体行为和心理活动。这一方法是发现什么样的能力素质是使优秀员工走向成功的最有效工具。与往常的面试方法相比，这种方法能让我们更清楚了解候选人，这是因为：

（1）它考察的是行为素质，而不是候选人的观点或价值观。

（2）它的发问方式具有很大的隐蔽性，候选人很难判断评委考察什么。

（3）候选人很难"造假"，因为如果不是亲身经历、自己处理的事情，候选人"造假"很容易在评委的追问下被识破。

注意事项

在使用行为事件法的过程中，需要注意以下几个方面：

（1）了解候选人个人的态度和行为时，候选人常常会说"我们"如何，这时候，要把他引导到"我"上来。

（2）中立地发问，不引导，如不要说"你当时是不是想……"而要说"你当时是怎么想的？"

（3）走向细节，不断追问，如"能不能详细介绍一下这时候的情形？"

（4）在安静的环境下开展，要有充分的时间，不要给候选人太大压力，一般情况下，评委不要超过2人。

（5）做好记录，有条件的情况下可以录音，不要急于下结论，多了解几个事件能增加判断的准确性。

工具9：问卷法

● 内容概述

1. 问卷法的概念

问卷法是以书面提出问题的方式收集资料的一种研究方法。问卷法最初由英国的高尔顿创立。为了研究人类的遗传变异问题，他将需要调查的问题印成卷面发放出去，并由此取得重要的成果。因此，这种方法流传到世界的各个国家。

这种方法主要用统一设计的问卷，要求研究对象做答，从而获得研究对象对某一现象或问题的看法和意见。比如，要了解学生的学习状况（如学习方法、学习兴趣、学习态度等）、学生的身心发展状况、学生对教师的评价、学生和教师对课程内容的选择和编排的评价等都可使用问卷法。

2. 问卷的形式

问卷形式主要有三种。

（1）结构式或封闭式问卷。这种问卷不仅要提出问题，还要提供可选择的答案，只允许在问卷所限制的范围内进行挑选。这种问卷的题型有：

①是否型。把问题可能答案列出两种极端情况，然后让研究对象选择"是"或"否"、"对"或"错"。

②选择型。从多种答案中挑选一种或多种答案。

③评判型。每个问题列有多个答案，要求研究对象自己确定次序。封闭型问卷具有标准化、简单易行、心理干扰小、回答真实、样本大、能解决多因素复杂问题等优点，但却缺乏灵活性、指导性、深入性，容易受社会因素的影响。

（2）开放式或非结构型问卷。这种问卷只提出问题，不列出答案，让研究对象自由陈述自己的想法。问卷的题型可以是填空式的，也可以是问答式的。

（3）综合型。为了调查需要，有时可以综合开放与封闭的优点，并弥补其不足，采用综合问卷法，这种问卷以封闭型为主，适当加入若干开放性问题。研究者对于比较确定的问题，用封闭性问题提出，而对于尚未明了的问题或深层次的调查，采用开放性问题。

3. 问卷法的优缺点

（1）问卷法的优点。

①问卷法节省时间、经费人力。这是许多社会调查研究人员采用问卷法收集资料的主要原因之一。

②问卷法具有很好的匿名性。当研究者采用自填问卷来收集资料时，由于问卷不要求署名，填写地点又可在被调查者自己家中，填写时可以保证无其他人在场，故可以大大减轻回答者的心理压力，有利于他们如实地填答。

③问卷法所得的资料便于定量处理和分析，是其最大的优点。社会调查研究的定量化，是当前社会调查研究的趋势之一。问卷调查所得资料很容易转换成数字，也很容易输入电子计算机。所以问卷法特别适用于电子计算机进行处理和定量分析。

④问卷法可以避免主观偏见，减少人为的误差。在问卷调查中，由于每个被调查者都是以同样的方式在大致相同的时间内得到问卷，并且这些问卷在问题的表达、问题的先后次序、答案的类型、回答的方式等方面都是完全相同的，因此，无论在哪方面他们所受到的刺激都是一样的。这样就能很好地避免由于人为的原因所造成的各种偏误，减少主观因素的影响，

得到较为客观的资料。

（2）问卷法的缺点。

①回收率有时难以保证。由于问卷能否完成、能否收回，在很大程度上取决于被调查者。因此，当被调查者对该项调查的兴趣不大、态度不积极、责任心不强、合作精神不够时，或者由于受时间、精力、能力等方面的限制无法完成问卷时，问卷的回收率，特别是有效回收率就会受到影响。

②要求被调查者具有一定的文化水平。由于填写问卷的人首先必须能看懂问卷，能理解问题的含义，明白填答问卷的方法，因此，问卷调查客观上要求被调查者必须具有一定的文化程度。但是，现实社会中并不是所有的人都能达到这种文化程度的。

③问卷调查资料的质量常常得不到保证。这主要是因为，一方面，被调查者填写问卷时，往往没有调查人员在场，因而他们填答问卷的环境无法控制。故所得资料有时并不能真正反映出被调查样本的情况。另一方面，当被调查者对问卷中的某些问题不清楚时，也无法向调查者询问。因此，往往容易产生误答、错答和缺答的情况。这些使得问卷调查所得资料的质量常常得不到保证。

4. 问卷制作的方法

根据调查目的设计好问卷是搞好调查的关键。一份完美的问卷，必须是问题具体，重点突出，使被调查者乐于合作，能准确地记录和反映被查者回答的事实，而且便于资料的统计和整理。它省时、省力、匿名性强。这里主要介绍问卷制作的一般方法。问卷结构一般包括标题、说明语、问卷题目、结束语等内容。

标题主要反映研究课题、研究内容。拟订标题时要注意既简明概括又能吸引被调查者。

说明语通常包括两部分：对研究目的的简单说明；指导被调查者如何填写问卷，必要时，可以给出样题，说明回答方法。

问卷题目是问卷的主体，包括问题及待选答案（封闭式问卷），说明性的问题（开放式问卷）。封闭式问卷最好将答案按标准化格式编拟。

结束语一般表示对被调查者的感谢。

问卷的编制程序包括下列步骤：

（1）明确研究目的，根据研究目的和假设范围收集所需资料，并确定调查对象。

（2）列出问卷调查所需研究问题的纲要，确定所要搜集的信息和问卷类型。

（3）围绕主题草拟问题，列出标题和各部分具体项目。

（4）征求有关人员、专家的意见，修订项目。

（5）从总体样本中抽取30～50人为试测样本，以检查问卷表述的方式、项目、内容能否被调查者所理解，并求出信度、效度。

（6）再修订。根据试测结果，对项目内容、排列方式加以改进，然后打印。

至此，问卷的编制工作完成，可以按计划发放问卷，进行正式调查。

⇨【实用范例】

某市农村小学教师继续教育调查

尊敬的老师：

您好！

本次调查是为了有关教育部门对如何开展农村小学教师的继续教育（非学历进修）提供参考。回答没有正确错误之分，您根据实际情况和真实想法做出回答即可。问卷无须署名，您回答的每个问题仅供相关部门研究参考，不会对您个人、所在学校和学生产生任何不良影响。对于您的合作，我们表示由衷的感谢！

市科研所

一、个人基本情况（1～3题请在符合您实际情况的项目下打"√"，4～5题请填写实际情况）

1. 年龄：①30岁以下 ②31～35岁 ③36～40岁 ④41～45岁 ⑤46～50岁 ⑥51岁以上

2. 教龄：①5年以下 ②6～10年 ③11～20年 ④21年以上

3. 学校类型：①重点小学 ②一般小学 ③其他（　　）

4. 所任学科：（　　）

5. 任课年级：（　　）

二、教育、教学工作中不可避免存在各种困难，不同的教师由于知识、经验、能力有不同程度的欠缺，在各方面感受到的困难程度也不尽相同。下面我们分别以不同数字表示不同的欠缺程度：

1—没有欠缺　2—有些欠缺　3—欠缺较大　4—欠缺非常大

请您根据您亲眼见到或者亲身体会到的农村教师的一般情况，在以下每一项后面的括号内填上相应的数字表示在该方面存在的欠缺程度。例如，您对1题感到欠缺较大，则在该问题后的括号里填上3。

1. 选择合适的教学方法（　　）

2. 帮助学习困难学生取得进步（　　）

3. 能充分调动学生学习积极性（　　）

4. 帮助学生掌握良好的学习方法（　　）

5. 设计和组织课外活动（　　）

6. 与学生个别谈心做思想工作（　　）

7. 与家长顺畅的沟通（　　）

8. 帮助品德落后学生进步（　　）

9. 撰写教育科研论文（　　）

10. 进行教育科研规划课题研究（　　）

11. 了解现代教育思想（　　）

12. 明确评价教学效果的方法（　　）

13. 了解所教学科的先进教学经验（　　）

14. 其他方面（　　）（请举例说明）

三、您认为造成以上欠缺的主要原因是什么？（可以多选，请在符合您实际情况的项目下打"√"）

1. 个人学习钻研不够

2. 缺乏进修学习的机会

3. 上述许多相关课程在师范院校没有开设

4. 上述许多相关课程在师范院校开设过，但个人没有掌握好

5. 没有把理论知识与实践有机结合起来

四、您是否感到有必要在教师的继续教育中开设有关课程介绍的相关内容？（请在符合您实际情况的项目下打"√"）

1. 没有必要 2. 有一些必要 3. 有较多的必要 4. 非常必要

五、如果您认为第四题为有必要学习，请列出第二题中哪些内容有必要学习，可多选。

六、您认为教师每三年至少应有多长时间的非学历进修？

1. 2个学期 2. 1个学期 3. 2个月 4. 1个月

七、您认为在教师的继续教育中，关于教育理论、方法实践两方面的课程应各占多少比例？为什么？

分析点评

问卷法是获取工作分析信息的最常用的一种方法。用问卷来收集有关材料，简单易行；可以同时对许多对象进行调查，并可在较短的时间内收集到大量的信息；不但可获得事实方面的信息，还可获得意向方面的信息；在时间和经费上都比较经济；并有利于进行定量分析。

注意事项

在使用问卷法收集资料时，应注意以下几点：

（1）题量要适当地多一些。由于问卷法容易受社会变量的影响，题量太少，容易导致答案失真。因此，问卷应从不同角度多出一些题目，以检验被调查者回答的一致性。

（2）问题要便于被调查者回答。问题设计要与被调查者的背景与环境等相适应，并能引起他们积极回答的兴趣。

（3）尽量采用封闭式与开放式相结合的综合形式。封闭式试题要按标准化测试的原则进行编拟。开放式问题应具有启发性，有利于被试回答。

（4）应采取匿名回答。

第四章　招聘筛选工具

工具 1：心理测验法

内容概述

1. 心理测验法的概念

心理测验是一种比较先进的测试方法，它是指通过一系列手段，将人的某些心理特征数量化，来衡量个体心理因素水平和个体心理差异的一种科学测量方法。心理测验法是人力资源管理中进行人才选拔最常用、最重要手段。借助心理测验法，企业和人力资源管理部门可以更方便、快捷地甄选出某一职位所需要的最佳人选，实现一人一职的匹配。

2. 心理测验的产生

法国的医生艾斯奎罗第一个把智力落后与精神病分开。他认为，精神病以情绪障碍为标志，不一定伴随智力落后，而智力落后则是以出生时或婴儿期表现出来的智力缺陷为主要标志。50多年后，法国的心理学家比内提出应该从正常学校学习的儿童中筛选出不适应的儿童，安排在特殊的班级里学习和教育。此举动导致了心理测验史上重大事件的发生——第一个智力测验的诞生。实验心理学的诞生是心理测验产生的另一个重要原因。实验心理学的诞生和发展，还给心理测验带来了另一个副产品：严格的标准化程序。标准化是现代心理测验的重要评价指标。

3. 心理测验的分类

（1）按测验的功能分类。

①智力测验。这种测验的功能是测量人的一般智力水平，如比内—西蒙智力量表，斯坦福—比内等，都是现代常用的著名智力测量工具，用于评估人的智力水平。

②特殊能力测验。这种测验偏重测量个人的特殊潜在能力，多为升学、职业指导以及一些特殊工种人员的筛选所用。常用的如音乐、绘画、机械技巧以及文书才能测验。这类测验在临床上应用得较少。

③人格测验。这种测验主要用于测量性格、气质、兴趣、态度、品德、情绪、动机、信念等方面的个性心理特征，即个性中除能力以外的部分。一般有两类，一类是问卷法，一类是投射法。

（2）按测验材料的性质分类。

①文字测验。这种测验所用的是文字材料，它以言语来提出刺激，被试者用言语做出反应。MMPI、EPQ 及 Wechsler 儿童和成人智力量表中的言语量表部分均属于文字测验。这种测验实施方便，团体测验多采用此种方式编制，对于一些有肢体残疾而无言语困难的病人只能进行文字测验。其缺点是容易受被试者文化程度的影响，因而对不同教育背景下的人使用时，其有效性将降低，甚至无法使用。

②操作测验。这种测验也称非文字测验，测验题目多属于对图形、实物、工具、模型的辨认和操作，无须使用言语作答，所以不受文化因素的限制。此种测验的缺点是大多不宜团体实施，在时间上不经济。

以上两类测验常常结合使用。例如，比内—西蒙智力量表开始主要是文字测验，但以后修订的比内—西蒙智力量表则增加了操作测验成分。

（3）按测验材料的严谨程度分类。

①客观测验。在这种测验中，所呈现的刺激词句、图形等意义明确，只需被试者直接理解，无须发挥想象力来猜测和遐想，故称客观测验。绝

大多数心理测验都属于这类测验。

②投射测验。在这种测验中，刺激没有明确意义，问题模糊，对被试的反应也没有明确规定。被试者做出反应时，一定要凭自己的想象力加以填补，使之有意义。在这个过程中，恰好投射出被试者的思想、情感和经验，所以称投射测验。

（4）按测验的方式分类。

①个别测验。这种实验是指每次测验过程中是以一对一形式来进行的，即一次一个被试。这是最常用的心理测验形式，如比内—西蒙智力量表、韦克斯勒智力量表。其优点在于主试对被试的言语情绪状态进行仔细的观察，并且有充分的机会与被试合作，所以其结果正确可靠。缺点是时间不经济，不能在短时间内收集到大量的资料，而且测验手续复杂，主试者需要较高的训练与素养，一般人不易掌握。

②团体测验。这种实验是指每次测验过程中由一个或几个主试者对较多的被试者同时实施测验。心理测验史上有名的陆军甲种和乙种测验、教育上的成就测验都是团体测验。这类测验的优点在于时间经济，主试者不必接受严格的专业训练即可担任。其缺点为主试者对被试者的行为不能做切实的控制，所得结果不及个别测验正确可靠。

4．心理测试的内容

（1）能力测试。

①普通能力测试主要包括思维能力、想象能力、记忆能力、推理能力、分析能力、数学能力、空间关系判断能力、语言能力等方面的测试。

②特殊职业能力测试。特殊职业能力是指那些特殊的职业或职业群的能力。该项测试的目的在于选拔那些具有从事某项职业的特殊潜能的人才。

③心理运动机能测试。主要包括两大类即心理运动能力测试和身体能力测试。

（2）人格测试。人格测试的目的是了解被试的人格特质。

（3）兴趣测试。兴趣测试揭示了人们想做什么和喜欢做什么，从中可以发现被试最感兴趣并从中得到最大满足的工作是什么。

⇨【实用范例】

　　这个心理测试是由中国现代心理研究所以著名的美国兰德公司（战略研究所）拟制的一套经典心理测试题为蓝本，根据中国人心理特点加以适当改造后形成的心理测试题，目前已被一些著名大公司，如联想公司、长虹公司、海尔公司等公司采纳，作为对员工心理测试的重要辅助试卷。

（1）你更喜欢吃哪种水果？

A. 草莓（2分）B. 苹果（3分）C. 西瓜（5分）D. 菠萝（10分）

E. 橘子（15分）

（2）你平时休闲经常去的地方？

A. 郊外（2分）B. 电影院（3分）C. 公园（5分）

D. 商场（10分）E. 酒吧（15分）F. 练歌房（20分）

（3）你认为容易吸引你的人是？

A. 有才气的人（2分）B. 依赖你的人（3分）C. 优雅的人（5分）

D. 善良的人（10分）E. 性情豪放的人（15分）

（4）你希望自己是下列动物中的哪一种？

A. 猫（2分）B. 马（3分）C. 大象（5分）D. 猴子（10分）

E. 狗（15分）F. 狮子（20分）

（5）天气很热，你更愿意选择什么方式解暑？

A. 游泳（5分）B. 喝冷饮（10分）C. 开空调（15分）

（6）如果必须与一个你讨厌的动物或昆虫在一起生活，你能容忍哪一个？

A. 蛇（2分）B. 猪（5分）C. 老鼠（10分）D. 苍蝇（15分）

（7）你喜欢看哪类电影、电视剧？

A. 悬疑推理类（2分）B. 童话神话类（3分）C. 自然科学类（5分）

D. 伦理道德类（10分）E. 战争枪战类（15分）

（8）以下哪个是你身边必带的物品？

A. 打火机（2分）B. 口红（2分）C. 记事本（3分）

D. 纸巾（5分）E. 手机（10分）

（9）你出行时喜欢坐什么交通工具？

A. 火车（2分）B. 自行车（3分）C. 汽车（5分）

D. 飞机（10分）E. 步行（15分）

（10）以下颜色你更喜欢哪种？

A. 紫（2分）B. 黑（3分）C. 蓝（5分）D. 白（8分）

E. 黄（12分）F. 红（15分）

（11）下列运动中挑选一个你最喜欢的（不一定擅长）？

A. 瑜伽（2分）B. 自行车（3分）C. 乒乓球（5分）

D. 拳击（8分）E. 足球（10分）F. 蹦极（15分）

（12）如果你拥有一座别墅，你认为它应当建在哪里？

A. 湖边（2分）B. 草原（3分）C. 海边（5分）

D. 森林（10分）E. 城中区（15分）

（13）你更喜欢以下哪种天气现象？

A. 雪（2分）B. 风（3分）C. 雨（5分）D. 雾（10分）

E. 雷电（15分）

（14）你希望自己的窗口在一座30层大楼的第几层？

A. 七层（2分）B. 一层（3分）C. 二十三层（5分）

D. 十八层（10分）E. 三十层（15分）

（15）你认为自己更喜欢在以下哪一个城市中生活？

A. 丽江（1分）B. 拉萨（3分）C. 昆明（5分）D. 西安（8分）

E. 杭州（10分）F. 北京（15分）

测试说明：每题只能选择一个答案，应为你第一印象的答案，把相应答案的分值加在一起，即为你的得分。现在合算你的分数，对照下面的参数即可。

180分以上：意志力强，头脑冷静，有较强的领导欲，事业心强，不达目的不罢休。外表和善，内心自傲，对有利于自己的人际关系比较看重，有时显得性格急躁，咄咄逼人，得理不饶人，不利于自己时顽强抗争，不轻易认输。思维理性，对爱情和婚姻的看法很现实，对金钱的欲望一般。

140～179分：聪明，性格活泼，人缘好，善于交朋友，心机较深。事业心强，渴望成功。思维较理性，崇尚爱情，但当爱情与婚姻发生冲突时会选择有利于自己的婚姻。金钱欲望强烈。

100～139分：爱幻想，思维较感性，以是否与自己投缘为标准来选择朋友。性格显得较孤傲，有时较急躁，有时优柔寡断。事业心较强，喜欢有创造性的工作，不喜欢按常规办事。性格倔强，言语犀利，不善于妥协。崇尚浪漫的爱情，但想法往往不切合实际。金钱欲望一般。

70～99分：好奇心强，喜欢冒险，人缘较好。事业心一般，对待工作，随遇而安，善于妥协。善于发现有趣的事情，但耐心较差。敢于冒险，但有时较胆小。渴望浪漫的爱情，但对婚姻的要求比较现实。不善理财。

40～69分：性情温良，重友谊，性格稳重，但有时也比较狡黠。事业心一般，对本职工作能认真对待，但对自己专业以外事物没有太大兴趣，喜欢有规律的工作和生活，不喜欢冒险，家庭观念强，比较善于理财。

40分以下：散漫，爱玩，富于幻想。聪明机灵，待人热情，爱交朋友，但对朋友没有严格的选择标准。事业心较差，更愿意享受生活，意志力和耐心都较差，我行我素。有较好的异性缘，但对爱情不够坚持认真，容易妥协。没有财产观念。

分析点评

心理测验自问世以来，人们对其褒贬不一，存在着两种极端的观点：测验完美论和测验无用论。其实，这两种观点都比较片面，作为心理测验法的使用者，应当端正态度，正确对待测验。测试者不能把这种测试的结果完全作为筛选员工的依据，而只能作为必要的参考。

注意事项

心理测试应注意的问题：

（1）要注意对被试的隐私加以保护。在未征得被测试者同意之前，不能公布其心理测试结果。

（2）要有严格的程序。从心理测试准备到心理测试实施，以至最后心理测试结果的评判，都要遵循严格的程序。

（3）心理测试的结果不能作为评定的唯一依据。根据不同标准，对心理测试结果的参考程度不同；另外，心理测试可以和面试、笔试等方式同时进行，结合多种方法，做出客观评价。

工具2： 管理评价中心法

内容概述

1. 管理评价中心法的概念

管理评价中心法是20世纪50年代由美国电话电报公司摩西博士在总结"二战"期间美军战略后勤局利用情景模拟法测评选聘敌后情报人员的成功经验基础上，开发并推广使用的一套主要适合评估经营管理特性的科学技术方法和规范化程序体系。它是现代人事测评的一种主要形式，被认为是一种针对高级管理人员的最有效的测评方法。

管理评价中心法是用于评价、考核和选拔管理人员的方法，该方法的核心手段是情景模拟测验，即把应试者置于模拟的工作情景中，让他们进行某些规定的工作或活动，考官对他们的行为表现做出观察和评价，以此作为鉴定、选拔管理人员的依据。

管理评价中心法的理论根据是：现代人才测评理论认为，人的行为和工作绩效都是在一定的环境中产生和形成的。对人的行为、能力、绩效等素质特征的观察与评价，不能脱离一定的环境。所以，要想准确地测评一个人的素质，应将其纳入一定的环境系统中，观察、分析、评定被试人的行为表现以及工作绩效，从而考察其全面素质。基于这种理论，人们逐步形成和发展了评价中心这种现代人才测评的新方法。

2. 管理评价中心法的内容

管理评价中心法其实是一个2～3天的经历，在这个经历中，大约有10多位管理职位候选人执行现实管理任务（如发表演讲），由一些谨慎的评价专家进行观察，并对每位候选人的管理潜力进行评价。中心本身可能仅是一个会议室。但是，中心通常是一个特别的房间，候选人与观察者间有单向玻璃隔开，以方便评价者隐蔽地观察。

典型的评价中心包括以下模拟练习：

（1）面试。多数评价中心法要求至少有一名评价者对每一位候选人进行面试，并对候选人当前兴趣、背景、过去表现和动机等进行评价。

（2）公文处理。在这个练习中，候选人面对大量报告、备忘录、电话记录、信函以及其他材料，这是候选人将从事的模拟工作的文件筐中的待处理材料。候选人被要求对每一材料采取适当行动。例如，候选人必须写信和便条或会议议程。候选人的行动结束后由训练有素的评价者检查。

（3）无领导小组讨论。向无领导小组提供一个讨论议题，并要求其达成一个小组决定。然后，由评价者评价每一小组成员的人际技能、群体接受度、领导能力以及个人影响力等。

（4）管理游戏。参加者通常作为在市场上竞争的两个或更多的公司的成员解决一些实际问题。参加者可能要就如何做广告，如何生产以及保持多少存货等问题做出决策。

（5）个人演说。通过让候选人就指定的题目发表演讲来评价其沟通技能和说服能力。

（6）客观测试。各种类型的纸笔人格测试、智力测试、兴趣测试和成就测试也可以作为评价中心的一部分。

3. 管理评价中心法的特点

（1）全面性。管理评价中心法突出的特点之一是多种测评技术与手段综合运用，不仅能很好地反映被试人的实际工作能力，还可以测评其他方面的各种能力和素质。

（2）针对性。管理评价中心法模拟特定的工作条件和环境，并在特定的工作情景和压力下实施测评。根据不同层次人员的岗位要求和必备能力，设计不同的模拟情景，具有很强的针对性，避免"高分低能"倾向。

（3）可靠性。管理评价中心法由多个主试小组成员分别对被试人给予评价，减少了因被试人水平发挥不正常或个别主试人评价偏差而导致的测评结果失真。每项测验后，请被试人说明测验时的想法以及处理问题的理由。在此基础上，主试人进一步评定被试人处理实际问题的能力和技巧，使评价结果的可靠性大大增加。

（4）预测性。管理评价中心法具有识才于未显之时的功能，模拟的工作环境为尚未进入这一层次的人员提供了一个发挥其才能与潜力的机会，对于测评人员的素质和能力具有一定的预测作用。同时，测评中心集测评与培训功能于一体，为准确预测被试人的发展前途，并有重点地进行培养训练提供了较为有效的手段和途径。

（5）动态性。管理评价中心法是一个动态的过程，而不是静止的。它将被试人置于动态的模拟工作情景中，模拟实际管理工作中瞬息万变的情况，不断对被试人发出各种随机变化的信息，要求被试人在一定时间和一定情景压力下做出决策，在动态环境中充分展示自己的能力和素质。

⇨【实用范例】

某电器公司一年多来，只有两个副总经理，没有总经理，并且未明确哪位副总主持工作。企业管理混乱，内耗严重，人心涣散，经营亏损，直至发不出工资。该公司上级领导曾多次研究领导班子配备问题，但终因意见不一致而未能做出决定。最终，他们决定在全省范围内公开招聘总经理，并请从事企业管理顾问、培训、人才测评的专业公司运用科学的人才测评方法帮助选定总经理。

由于选聘的是总经理，要求又比较严格，根据选人标准，人才评估测评公司决定使用管理评价中心法，全面而深入地对候选人进行考察。

第一天

（1）情况介绍。简要介绍一下测评的程序和安排，说明测评中的注意事项和要求，为正式开展测评做准备。

（2）面试。由主试人通过被试人的言谈评价被试人的言谈、举止、气质、风度等外部行为特征和表达能力、应变能力、自信心和控制力等智能要素以及工作动机、工作和学习经历、个性与追求等内容，对被试人进行初步评价。

（3）管理游戏。游戏的题目是"组建新的集团公司"。将被试人按 4 人一组分成几个小组，形成若干个公司董事会，给各董事会一些关于市场状况和本公司下属各单位情况的资料，要求他们研究确定进行内部结构调整优化的目标，并做好计划与组织工作。与其他公司董事会进行谈判，转让影响公司发展的部门，买进本公司需用的企业或单位（或者是控股权），完成调整任务，组建一个结构合理、有发展潜力的新的集团公司。

（4）案例分析讨论。讨论的题目是"管理问题"。主试人给4人小组提供4个不同类型的小型案例，分别考察被试人不同方面的能力，如决策、计划、组织、控制、激励、创新等能力。要求他们作为企业的高级管理顾问，在1小时内分析、讨论、解决案例中所提出的问题，形成一致意见，并提交书面建议。

（5）角色扮演。主题为"研究预算"。被试人得知自己刚刚被任命为部门经理，接替突然因故离职的原经理。新任经理收到一份简要的情况介绍，内容是最近其前任拒绝继续给一项研究提供资金的说明，然而项目负责人一直要求经理改变这个决定，继续提供资金以便顺利完成该项研究课题。被试人有15分钟的时间进行提问，可以深入了解有关这件事情的各种信息，以便发现和分析问题。在此之后的一段时间内，被试人不但要做出具体决策，还要口头说明自己发现问题、分析问题的过程及决策的理由和根据，并回答主试人提出的各种问题。

第二天

（1）公文处理。要求被试人模拟某公司的一个部门经理，处理各种信函、报告、备忘录、申请书、电话记录等公文。被试人要浏览所有文件，分清各种工作的重要性和紧迫程度，依次处理，并按照自己权限情况分别对待：或上报上级主管、或自行处理、或授权下级解决。同时，做好计划、组织、监控工作，使各种文件得到相应的处理。主试人在观察公文处理过程和审阅被试人的处理办法及处理意见后，同被试人进行1小时的面谈，详细了解其在处理每一件公文时的想法和理由，以获得更多的信息。

（2）分角色小组讨论。讨论内容为薪金委员会如何为下属加薪。某公司董事会决定每月拿出8000元钱非指定性地给公司内部5个中级管理人员加薪。被试人分别模拟公司各个部门（如生产部门、销售部门、财务部门、人事部门）的主管，组成薪金委员会，评选出5名加薪的中级管理人员。

要求各部门主管尽最大努力为本部门的人员争取到这个奖励，并且在委员会中发挥作用，使委员会最合理、最有效地分配这项奖励基金。

（3）无领导小组讨论。讨论内容为"财务问题"。被试人作为某食品公司的高级顾问，去帮助解决两个问题。其一，该公司一个分支机构由于财务混乱，出现资金流失问题；其二，根据该公司的财务状况和市场调查报告，决定是否应该扩大生产规模，怎样筹集扩大生产所需资金。主试人给出该公司的各种财务资料和其他有关信息，要求被试人提出解决问题的办法和方案，并分别在8分钟内口头说明，然后再将被试人分成小组进行讨论，最后形成统一的建议报告。

第三天

各个测评项目的主试人集中在一起，研究、讨论每一名被试人的评价结果，对每一项测评内容的评价形成一致意见后，写出书面报告，对被试人各方面素质和发展潜力进行综合评价。

分析点评

严格来讲，管理评价中心法是一种程序，而不是一种具体的方法；是组织选拔管理人员的一项人事评价过程，而不是空间场所、地点。它由多个评价人员，针对特定的目的与标准，使用多种主客观人事评价方法，对被试者的各种能力进行评价，为组织选拔、提升、鉴别、发展和训练个人服务。管理评价中心法具有较高的信度和效度，得出的结论质量较高。该电器公司经过严格的管理评价中心法测试，最终招聘到了真正适合公司的总经理。

注意事项

企业在使用管理评价中心法的时候，需要注意以下几方面问题：

（1）与其他素质测评方法比较，评价中心的测评费用较高。

（2）操作难度大，对主试人的要求很高，必须有相当的管理经验并受过专门训练。同时，测评需要的案例和材料需花费相当时间和精力。

（3）当模拟工作的内容与实际工作有误差时，测评中的能力表现与实际工作能力存在差距。

（4）测评的内容主要是管理技能和某些方面的心理素质，难以全面真实反映被试人的思想品德等内容。

工具 3 ： 结构化面试法

● 内容概述

1. 结构化面试法的概念

人才选拔时的面试，根据面试时所提问题，分为结构化面试、非结构化面试及行为描述面试三种。通常比较常用的是结构化面试法。

结构化面试又叫固定模式型面试，是在细致全面的职位分析基础上，针对岗位要求的要素提出一系列设计良好的问题，参考求职者的举止仪表、言语表达、综合分析、应变能力等多方面的行为指标，观察其在特定情境下的情绪反应和应对方略，做出量化分析和评估；同时结合个人简历等资料，提出对每个个体需要着重考察的工作经验、求职动机等方面的问题，全面把握应聘者的心态、岗位适应性和个人素质。使用结构化面试由于减少了非结构化面试的主观性，从而提高了面试的可靠性和准确性。

结构化面试所包括的问题一般有下面四类：

（1）情景问题。提出了一个假设的工作情景，以确定求职者在这种情况下的反应。

（2）工作知识问题。探索求职者与工作的知识，这些问题既可能与基本教育技能有关，也可能与复杂的科学或管理技能有关。

（3）工作样本模拟问题。包括一种场景，在该场景中要求求职者实际完成一项样本任务，当这种做法不可行时，可以采用关键工作内容模拟。回答这些类型的问题可能要求体力活动。

（4）工作要求问题。旨在确定求职者是否愿意适应工作要求。例如，面试者可能问求职者，是否愿意从事重复性工作或迁往另一城市。这种问题的性质是实践工作的预演，并可能有助于求职者自我选择。

一个设计良好的结构化面试只包含与工作相关的问题，且每个问题都有特定的目的。

2. 结构化面试的特点

（1）面试问题多样化。面试问题应围绕职位要求进行拟定，可以包括对职位要求的知识、技术和能力，也可以包括应试者工作经历、教育背景；可以让应试者对某一问题发表见解或阐述自己的观点。

（2）面试要素结构化。根据面试要求，确定面试要素，并对各要素分配相应权重。同时，在每一面试题目后，给出该题测评要素（或考察要点），并给出答题要点（或参考答案），供考官评分时参考。

（3）考官结构化。一般考官为5～9名，依据用人岗位需要，将专业、职务、年龄及性别按一定比例科学化配置，其中设主考官1名，具体负责向应试者提问并总体把握面试的进程。

（4）评分标准结构化。具体体现在与面试试题相配套的面试评价表上。在评价表中，"评价要素"是对每一测评要素的描述；"权重"是该要素的水平刻度；"评分标准"是观察要点标准与水平刻度的对应关系，是每个测评要素不同表现的量化评分指标。

（5）面试程序及时间安排结构化。结构化面试应按照严格的程序进行，时间一般在30分钟，具体视面试题目的数量而定。同时，对每一题目也应限制时间，一般每题问答时间在5分钟左右。

3. 结构化面试的测评要素

结构化面试测评要素的确定应依据对面试的具体要求（如面试达到的目的、职位的具体要求等）而定。一般有以下三大类：

（1）一般能力。

①逻辑思维能力。通过分析与综合、抽象与概括、判断与推理，揭示事物的内在联系、本质特征及变化规律的能力。

②语言表达能力。清楚流畅地表达自己的思想、观点，说服动员别人，以及解释、叙述事情的能力。

（2）领导能力。

①计划能力。对实际工作任务提出实施目标，进行宏观规划，并制订实施方案的能力。

②决策能力。对重要问题进行及时有效的分析判断，做出科学决断的能力。

③人际沟通能力。通过情感、态度、思想、观点的交流，建立良好协作关系的能力。

④组织协调能力。根据工作任务，对资源进行分配，同时控制、激励和协调群体活动过程，使之相互配合，从而实现组织目标的能力。

⑤创新能力。发现新问题、产生新思路、提出新观点和找出新办法的能力。

⑥应变能力。面对意外事件，能迅速地做出反应，寻求合适的方法，使事件得以妥善解决的能力。

⑦选拔职位需要的特殊能力（该能力测评要素根据不同职位要求确定）。

（3）个性特征。在面试中表现出来的气质风度、情绪稳定性、自我认知等个性特征。

4. 结构化面试对考官的要求

（1）正直的品格和良好的修养。

（2）有丰富的工作经验。

（3）有丰富的专业知识。

（4）评分公正、客观。

（5）具备较强的把握人际关系的能力。

（6）良好的自我认知能力。

（7）能自如地面对各种面试者，控制面试的进程。

（8）熟练运用不同的面试技巧。

（9）明确组织情况及空缺职位的要求。

（10）掌握人事测评技术。

5. 结构化面试的程序

总体而言，结构化面试过程可以分为三个阶段：

（1）预备阶段。以一种一般的轻松的以及熟人似的交谈，使面试人员自然放松地进入面试情境之中，以消除面试者的紧张心理，使面试气氛和谐、友善。这一阶段安排的结构化问题是导入性问题，一般来说不涉及正题，同时也较易回答。这一阶段一般以导入语和指导语的形式出现。例如，

"现在，我们会向你询问一些问题，其中，有些是和你过去经历、工作有关的，有些要求你发表自己的见解。一共 × 道题，总共时间不超过 × 分钟，到 × 分钟会给你一个提醒。请你仔细思考问题后再回答。请你仔细听好问题，把握问题的实质。现在，请你准备好，开始提问了。"

（2）正式面试阶段。面试进入实质性阶段，主考官提问，应试者回答，一般采取一问一答的形式。

（3）结束阶段。结束要顺畅、自然，否则会给应试者留下不好或太突然的感觉。在这一阶段，一般安排应试者对自己的情况做出补充，考官解释一些有欺骗性的设计意图，避免应试者对考官产生误会。

⇨ 【实用范例】

1. 题目

如果在工作中，你的上级非常器重你，经常分配给你做一些属于别人职权范围内的工作。对此，同事对你颇有微词，你将如何处理这类问题？

2. 出题思路

设置情境性问题，将应试者置于两难情境中，考察其人际交往的意识与技巧，主要是考察处理上下级和同级权属关系的意识及沟通能力。

3. 评分参考标准

（1）优。感到为难，并能从有利于工作、有利于团结的角度去考虑问题，态度积极、委婉、稳妥地说服领导改变主意，同时对同事一些不合适甚至过分的做法有一定的包容力，并进行适当沟通。

（2）中。感到为难，但又不好向领导提出来（怕辜负领导的信任），私下里与对你有意见的同事沟通，希望能消除误会。

（3）差。不感到为难，坚决执行上级交代的任务，并认为这是自己能力强、能干的必然结果。

📝 分析点评

结构化面试法被广泛应用于人员招聘活动中，具有较高的信度和效度。但同时对于考官的素质要求也比较高，要求考官具有良好的道德素质和较高的能力水平。如果考官综合水平很高，而且能很好地控制面试的进程，则会筛选出非常优秀的人才。

➡ 注意事项

在使用结构化面试法的时候，需要注意以下事项：

（1）考官组成中要有本公司外的考官，保持中立，确保评分客观、公正。

（2）确定面试题目时，对同一职位的应试人员使用同一试卷，便于对不同应试者的应答进行比较，确保公平性。

（3）面试开始前，考官应该集体熟悉面试题目，统一评分标准。

（4）考官应善于听取应试者的陈述，避免打断应试者的思路，避免发表个人意见对事物的价值性判断，防止应试者投其所好，影响测评结果。

（5）考官不要草率地提出每个问题，否则结构化的优势将大大削弱。

（6）控制面试过程，把握面试时间。主考官提问要简洁明了，发音清楚，语速适中，要把握好面试进程，特别是在一些陈述不清的问题上不要与应试者长时间纠缠。

（7）考官还要注意不要使气氛过于正式，以免影响候选人回答问题的能力和愿望。

工具4：无领导小组讨论法

● 内容概述

1. 无领导小组讨论法的概念

在人员招聘，尤其是中高层管理人才招聘中，有一种检测领导能力的测评方法经常被使用，即无领导小组讨论。这种方法通过一定数目的考生组成一组（5～7人），进行一小时左右时间的与工作有关问题的讨论，讨论过程中不指定谁是领导，也不指定受测者应坐的位置，让受测者自行安排组织评价者来观测考生的组织协调能力、口头表达能力、辩论的说服能力等各方面的能力和素质是否达到拟任岗位的要求，以及自信程度、进取心、情绪稳定性、反应灵活性等个性特点是否符合拟任岗位的团体气氛，由此来综合评价考生之间的差别。

2. 无领导小组讨论试题的形式

无领导小组讨论的讨论题一般都是智能性的题目，从形式上来分，可以分为以下五种：

（1）开放式问题。所谓开放式问题，是其答案的范围可以很广、很宽，主要考察应试者思考问题时是否全面，是否有针对性，思路是否清晰，是否有新的观点和见解。例如，你认为什么样的领导是好领导？关于此问题，应试者可以从很多方面如领导的人格魅力、领导的才能、领导的亲和力、领导的管理取向等方面来回答。开放式问题对于评价者来说，容易出题，但是不容易对应试者进行评价，因为此类问题不太容易引起应试者之间的争辩，所考察应试者的能力范围较为有限。

（2）多项选择问题。此类问题是让应试者在多种备选答案中选择其中有效的几种，或对备选答案的重要性进行排序，主要考察应试者分析问题实质，抓住问题本质方面的能力。此类问题对于评价者来说，比较难以出题目，但对于评价应试者各个方面的能力和人格特点则比较有利。

（3）两难问题。所谓两难问题，是让应试者在两种互有利弊的答案中选择其中的一种，主要考察应试者分析能力、语言表达能力以及说服力等。例如，你认为以工作取向的领导是好领导呢，还是以人为取向的领导是好领导？一方面，此类问题对于应试者而言，不但通俗易懂，而且能够引起充分的辩论；另一方面，对于评价者而言，不但在编制题目方面比较方便，而且在评价应试者方面也比较有效。但是，此种类型的题目需要注意的是两种备选答案一定要有同等程度的利弊，不能是其中一个答案比另一个答案有很明显的选择性优势。

（4）资源争夺问题。此类问题适用于指定角色的无领导小组讨论，是让处于同等地位的应试者就有限的资源进行分配，从而考察应试者的语言表达能力、分析问题能力、概括或总结能力、发言的积极性和反应的灵敏性等。例如，让应试者担当各个分部门的经理，并就有限数量的资金进行分配，因为要想获得更多的资源，自己必须要有理有据，必须能说服他人，所以此类问题可以引起应试者的充分辩论，也有利于考官对应试者的评价，但是对讨论题的要求较高，即讨论题本身必须具有角色地位的平等性和准备材料的充分性。

（5）合作操作性问题。操作性问题是给应试者一些材料、工具或者道具，让他们利用所给的这些材料，设计出一个或一些由考官指定的物体，主要考察应试者的主动性、合作能力以及在一实际操作任务中所充当的角色。例如，给应试者一些材料，要求他们相互配合，构建一座铁塔或者一座楼房的模型。此类问题，在考察应试者的操作行为方面要比其他方面多一些，同时情境模拟的程度要大一些，但考察言语方面的能力则较少，同时考官必须很好地准备所能用到的一切材料，对考官的要求和题目的要求都比较高。

3. 无领导小组讨论的评价标准

在无领导小组讨论中，考官评价的依据标准主要是：

（1）应试者参与有效发言次数的多少。

（2）应试者是否有随时消除紧张气氛，说服别人，调节争议，创造一个使不大开口讲话的人也想发言的气氛的能力，并最终使众人达成一致意见。

（3）应试者是否能提出自己的见解和方案，同时敢于发表不同意见，并支持或肯定别人的意见，在坚持自己的正确意见基础上根据别人的意见发表自己的观点。

（4）应试者能否倾听他人意见，并互相尊重，在别人发言的时候不强行插嘴。

（5）应试者语言表达、分析问题、概括或归纳总结不同方面意见的能力。

（6）应试者反应的灵敏性、概括的准确性、发言的主动性等。

⇨ **【实用范例】**

下面结合某外资公司大规模人才招聘的实例，详细介绍无领导小组讨论的大致程序：

（1）安排被评价者在一个安静的房间，自行就座于会议圆桌边。

（2）阅读讨论材料，做五分钟发言准备（如果材料较复杂，可以稍微延长一点时间）。公司采用了一个国外案例作为群体讨论的材料，实际上，这个讨论题没有标准答案，也就是不可能做出绝对正确选择的。材料具体内容如下：

某天上午，你们坐飞机从某城到某城，就在经过一个没有人烟的雪野时，因大风雪飞机失事，飞机跌到山林中。此时，气温低达零下15摄氏度。该机是双引擎机，可坐10人，失事后机身多处撞伤，并引发大火。飞机驾驶员及1名乘客死亡，其他9人则无重大伤害。

飞机驾驶员还来不及告诉大家飞机的正确位置时就死亡了。但在飞机失事之前，你曾注意到飞机的高度显示：飞机是在3000米左右。失事地点正好在雪线下不远，地面崎岖不平，树林茂密，乘客们穿着秋装，但每人有一件大衣，同时还有15件物品可供选择。

15件物品包括：该地区的航空地图、大型手电筒、4条毛毯、1支手枪及10发子弹、1个雪橇、1小瓶白酒、1面化妆用小镜子、1把小刀、4副太阳镜、3盒火柴、1瓶水、1个急救箱、12小包花生米、1张塑料防水布、1支大蜡烛。

问题：在飞机爆炸之前，这群乘客从飞机中抢救出15件物品，请你将这15件物品按照对生存的重要性，挑选出5件最重要的东西，将其排序，并说明理由。

（3）正式发言，发表见解。每人按顺序先做简单的自我介绍，接着再做正式发言。在做自我介绍时要求大家尽可能简短，基本上就是说出自己的姓名，再向大家做简单问候即可。随后，各参与者正式发言，谈谈自己心目中认为最重要的5件东西，以及很简练地说出选择的原因，总时间控制在5分钟之内。

（4）参与讨论，呈现自我。这是无领导小组讨论的最重要环节。在每个人按顺序发言完毕后，进行小组讨论阶段，会议组织者向各小组成员宣布在一个小时之内（视具体讨论材料复杂程度定），达成一个一致意见交给会议组织者。每人在讨论中的发言可以是对自己第一次发言的补充和修正，也可对他人的某一观点与方案进行分析或提出不同见解，更可在对大家提出的各种方案比较基础上，提出最有效、最可行的行动方案。之后，会议组织者放任小组成员各抒己见，自由讨论。记录小组成员的发言次数，并根据讨论评价表中的评价维度方面对各成员的关键发言进行打分评估。

（5）角色模拟，总结发言。在小组达成一致意见后，会议组织者要求每人以组长身份进行3分钟的简短会议小结，总结发言顺序与之前正式介绍自己意见的顺序相反。此时，很多小组成员所犯的一个常见错误是局限于自身对小组意见的看法，而没有对整个小组的表现进行总体的点评。如果条件允许，可以布置一个类似于演讲台的桌子，配之以麦克风，让小组成员站在上面进行总结，这样就可以对被评价者进行包括仪表风度、领导气质等各方面更全面的评价。值得注意的是，在讨论会前，对于无领导小组讨论的基本流程、评价维度的设置和所包含的意义、评分标准、观察技巧以及其他对评价有负面干扰作用的心理现象（如首因效应、近因效应、晕轮效应等），讨论会组织者需要与各位评价专家进行充分的沟通，评价者的数量要求最少要4位以上，当然，会议组织者也可以是评价者之一。

（6）小组讨论会结束后，会议组织者汇总评价专家的评估分数，把各位被评价者的无领导小组表现得分誊写记录在案。

分析点评

无领导小组讨论法能广泛应用，因为和其他测评工具比较起来，其具有以下几方面突出优点：能测试出笔试和单一面试所不能检测出的能力或者素质；能观察到应试者之间的相互作用；能依据应试者的行为特征来对其进行更加全面、合理的评价；能够涉及应试者的多种能力要素和个性特质；能使应试者在相对无意之中暴露自己各个方面的特点，因此预测真实团队中的行为有很高的效度；能使应试者有平等的发挥机会从而很快地表现出个体上的差异；能节省时间，并且对竞争同一岗位的应试者的表现同时进行比较（横向对比）；应用范围广，能应用于非技术领域、技术领域、管理领域和其他专业领域等。

但是在实际使用的过程中，无领导小组讨论法也存在以下几方面缺点，需要使用者慎重考虑：对测试题目的要求较高；对考官的评分技术要求较高，考官应该接受专门的培训；对应试者的评价易受考官各个方面特别是主观意见的影响（如偏见和误解），从而导致考官对应试者评价结果的不一致；应试者有存在做戏，表演或者伪装的可能性；指定角色的随意性，可能导致应试者之间地位的不平等；应试者的经验可以影响其能力的真正表现。

➡ 注意事项

在无领导小组讨论实施的过程中，需要注意的事项有以下两点：

（1）人数不能过多，一般 4 ~ 8 人为佳，并且个数最好为偶数，因为无领导小组讨论的真正目的显然不在于想得到讨论问题的答案，而是考察小组成员在讨论过程中的自我才能展示，是一种重过程而非结果的测评方法。所以，评价者显然希望看到一个持久热烈的讨论场面。可是经常会碰到的情况是，当小组内部争论非常激烈时，往往会有人提出采用投票表决、多数获胜的方法来决策。而实际上，对于碰到迟疑不决的争论的时候，更能体现一个人的协调、组织、创新和引导等关键性能力。小组成员为偶数无疑大大增加了小组讨论的冲突的概率，也能大大降低通过投票这样简单地解决问题的现象。

（2）最好保持小组成员的异质性，即参与讨论的小组成员在性别、年龄甚至个性等方面具有均衡的搭配，小组成员同质性太高不利于讨论的过程和结果，这也是一般群体讨论和群体决策的基本要求。

工具 5：公文筐测验

内容概述

1. 公文筐测验的概念
公文筐测验又叫文件筐测验，是一种情境模拟测验，是对实际工作中管理人员掌握和分析资料、处理各种信息，以及做出决策的工作活动的一种抽象和集中。测验一般是在假定情境下实施的。该情境模拟一个公司所发生的实际业务、管理环境，提供给受测人员的信息包括涉及财务、人事备忘录、市场信息、政府的法令公文、客户关系等十几份甚至更多的材料。这些资料通常是放在公文筐中的，公文筐测验因此而得名。测验要求受测人员以管理者的身份，模拟真实生活的想法，在规定条件下（通常是较紧迫困难的条件，如时间与信息有限，独立无援，初担新任等），对各种公文材料进行处理，形成公文处理报告。通过观察应试者在规定条件下处理过程中的行为表现和书面作答，评价其计划、组织、预测、决策和沟通能力。公文筐测验是测评管理人才的重要工具，它为中层、高层管理人员的选拔、考核、培训提供了一种具有较高信度和效度的测评手段，为企业的高层人力资源计划和组织设计提供了科学可靠的信息。在评价中心技术中使用的频率最高，达到95%。

2. 公文筐测验的指标

公文筐测验的测评指标大体上分为两类：

（1）与事有关的能力。公文筐测验的各种公文会涉及组织中的各种事件，被评价者搜集和利用信息的能力（洞察力）首先会体现其中。另外，有的事情是需要被评价者做出分析、综合、判断（分析判断能力），有的事情需要做出决策（决策能力），有的事情需要组织、计划、协调（计划能力、组织协调能力），有的还需要分派任务（授权能力），而且在纷繁复杂的事情中需要分清轻重缓急，这些能力都可以在处理公文中得到反映。同时由于与其他测评方法相比，此法提供给被评价者的测验材料和作答都是以书面形式实现的，所以还能有效地考察被评价者的文字与写作能力。

（2）与人有关的能力。在公文中会提到各种各样的人物以及他们之间的关系，设计得很好的公文筐测验会把人物的特点勾勒得淋漓尽致。被评价者除了处理公文中的事情之外，还要对与文件有关的人非常敏感，而且很多情况下，事情处理得是否得当在很大程度上取决于是否能够正确理解人的意图、愿望、性格特点和人物之间的关系。因此，在公文筐测验中也能很好地考察被评价者与人打交道的能力。

概括起来，公文筐测验可以考察的指标有：管理人员的计划、组织、预测、决策、沟通能力。这五大能力的考察是公文筐测验关注的焦点。

3. 公文筐测验的步骤

一般来说，一个好的文件筐测验在设计时要遵循以下步骤：

（1）确定测评指标。测评指标的确定主要取决于两个方面，第一，通过工作分析或岗位胜任力特征来分析，澄清拟任岗位的要求。通常需要通过查阅有关职位说明，分析岗位的职责与任职要求，同时还要与任职者或其上级领导进行深入细致的访谈，以澄清拟任职位的关键任务指标和胜任力特征。第二，如果需要访谈的任职者数量比较多，还可以采用问卷的方式进行调研。

（2）收集素材。所要收集的文件素材不能凭空杜撰，必须从任职者的实际工作出发。可以请一批比较好的任职者或者他们的直接上级进行交流研讨，运用关键事件访谈法，让他们回想自己在工作中处理过的印象比较深刻的各种事情，并要求他们写出来。为了得到任职者的配合，对关键事件的回忆一般要从正面事件开始，因为大多数人比较容易谈论自己取得成功的事情，这样做能使他们很有信心，从而乐于回忆。为了不至于使获得的事情太离谱，事先应该将测评要素及其内涵告诉参与交流研讨的人员，让他们围绕这些测评要素回忆。至于征集多少关键事件，要根据所编制文件的数量而定，通常按所需文件数量的 2 ~ 3 倍征集。

（3）编制文件。对于用关键事件访谈法得到的大量素材需要进行后期加工。因为完全真实的材料可能会过于偏重考察经验，从而忽视潜能的考察，据此选拔出来的人无疑是完全与招聘单位文化气氛相同的人，违背了引入外来人才、给单位输入新鲜血液的本来目的，同时这对非本单位外部应聘者也不公平。

在编制文件时，首先，从关键事件访谈法得到的大量素材中剔出无效资料。访谈获得的资料必然有一些不符合要求，当发现这些资料时不要急于删除，我们可以从另一个角度看该案例是否能反映其他测评要素。若能贡献于其他测评要素则予以保留，若根本反映不出相应的能力或测评要素，则该事件可直接淘汰。其次，精细加工有效访谈资料。针对太抽象或不够完整的资料，要进行适当补充使其完整；针对包含多个事件的资料，要进行适当拆分使其思路清晰；针对描述烦琐的资料，要进一步精简加工使其简单明了。最后，还需要对文字陈述进行加工，力图保证文件表述清楚，文句简明扼要。

总之，编制成形的文件应该具有以下三大特点：

①主题突出。单个文件应该以一个主题为核心，尽量避免一个事件的多个方面都是重点。

②典型性。文件内容涉及未来工作中最主要的活动，是对多种情况的归纳与概括。

③难度适中。测验的目的在于区分能力不同的被试，因此应该尽量避免测验中的"天花板"效应和"地板"效应（使得大家的得分都很高或者都很低而不能区分），通常应该由易到难，形成梯度。

（4）确定评价标准。在公文筐测验编制完成以后，还有一个非常关键的工作需要做，就是确定公文筐测验的评价标准。为了使评价标准具有针对性和实用性，在编制评价标准时需要收集所编制公文的各种处理结果和处理办法。一个比较有效的做法就是把编好的公文筐让相关在职人员作答。这些在职人员与将来应聘的被测者在岗位特征和岗位层级上具有相似性，因此在文件处理结果上也具有一定的相似性。收集公文处理办法时要把握两个原则，即答题的人数应在几十人以上，不能太少；答题时间可以稍微宽松，以保证答题者能有充分的时间处理完所有的文件。待各种处理结果收集完毕后，我们需要将结果进行汇总分类，列出表格。让有经验的高层管理人员或者主管对上述所有的答案用三级量表评定（好、中、差），并进一步确认题目测试的要素以及答案可能反映出来的被试的能力水平。在此基础上，对评价结果进行统计和整理，就可以得到各文件的可能答案表及评分标准。

（5）效度检验。编制公文筐测验的最后一项工作验证测验的效度。我们可以将公文筐测验施测于一批优秀的任职者和一批没有管理经验的一般人员。将两个团体的作答结果进行比较，假如两个团体的作答结果之间没有显著性的差异，或者一般人员的结果比优秀管理者的结果要好，则说明编制的公文筐测验区分效度不明显，需要进一步修改。假如优秀管理者的结果明显地好于一般人员，则说明这份公文筐测验具有较好的效度。

4.公文筐测验操作要点

（1）给每位被评价者提供一个模拟的组织情境，并要求其扮演该组织中某一重要角色，要求被评价者在90分钟内，按照要求处理有关联的十几份文件，文件内容涉及企业经营管理的各个方面，对每份文件都需给出书面处理意见及理由。

（2）资料包括待处理的文件、评价标准和公文处理参考要点、评价表格等。

（3）主要用来评价统筹规划能力、授权控制能力、协调能力、创新能力、战略决策能力、分析判断能力、资源配置能力、角色适应能力、书面表达能力等。

（4）适用于中高层管理者的选拔与评价。

⇨【实用范例】

下面以市场总监职位为例，对公文筐测验法作详细介绍。

1. 测验市场总监的计划能力

计划能力是指被测评者根据分析每一既得信息所反映的问题、问题产生的根源以及各问题间的相互关系，确定工作目标、工作任务、工作方法和工作实施步骤的能力。对于市场总监来讲，就是考察他（她）在特定的外部竞争环境和内部资源条件下进行产品计划、价格计划、分销计划和促销计划的能力。滚动计划法的应用情况、计划的可行性、实施所需时间、实施所需成本以及风险程度是考评管理者计划能力关键指标。

2. 测验市场总监的预测能力

预测能力是指被测评者对模拟工作环境中，相互关联的各类因素及总体形势未来发展趋势，进行准确判断，并预先采取相应措施的能力。竞争对手在某中心城市的各大商场刚刚投放一种明显优于公司现有主导产品的新产品，而该城市正是公司计划下一步重点经营的目标市场——准确的预测及有效的应对措施，此时对市场总监来讲就显得十分关键。对工作环境中，各类相关因素及总体形势未来发展的多种可能性及其发生概率的分析论证、各种防范措施的合理性是考查管理者预测能力的关键指标。

3. 测验市场总监的组织能力

组织能力是指被测评者按照各项既定工作任务的重要和紧急程度安排工作次序，调配人力、物力、财力资源、合理分工、授权并进行相应组织机构或人事调整的能力。当某大区的商品营业额出现大幅度滑坡时，市场总监往往要组织增派促销人员，调拨促销用品、加大营销费用，授予大区市场经理临时特别权力，甚至调整大区市场部组织机构或管理班子来加以应对。工作次序安排，资源配置，工作分工、授权情况以及组织措施的成本和风险度是考评管理者组织能力的关键指标。

4. 测验市场总监的沟通能力

沟通能力是指被测评者通过局面形式准确表达个人思想和意见的能力。实际工作中，市场总监经常以电子邮件、传真、信函或公文的形式与各大区经理进行工作交流，根据市场人员状况和市场竞争态势对大区经理进行适时的工作指导，对大区经理进行日常慰问和精神鼓励等，这就需要良好的书面沟通能力。沟通网格和沟通方式的选择、信息的准确性、思维的逻辑性、结构的层次性、文字的流畅性是考评管理者沟通能力的关键指标。

5. 测验市场总监的决策能力

决策能力是指被测评者在解决实际工作问题，特别是解决重要且紧急的关键问题时，策划并选择高质量方案的能力。公司的新产品已被消费者认同，销售额和利润正在快速增长，仿制品也开始进入市场——是重点开拓全新市场、建立新的分销渠道，还是在已开发市场转变广告宣传策略、降低促销呢？这就需要市场总监审时度势、全面斟酌、正确决策。决策目标的清晰程度、备选方案（一般为 2 ~ 3 个）的可行性、各方案的评价比较是最终确定考评管理者决策能力的关键指标。

分析点评

公文筐测验是评价中层、高层管理人员的重要工具，也是评价中心技术中应用得最多的一种情境模拟测试手段。公文筐测验为什么受到如此青睐呢？因为它具有很多别的评价手段所没有的优点。

（1）公文筐测验把被试者置于模拟的工作情境中去完成一系列工作，与通常的纸笔测验相比，显得生动而不呆板，较能反映被试的真实能力水平。

（2）与其他情境模拟法相比，它提供给被试的背景信息、测验材料（文件材料及问题）和被试的作业（答题）都是以书面形式完成、实现的。一方面，考虑应试者在日常工作中接触和处理文件的需要；另一方面，也使测验便于操作和控制。

（3）由于公文筐测验能从多个维度上评定一个人的管理能力，它不仅能挑选出有潜力的管理人才，还能训练他们的管理与合作能力，使选拔过程成为培训过程的开始。

（4）在实践中，公文筐测验除用于评价、选拔管理人员外，还可用于培训，提高管理人员的管理技巧、解决人际冲突和组织内各部门间的摩擦的技巧，以及为人力资源计划和组织设计提供信息。

➡ 注意事项

公文筐测验需要特别注意的事项包括：

（1）公文筐测验的适用对象为中、高级管理人员，它可以帮助企业选拔优秀的管理人才或考核现有管理人员。由于它的测验时间比较长（一般约为2个小时），因此它常作为选拔和考核的最后一环使用。

（2）公文筐测验对评分者的要求较高，它要求评分者了解测验的内核，通晓每份材料之间的内部联系，对每个可能的答案了如指掌。评分前要对评分者进行系统的培训，以保证测评结果的客观和公正。

（3）公文筐测验从以下两个角度对管理人员进行测查：第一，技能角度。主要考察管理者的计划、预测、决策和沟通能力。第二，业务角度。公文筐的材料涉及财务、人事、行政、市场等多方面业务，它要求管理者具有对多方面管理业务的整体运作能力，包括对人、财、物流程的控制等。

工具6：情境评价法

🔊 内容概述

1.情境评价法的概念

情境评价法指测评者设置一定的情境和标准，并观察被测评者在该情境中的反应，根据事先规定的标准对被测评者的情况做出评价的方法。

情境评价法是一种非常有效并且具有可操作性的方法。如果招聘者的测试能够巧妙地模拟一些逼真的情境，那么就可以准确、有效地预测应试者的水平能力了。

2. 情境的选择

一个具体的情境包括很多要素，如这个情境是由哪些外部条件支持的，应试者的角色是什么，主要任务是什么等。这些内容都确定了，才能根据具体的情境要求进行施测。

（1）测试目标。情境测试的目标包括内在的目标和外在的目标。内在目标是相应的岗位要求，外在目标是该测试的主要用途。岗位要求显然是最核心的目标。事实上，不管是内在目标，还是外在目标都会影响测试的情境要素，只不过影响的方式和程度各有不同。

（2）情境要素。在分析了测试目标之后，我们还需要对情境要素进行分解，只有细化到要素下面的每一个指标才能判定这些因素和测试目标是否匹配。

①外部环境和条件。要设置测试情境，外界环境和条件是必不可少的。应试者的行为往往受到外界环境的影响，因此，外部环境是一个十分重要的变量。根据测试的要求施加测试条件，并控制无关条件才能够保证测试的准确有效。

②角色分配。在给应试者设置情境的时候，应试者总是处在一定的角色之下，尽管他不一定能够认识到自己的角色。从具体的情境来看，应试者的角色是千差万别的，可能就是他本身的工作职位，也可能是他上司的角色，还有可能被设计成一个身份角色尚不明确的"空降兵"……但是，如果我们以应试者的实际工作角色为基点，就可以对应试者的角色进行如下分类：自然角色、相关角色和不相关角色。

③情境任务。情境测试的最终目标是做出准确的评价，而不仅是呈现情境，让应试者体会到某种情绪体验。因此，在设计情境的时候还必须有一个引发应试者行为反应的"任务"，否则，应试者会没有外在的行为反应，测试也就没有办法进行了。

3. 情境方案的确定

情境要素分析的目的是在选定情境之前先确定合适的情境衡量标准。在有了衡量标准之后，还要有备选情境方案，这是十分重要的。情境要素之所以这么多是与情境的灵活性分不开的。那么，我们如何从测试的目标出发，从众多的情境中选择适合进行测试的方案呢？

主要方法有两种。一种方法是从具体方案出发选定可操作性比较强的方案，对比情境要素的要求，再进行一定程度的修改，这称之为过滤法；另一种是从情境要素出发进行进一步的分析，从要素当中分析出具有可行性的方案，这称之为分析法。这两种方法的出发点不一样，但是都可以达到同一个目的——为测试提供备选方案。

（1）过滤法。过滤法是一种自下而上的方法。从测试目标中分析出来的情境要素正是我们筛选合适方法的"漏斗"，这个过程可以将不符合条件的备选情境过滤掉。既然要过滤，我们首先得有大量的"原材料"，也就是可供过滤的情境材料。情境材料可以预先收集，备选材料的数量越多越好，施测人员在日常工作中不能忽视测试情境的积累。

（2）分析法。由测试目标到具体的情境方案是自上而下的分析法。根据情境要素分析的思路，我们可以保证各个主要的情境要素与测试目标的一致性。接下来的工作是对这些情境要素进行综合分析，并且提出那些能够满足所有条件的情境方案。

只要是适合设计成测试的情境都可以进行整理归类。归类的方式可以自由设定，如可以按照情境测试的方式分类，有模拟讨论、角色扮演以及案例分析等；还可以按照潜能项目进行分类，如测试主动性、应变能力等。

4. 情境测试的评分

情境测试没有统一的评分方式。情境测试是一种灵活的测试方式，从测试的目标到测试的环节，再到具体的情境，最后到应试者的相应表现都影响着评分的方式。

通常情况是，如果只是简单的招聘面试，应聘的人非常多，而人力资源部的人力、物力有限，这个时候就可以为提高效率而设置简单的测试情境，并且确定目标行为。出现目标行为的应试者就可以通过，没有出现目标行为的应试者就被淘汰。这是一种看似简单粗糙的测试方式，甚至连评分环节都不需要，但不可否认的是这种方法确实直接有效。为了解决测试范围有限的问题，通常只设计一两个测试项目，其他项目如果有必要也可以考虑采用别的测试技术。

对于比较复杂的情境，评分环节就是非常必要了。评分设计通常都要从具体的情境方案出发，在这里当然不可能一一列举，我们主要就比较典型的"间谍式"情境和角色扮演情境进行简要的介绍。

（1）"间谍式"情境的评分。"间谍式"情境中最重要的是"目标行为"，应试者的目标行为出现了，就能够证明应试者具备相关的潜能。虽然"间谍式"情境对施测者的"隐身功能"的要求比较高，不过测试一旦真的能够达到"隐身"的效果，那么，施测者评分的任务就变得很简单了，可直接对照评分表的测试项目以及对应行为进行评分。

（2）角色扮演情境的评分。对角色扮演情境的评分相对要复杂得多，首先，因为角色扮演情境通常都比较复杂，测试的项目比较多，情境因素也比较复杂；其次，应试者的行为通常不像"间谍式"情境中那样有"标志性"行为，因此，难以对行为进行观察、区分或者归类定性。此外，在角色扮演的过程中，应试者之间的互动以及应试者与施测者之间的互动都有可能给测试带来影响，角色扮演情境的这三个特点给它的评分带来了难度。这三个问题既然是由角色扮演情境本身的特点带来的，一般来说就不太可能"根治"。我们可以做的就是进行调整和完善。在评分环节，我们可以设计结构合理、针对性强的评分表格，帮助施测者提高观察和评分的效率和准确度。同时，还可以将应试者之间的互动纳入评分的范围，这样测试的信度就能大大提高。

⇨【实用范例】

通过赫尔曼公司对应聘者珍妮的测试，来说明情境评价法的具体运用。

珍妮接到了赫尔曼公司面试的通知，她按照约定的时间早早地到达面试地点。但是她来得有点早了，居然还没有到上班时间，她只好独自坐在大厅里等候。公司的人陆陆续续过来了，不过却没有人理会她。

忽然间，有个经理模样的人匆匆走过来，看了珍妮一眼，就开始发火："你是新来的行政秘书吧，为什么要坐在这里？先帮我把这些合同传真给表格里面的客户，一个客户对应一份合同，不要传错了。"说完匆匆忙忙地走开了。

珍妮一头雾水，她看看文件，又看看来来往往忙碌不已的人，最后决定先完成这项任务再说，虽然她并不是什么行政助理，也对这个职位没有兴趣，她过来是想应聘销售职位的。

珍妮气喘吁吁地找到前台，把刚才发生的事情描述了一遍。前台小姐马上心领神会地说："你自己看着办吧，没空的话就把合同放在我这里，我帮你交回去。如果你要传的话，传真机就在会议室旁边的小隔间里。"

珍妮觉得有些奇怪，但她还是决定按照经理的吩咐来做。于是她跟前台确认了一下自己的面试时间，觉得还来得及，然后才过去找传真机。传真的时候，珍妮发现这些合同全是销售部的，而且她发现有好几份合同要么是简单的金额错误，要么是品质描述不清，更有甚者，还有一些明显不利于自己的条款，这些合同是不能传的。

她拿起文件返回去找前台，说这些合同有问题不能传。前台小姐再次露出一丝笑容，她说："你不用传了，我领你去见销售部经理，刚刚那几份合同也一起带过来。"

分析点评

显然，珍妮已经赢得了这场测试。如果没有意外的话，她同时还赢得了新的工作。"错认"这个简单的情境上演只需要几秒钟的时间，但是对应试者来说却处处"暗藏杀机"。应试者要么因为沟通能力不佳而不知所措；要么因为缺乏责任感而拒绝帮忙；还有可能因为统筹计划能力欠佳而陷入大堆的传真任务中；或者因为不够细心，没能发现合同的问题而出局。以上几个方面都表现出优秀的珍妮自然会成为这份工作的最佳人选。

注意事项

情境评价法可以将被测评者水平能力的测评与游戏或日常生活结合起来，其设计巧妙，既实施了专业的水平能力测评，又不容易被测评者察觉到测评者的真正目的。在测评时，应该注意精心设计，首先，要注意测评目的的隐蔽性，防止被测评者只按公认的社会规则行事；其次，要注意情境设计的巧妙性，精心设计每一个环节；最后，我们也可以考虑把多个情境结合起来，从而在整体上提高这种测评方法的信度和效度。

工具7：内部选拔法

内容概述

1.内部选拔法的概念

内部选拔是指对企业内部员工按其具备的胜任力进行合理的岗位配置。内部选拔是人员选拔的方法之一，与之相对应的是外部选拔。

内部选拔在大规模企业比较常见，这种方式的特点是费用极少，能极大提高员工士气，申请者对公司相当了解，适应公司的文化和管理，能较快进入工作状态。而且，可以在内部培养出一人多能的复合型人才。

2.内部选拔的类型

在企业经营管理的过程中，内部选拔是经常发生的。当一个岗位需要招聘时，管理人员首先想到的是内部选拔是否能解决该问题。通常而言，内部选拔有两种类型：

（1）内部提升。当企业中有些比较重要的岗位需要招聘人员时，让企业内部符合条件的员工从一个较低级的岗位晋升到一个较高级的岗位的过程就是内部提升。

①内部提升应遵循以下原则：要公开、公平、公正，要任人唯贤，要有利于调动大部分员工的积极性，要有利于提高生产率。

②内部提升的主要优点是：给员工提供发展空间和上升机会，有利于增强企业凝聚力，留住人才；有利于激励员工奋发向上；较易形成企业文化；人员熟悉，降低部分用人风险；费用低廉，手续简便。

③内部提升的主要缺点是：自我封闭，不易吸收优秀人才，不易吸收优秀文化，不利于创新，有可能使企业缺少活力。总之，具有"近亲繁殖"的一切缺点。

使员工得到更多的锻炼机会，了解企业更多的业务，增加更多的技能，是培养人才的一种有效手段，是内部提升前的准备。

（2）内部调用。当企业中需要招聘的岗位与员工原来的岗位层次相同或略有下降时，把员工调到同层次或下一层次岗位上工作的过程称为内部调用。

①内部调用应遵循以下原则：要尽可能事前征得被调用者的同意，调用后要更有利于工作，要用人之所长。

②内部调用的主要优点是：费用低廉，手续简便；人员熟悉；员工对新岗位容易熟悉，可缩短适应期；较易形成企业文化。

③内部调用的主要缺点是：其主要缺点与内部提升的缺点相似，另外，还可能影响员工的工作积极性。

⇨【实用范例】

世界著名公司美国通用电气（GE）在招聘人才的时候，大多采用内部选拔法。该公司总结了从优秀到卓越的公司的经验之后得出结论："从公司之外请来被奉若神明的名人做领导，往往对公司从优秀到卓越的跨越过程起消极作用。在 11 家实现跨越发展的公司中，有 10 家的首席执行官是从公司内部选拔的。"

通用电气公司的领导人选拔模式于 19 世纪早期形成，选拔继任者成为通用领导者的一种习惯与责任。该公司的著名 CEO 杰克·韦尔奇提前 9 年开始选择接班人，他的前任琼斯提前 7 年（自 1974 年始）选拔候选人。琼斯和他的高层人力资源小组密切配合，花了两年时间把 96 个可能人选减少到 6 人，其中包括韦尔奇。为了测验这 6 个人的能力，琼斯任命每个人都担任"部门经理"，直接接受 CEO 办公室的领导。随后的三年里让每个候选人经历各种严格的挑战，韦尔奇最终赢得了这场严酷的耐力竞赛。这种严格的、马拉松式的领导人选拔制度是保证通用电气长盛不衰的重要法宝，也是任何外部选拔机制不可比拟的。

美国的西屋电气公司，20 世纪 70 年代是与通用电气公司处在同一水平上的竞争对手。但由于接连选错了 5 个 CEO，这个曾经是美国家喻户晓的公司现在已风光不再。

分析点评

由通用电气公司选拔 CEO 的成功，我们可以看出内部选拔法的重要性和有效性。因此，企业在选择高层管理人员时，应将更多的目光投向企业内部。即使为了某种需要，不得不从外部选择，也要从技能、素质、管理理念和价值观念多方面仔细考察，尽量减少可能由此带来的风险。

注意事项

企业在使用内部选拔法的时候，一定要注意以下两点：

（1）由于新的岗位总是有限的，内部员工竞争的结果必然有人欢喜有人忧，有可能影响到员工之间的关系，甚至导致人才的流失，这是企业很不愿意看到的。

（2）企业内部长期的"近亲繁殖""团体思维"等现象，不利于个体创新和企业的成长，尤其是中小型企业的成长。如果企业处理不好这一点，就会严重地阻碍未来的发展。

工具8：人才模型

内容概述

1. 人才模型的概念

人力资源是企业最重要的资源，对人才的研究是每一个企业所关心的问题。人才模型在这方面起到了十分重要的作用。该模型对人才进行了分类，在这个模型中，人才被分为四种基本类型：专家型人才、中间型人才、杂家型人才、T 型人才（见图 4-1）。

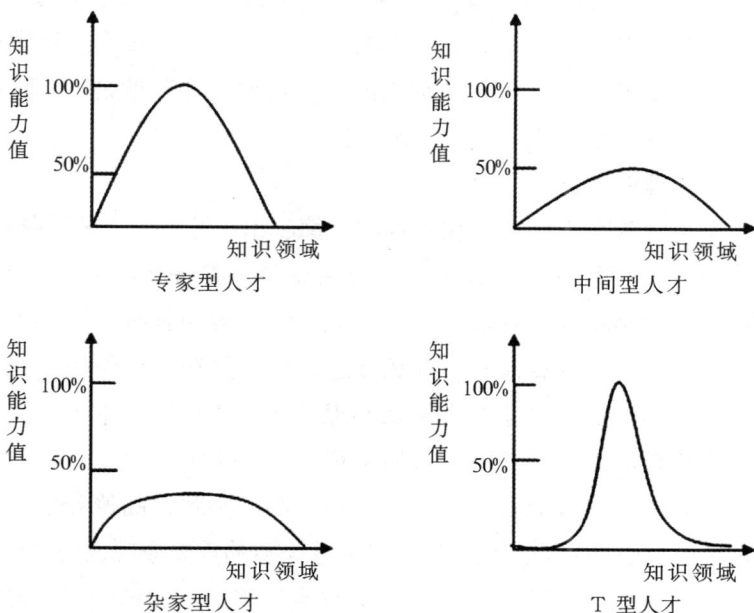

图 4-1　人才模型图

2. 人才模型详解

（1）专家型人才。专家型人才通常在基础科学或应用科学的某一分支有突出成就，这类人才的知能值（知识和能力的比值）很高，在某个学科的专门领域内造诣较深，但知识面并不太宽。

对于企业而言，要正确理解"专家"的含义，凡是在某一方面特别擅长的，都可以称为"专家"。比如，身怀绝技的工人，就属于专家型人才，甚至，一个清洁工，如果他在工作岗位上表现出超出许多人的特殊技能，能够把清洁做到一流水平，他就属于清洁工行列的专家。

（2）杂家型人才。这类人才可以用杂而不太精来形容，他们知识面很广，但缺少应有的深度，这类人才可以旁征博引，融会贯通。这类人才放在公关部门很适合。

（3）中间型人才。中间型人才通常从事应用科学研究，他们的视野较开阔，可能涉及几个学科，但每个学科的知识水平都达不到专家型人才的水平，他们的优点是解决实际问题的能力较强。在企业里，基层技术人员通常属于这一类人才。

（4）T型人才。从模型图看，这类人的曲线如同一个倒过来的"T"字，他们不仅在某个专门知识领域有较深的研究，而且又有较广的知识面，这类人是相当宝贵的人才。我们经常说的"复合型人才"就是"T型人才"，而称作"万金油"的，属于"杂家型人才"。

3. 人才模型使用说明

人才模型常常与人才选拔和培育的"德、识、才、学、体"结合使用："德"是指道德，可分为三个层次，即政治品德、道德修养、个性及心理品质。这三个层次是相互区别的，在人才成长和发展中具有不同的地位和作用，但又互相联系、互相制约、互相促进。政治品德主要作用于社会，道德修养主要作用于交往对象，个性及心理品质主要作用于本人。人的个性及心理品质比较隐蔽，一般不为人所重视，但它又不是政治品质和道德修养的基础，有的人没有取得事业上的成功，倒不是政治品德和道德修养不足，而是个性及心理品质欠佳，这也是人才失败的重要原因之一。

"识"是指见识，可分为三个方面，即要看得清本学科领域的发展方向及发展趋势，要能抓得住在本学科领域中的具有较大意义的攻关课题，要有比较清醒而准确的自我认识能力。有些人之所以没有做出应有的成就，并不是因为其道德、学问不行，而是因为见识不高，不能抓住学科发展和时代提出的课题进行研究。

"才"是指才能，人才类别不同，所需才能不同，但才能中最重要的是创造才能，它包括两个方面：创造性思维能力和创造性的实践能力。

"学"是指学问，不同类别不同层次的人应有不同的知识结构和智力结构。

"体"是指体魄，体魄健康在人才成长过程中占有重要地位。

"德""识""才""学""体"之间的关系是辩证统一的关系，德是统帅，学是精神基础，体是物质基础，才和识是在体和学的基础上、在德的制约下发展起来的。

4. 人才模型适用范围

人才模型主要应用于人才选拔、人才培养、管理干部任用。

⇨ 【实用范例】

我们以万科公司为例，说明人才模型的使用。万科公司人才模型的实质是制定了一个关于"万科人"的标准。该模型包括资质模型和测评工具两部分内容，前者为万科需要什么样的人提供了标准，后者用来衡量一个具体的人符合标准的程度，测评报告将为最后的录用及升迁结果提供参考。该模型体现了企业人才的战略趋势，汇集了优秀员工的标杆行为，凝聚了企业文化。

2000年，由惠普公司人力资源负责人的推荐，万科公司人力资源总监接触到"人才模型"这一概念，并对此产生了兴趣。2001年上半年，万科公司就请上海某机构开发了一个人才模型。但是，由于缺少配套的测评工具而难以对招聘、考核等人力资源选用培养工作进行直接的指导。2004年，万科决定再开发一个更为完备的人才模型，并对此项目进行招标，参加竞标的包括曾与万科公司有过良好合作的翰威特公司、HAY、华信惠悦公司和上海人才有限公司四家。最终，上海人才有限公司因其在"测评工具"（这正是上一次模型所欠缺的）这一核心技术上的优秀表现而中标。

万科公司的人才模型包括通用模型、领导模型、项目发展、工程管理、规划设计、市场营销、客户关系7个方面。其中，通用模型又包括职业操守、客户意识、结果导向、开放合作、学习成长、理想激情、前瞻思维、持续创新、追求卓越9条标准，而领导力模型则包括战略思维、市场敏锐、关系能力、有效决策、组织执行、用心尊重、教练指导7条标准。另外，每一条标准都附带了很具体的注释，并分出星级，非常具有可操作性，具有"定量的刻度"。

该模型项目正式启动是在2004年5月，万科100多人成为"样本"，他们都是优秀的经理人和优秀的员工，其中经理人占了六七成，样本的选取对象考虑了不同专业的代表性。

模型在启动后，采取了"边建立，边应用"的方式。在当年大学毕业生的校园招聘中，就进行了运用。以前，在招聘面试中，问题很散、很随机，而运用了人才资质模型后，就会提出一些应聘岗位所设定的核心问题，再根据应聘者回答的要点，来进行量化评估。就像每年高考过后，教育部门提供给考生估分的参考答案一样，有了量化的标准。

历时10个月，万科公司人才模型全面建立起来，并在整个集团范围内中推广应用。该项目得到了由万科公司最高层、集团各部门负责人组成的"集团办公会"的认可。万科公司总经理对这套工具非常认可，认为开发万科公司人才模型是必要的，有利于万科公司的人才培养和班子配备，并指示人力资源部的工作将以这套工具为基础。当然不可能所有人都符合一个模子，可能这个人有这样的不足，那个人有那样的不足，但是可以更好地进行人员组合。

以前万科公司用人也是有标准的，但人员素质方面的判断标准基本上是凭领导的直觉印象。随着企业向专业化发展和工科出身的领导者加入，万科公司的文化有了冲突，这也是万科公司需要开发这个人才模型的原因。通过这个模型，万科公司的个性化的东西越来越少，进一步走向职业化。

分析点评

万科公司的人才资质模型广泛地应用于该公司的招聘、培训、经理人职业生涯规划、人才选拔等领域。它是对已经在岗的人的要求，也是用来培养未来职业经理人的方向，还成为招聘的"模子"，为万科公司挖掘企业需要的人才减少寻找成本，更有助于员工通过"标准"有意识地去培养自己尚不具备的特质。

注意事项

在使用人才模型的过程中需要注意，任何一项技术都是有自身缺陷的，并非所有的因素都包括在该模型内。因此，要适当地结合其他工具，共同完成对人才的筛选。同时，模型也需要随着企业发展进行修正，但是作为一个标准，又必须保持一定的稳定性。所以，在扬弃的过程中要寻找到变与不变的平衡点。

第五章　培训开发工具

工具1：学习型组织

内容概述

1. 学习型组织的概念

学习型组织是美国学者彼得·圣吉在《第五项修炼》一书中提出的管理观念。他认为，企业应建立学习型组织，其含义为：面临变化剧烈的外在环境，组织应力求精简、扁平化、终身学习、不断自我组织再造，以维持竞争力。

2. 学习型组织的内涵

知识经济迅速崛起，对企业提出了严峻挑战，现代人工作价值取向的转变，终身教育、可持续发展战略等当代社会主流理念对组织群体的积极渗透，为组织学习提供理论上的支持。结合研究现状，我们提出学习型组织的内涵：

（1）学习型组织基础——团结、协调及和谐。组织学习普遍存在"学习智障"，个体自我保护心理必然造成团体成员间相互猜忌，这种所谓的

"办公室政治"导致高智商个体，组织群体反而效率低下。从这个意义上说，班子的团结、组织上下协调以及群体环境的民主、和谐是建构学习型组织的基础。

（2）学习型组织核心——在组织内部建立完善的"学习机制"。组织成员在工作中学习，在学习中工作，学习成为工作新的形式。

（3）学习型组织精神——学习、思考和创新。此处，学习是团体学习、全员学习，思考是系统、非线性的思考，创新是观念、制度、方法及管理等多方面的更新。

（4）学习型组织的关键特征——系统思考。只有站在系统的角度认识系统，认识系统的环境，才能避免陷入系统动力的漩涡里去。

（5）组织学习的基础——团队学习。团队是现代组织中学习的基本单位。许多组织不乏对组织现状、前景的热烈辩论，但团队学习依靠的是深度会谈，而不是辩论。深度会谈体现一个团队的所有成员谈出心中的假设，进入真正一起思考的能力。深度会谈的目的是一起思考，得出比个人思考更正确、更好的结论；而辩论是每个人都试图用自己的观点说服别人同意的过程。

3. 学习型组织的五项要素

（1）建立共同愿景。愿景可以凝聚公司上下的意志力，透过组织共识，使大家努力的方向一致，个人也乐于奉献，为组织目标奋斗。

（2）团队学习。团队智慧应大于个人智慧的平均值，以做出正确的组织决策。透过集体思考和分析，找出个人弱点，强化团队向心力。

（3）改变心智模式。组织的障碍多来自于个人的旧思维，如固执己见、本位主义，唯有透过团队学习以及标杆学习，才能改变心智模式，有所创新。

（4）自我超越。个人有意愿投入工作，专精工作技巧的专业，个人与愿景之间有种"创造性的张力"，这正是自我超越的动力。

（5）系统思考。应透过资信搜集，掌握事件的全貌，以避免见树不见林，培养综观全局的思考能力，看清楚问题的本质，有助于清楚了解因果关系。

学习是心灵的正向转换，企业如果能够顺利导入学习型组织，不仅能够达到更高的组织绩效，而且能够带动组织的生命力。

4. 学习型组织的领导

学习型组织是从组织领导人的头脑中开始的。学习型组织需要有头脑的领导，他要能理解学习型组织，并能够帮助其他人获得成功。学习型组织的领导具有三个明显的作用。

（1）设计社会建筑。社会建筑是组织中看不见的行为和态度。组织设计的第一个任务就是培养组织目的、使命和核心价值观的治理思想，它将用来指导雇员。有头脑的领导要确定目标和核心价值观的基础。第二个任务是设计支持学习型组织的新政策、战略和结构并进行安排，这些结构将促进新的行为。第三个任务是领导并设计有效的学习程序。创造学习程序并且保证它们得到改进和理解需要领导的创造力。

（2）创造共同愿景。共同的愿景是对组织理想未来的设想。这种设想可以由领导或雇员的讨论提出，公司的愿景必须得到广泛的理解并被深深铭刻在组织之中。这个愿景体现了组织与其雇员所希望的长期结果，雇员可以自己自由地识别和解决眼前的问题，这一问题的解决将会帮助实现组织的愿景。但是，如果没有提出协调一致的共同愿景，雇员就不会为组织整体提高效益而行动。

（3）服务型领导。学习型组织是由那些为他人和组织的愿景而奉献自己的领导建立的。靠自己一人建立组织的领导人形象不适合学习型组织。领导应将权力、观念、信息分给大家。学习型组织的领导要将自己奉献给组织。

⇨【实用范例】

联想集团作为世界著名的科技公司，其成功原因是多方面的，但不可忽视的一点是，极富特色的组织学习实践使得联想能顺应环境的变化，及时调整组织结构、管理方式，从而健康成长。联想所建立的学习型组织主要包括以下几个方面：

1. 建立了完善的组织学习机制

联想在组织内部形成了几种朴素但行之有效的组织学习机制，包括开会、教育与培训、议事制度、委员会与工作小组等。

（1）开会。联想从来就是以爱开会而出名。联想的会也有很多名堂：有统一思想、振奋精神的誓师会，有回顾过去、展望未来的总结会，有征求意见、探讨工作的研讨会，有协调会、工作会，等等。通过开会，不仅能统一思想，贯彻精神，还能交流经验，集思广益，提高决策的科学性。

（2）教育与培训。教育与培训是统一思想、提高骨干队伍素质的主要手段，同时又是个人学习的重要方式。联想注重全员、全方位、全过程的教育培训，已经建成较完善的教育培训体系：从新员工"入模子"培训，接受联想企业文化的熏陶，到高级干部研讨班及管理培训班；从专业技能培训到理论务虚研讨，每年都坚持不懈，并且不断将其健全、完善，力求做出实效。

（3）领导班子议事制度。为了建立起一个强有力的领导班子，提高领导班子的战斗力，同时加强信息交流，提高决策的科学性，联想在总结公司内有效领导集体的工作经验基础上，有意识地在公司内推行良好的领导班子议事制度，包括：每周一次总经理晨会，通报日常工作，安排工作，主要解决具体问题；每月一次总经理例会，通报、分析经营中的重大问题和情况，决策发展中的重大问题；每季一次总经理沙龙，研讨未来发展战略和公司重大组织管理问题。

（4）委员会和工作小组。为加强横向综合管理力度，联想陆续成立了投资委员会与技术委员会，规划、领导和协调集团重大投资活动和研发工作。这是联想适应环境变化和公司发展需要的重要举措。

2. 开展极富特色的组织学习活动

（1）从合作中学习。早期，联想从与惠普的合作中学到了市场运作、渠道建设与管理方法，学到了企业管理经验，对于联想成功地跨越成长中的管理障碍大有裨益；现在，联想积极开展国际、国内技术合作，与计算机界众多知名公司，如英特尔（Intel）、微软、惠普、东芝等，保持着良好的合作关系，并从与众多国际大公司的合作中受益匪浅。由此可见，联想是一个非常善于从合作中学习的公司。

（2）向他人学习。除了能从合作伙伴那里学到东西之外，联想还是个非常有心的"学习者"，善于从失败者、本行业中的优秀企业以及用户等各种途径学习。

①从别人的失败中吸取经验教训。联想不但经常反思、总结自己的成败得失，而且特别关注别人的成功与失败。对于别人的失败，联想不是幸灾乐祸，而是力求从中发现其失败的原委，力求达到"别人摔跟头，我们长见识"的目的。因为联想人明白，别人今天摔的跟头，明天可能也会轮到自己头上。所以，从别人的失败中学习，就像为联想打了"预防针"，提高了公司的免疫力。

②向同行业的优秀企业学习。虽然联想已经取得了令世人瞩目的成就，但联想人并不因此而目空一切，傲气凌人。他们清醒地认识到，虽然联想在中国市场上取得了市场占有率第一的成绩，但从世界范围来说，联想只是在局部战场上打了个小胜仗，在国际市场上力量还比较弱，还远没有什么值得骄傲的资本。因此，联想本着海纳百川的宽广胸怀和谦虚好学的态度，积极向同行优秀企业学习，"边打边学"，积累了大量经验。

③向用户学习。联想开通了专门的热线咨询服务电话，为用户提供各种支持和服务。同时也收集用户在使用计算机过程中的各种问题，并不断反馈到有关技术支持部门，做出有效的改进。而且，联想公司还经常主动电话回访用户，了解市场需求，发现问题，并将用户无序的问题综合归纳，以求对计算机市场的重要问题有的放矢，对症下药。

（3）从自己过去的经验中学习。联想的掌舵人柳传志有句名言："要想着打，不能蒙着打。"这句话的意思是说，要善于总结，善于思考，不能光干不总结。其实，联想就是一个非常善于从自己过去的经验中学习的公司。

3. 组织学习保证与促进机制

联想集团除了一些常规的学习机制外，还在内部建立了一些组织学习保证与促进机制，有力地配合了组织学习活动。

（1）建立共同愿景，迈出成功学习的第一步。联想为企业建立了共同的愿景："未来的联想应该是高科技的联想、服务的联想、国际化的联想。"这个愿景已深深根植于每个联想员工的内心深处，它就像一盏明亮的灯，指引着全体联想员工奋勇前进。可以说，建立共同愿景是联想成功进行组织学习的第一步。

（2）"鸵鸟理论"是学习的理论基础。联想之所以能虚心学习，原因在于柳传志有一个很有趣的"鸵鸟理论"：当两只鸡一样大的时候，人家肯定觉得你比他小；当你是只火鸡，人家是只小鸡时，你觉得自己大得不得了，而人家才会认为咱俩一样大；只有你是只鸵鸟时，小鸡才会承认你比他大。提出"鸵鸟理论"是为了提醒自己要有自知之明，千万不要把自己的力量估计得过高。你想取得竞争优势，就得比别人有非常明显的优势才行。正是有了"鸵鸟理论"做指导，联想才不自高自大，才会经常看到自己的短处，发现别人的长处，取长补短，使自己不断得到提升。

（3）企业文化认同是促进组织学习的动力。柳传志反复强调，人力资源管理的一个重要工作就是建立一支稳定的、高素质的、对企业目标、企业文化有强烈认同感和归属感的员工队伍。企业文化认同对于维护整体、保持战斗力具有重要作用。因此，联想集团采取了几种行之有效的措施来保证员工对企业文化的认同，增强企业的凝聚力。首先，新员工在进入联想之后都要接受"入模子培训"，深入了解联想的历史、现状，接受企业文化的熏陶。其次，联想人善于通过开会来统一思想，贯彻企业文化和经营理念、决策准则。通过这些朴素而行之有效的措施，联想已形成稳定的企业文化和一支稳固的核心员工队伍。而组织学习理论认为，只有形成组织共有的心智模式，才能有效地进行组织学习。因此，企业文化认同在促进组织学习方面具有独特的作用。

分析点评

从联想建立学习型组织的成功，我们可以看出，创建学习型组织意义在于：

（1）解决了传统企业组织缺乏整体力量、只关注眼前等问题。
（2）为组织创新提供了一种可操作性比较强的技术手段。
（3）解决了企业生命活力问题，充分发挥了企业中个体的潜能。
（4）提升了企业的核心竞争力。

注意事项

企业在建立学习型组织的过程中，需要注意一点的是，尽管学习型组织的前景十分迷人，但如果把它视为一贴万灵药则是危险的。事实上，学习型组织的缔造不应是最终目的，重要的是通过迈向学习型组织的种种努力，引导一种不断创新、不断进步的新观念，从而使组织日新月异，不断创造未来。

工具2：拓展训练法

● 内容概述

1. 拓展训练的起源和概念

拓展训练又称外展训练，原意为一艘小船驶离平静的港湾，义无反顾地投向未知的旅程，去迎接一次次挑战。这种训练起源于"二战"期间的英国，当时大西洋商务船队屡遭德国人袭击，许多缺乏经验的年轻海员葬身海底。针对这种情况，汉思等创办了"阿伯德威海上学校"，训练年轻海员在海上的生存能力和船触礁后的生存技巧，使他们的身体和意志都得到锻炼。战争结束后，许多人认为这种训练仍然可以保留。于是拓展训练的独特创意和训练方式逐渐被推广开来，训练对象也由最初的海员扩大到军人、学生、工商业人员等各类群体。训练目标也由单纯的体能、生存训练扩展到心理训练、人格训练、管理训练等。

今天，拓展训练围绕着领导艺术、团队建设等现代管理的中心问题，结合企业的发展需要与参训者的人格特征，通过全方位的素质培训，一方面，使参训者重新认识自我，重新定位自我，实现自我超越；另一方面，提高员工对企业的忠诚度，以全新的方式凝聚企业的向心力。

拓展训练通常利用崇山峻岭、瀚海大川等自然环境，通过精心设计的活动达到"磨炼意志、陶冶情操、完善人格、熔炼团队"的培训目的。

2. 拓展训练的意义

（1）成功心理训练。拓展训练是一项旨在协助企业提升员工核心价值的训练过程，通过训练课程能够有效地拓展企业人员的潜能，提升和强化个人心理素质，帮助企业人员建立高尚而尊严的人格；同时，让团队成员能更深刻地体验个人与企业之间、下级与上级之间、员工与员工之间唇齿相依的关系，从而激发团队高昂的工作热诚和拼搏创新的动力，使团队更富凝聚力。

（2）团队合作训练。拓展训练是一套塑造团队活力、推动组织成长的训练课程，是专门配合现代企业进行团队建设需要而设计的一套户外体验式模拟训练，是当今欧、美及亚洲大型商业机构所采纳的一种有效的训练模式；训练内容丰富生动，寓意深刻，以体验启发作为教育手段，学员参与的训练将成为他们终生难忘的经历，从而让每一系列活动中所寓意的深刻的道理和观念，能牢牢地扎根在团队和每个成员的潜意识中，并且能在日后的工作合作中挥发应有的效用。

3. 拓展训练的特点

（1）综合活动性。拓展训练的所有项目都以体能活动为引导，引发出认知活动、情感活动、意志活动和交往活动，有明确的操作过程，要求学员全身心地投入。

（2）挑战极限。拓展训练的项目都有一定的难度，表现在心理考验上，需要学员向自己的能力极限挑战，跨越极限。

（3）集体中的个性。拓展训练实行分组活动，强调集体合作，力图使每一名学员竭尽全力为集体争取荣誉，同时从集体中吸取巨大的力量和信心，在集体中显示个性。

（4）高峰体验。在克服困难、顺利完成课程要求以后，学员能够体会到发自内心的胜利感和自豪感，获得人生难得的高峰体验。

（5）自我教育。教员只是在课前把课程的内容、目的、要求以及必要的安全注意事项向学员讲清楚，活动中一般不讲述，也不参与讨论，充分尊重学员的主体地位和主观能动性。

（6）通过拓展训练，使参训者在如下方面有显著的提高：认识自身潜能，增强自信心，改善自身形象；克服心理惰性，磨炼战胜困难的毅力；启发想象力与创造力，提高解决问题的能力；认识群体的作用，增进对集体的参与意识与责任心；改善人际关系，学会关心，更为融洽地与群体合作；学习欣赏、关注和爱护大自然。

4. 拓展训练的类型

拓展训练有两种类型，一种是探险活动。其风险高，有专门的场地设备和培训师，收费昂贵，它面向个人高素质的培养。例如，越野识途、负重行军、攀岩、激流划艇、山地滑雪、高空绳索、伞翼滑翔、生存者竞赛等。另一种是体验性活动。其风险较小，利用较简便的器材，即可自行组织带有游戏氛围的活动。它更多注重团队精神，增强解决问题、决策和沟通的能力。例如，信任后倒、协力坐起、架桥过河、抢占轮胎等，比较适合在体育课、课外活动、运动训练、校运会、夏令营中开展。

5. 拓展训练实施的步骤

拓展训练通常有以下四个环节：

（1）团队热身。在培训开始时，团队热身活动将有助于加深学员之间的相互了解，消除紧张，建立团队，以便轻松愉悦地投入到各项培训活动中去。

（2）个人项目。本着心理挑战最大、体能冒险最大的原则设计，每项活动对受训者的心理承受力和体力都是一次极大的考验。

（3）团队项目。团队项目以改善受训者的合作意识和受训集体的团队精神为目标，通过复杂而艰巨的活动项目，促进学员之间的相互信任、理解、默契配合。

（4）回顾总结。回顾将帮助学员消化、整理、提升训练中的体验，以便达到活动的具体目的。总结，使学员能将培训的收获迁移到工作中去，以实现整体培训目标。

⇨ 【实用范例】

×× 公司拓展训练方案

受训对象：公司销售人员

培训时间：2005.12.3 ～ 2005.12.7

培训机构及讲师：五强激发训练学校拓展培训师

培训方式：体验式培训

课程目标：

（1）挑战自我，激发潜能及胆量与勇气的培养。

（2）学习运用多种沟通方式。

（3）团队精神和协作精神培养。

课程提纲：

1. 团队组建

（1）了解拓展训练的由来、意义、特点及培训形式。

（2）组建团队，通过选队长、取队名、设计队徽和对歌、队训营造团队气氛。

（3）打破人与人之间的隔阂，建立相互信任的基础。

2. 个人项目

（1）断桥。

①学会分解压力，调节心理。

②克服心理压力，感受心智障碍对成功的影响，培养胆量、勇气及平常心，建立自信。

③增强自我控制、自我决断能力、敢于抓住机会。

（2）攀岩。

①体验目标管理的意义。

②挑战自我，激发潜能。

③感受一定冒险对成功的意义。

3. 团队项目

（1）盲人方阵。

①注意力、观察力的考察培养。

②信息的获取、传递、共享与反馈。

③改善沟通技巧，学习运用多种沟通方式交流。

④团队中的组织与协调。

（2）胜利大逃亡。

①培养决策和统筹意识。

②培养系统思考、计划、组织、协调能力。

③培养团结一致，密切配合战胜困难的团队精神。

④感受团队的力量，理解友谊和真情。

（3）团队总结。分享总结，共同提高。

分析点评

拓展训练对参训人员的重要意义在于：

（1）体验野外探险乐趣，领略大自然中各种各样的挑战与刺激。

（2）学习基本的野外探险技术和生存技巧。

（3）认识自身潜能，增强自身信心。

（4）克服心理惰性，磨炼战胜困难的毅力。

（5）调节身心状态，乐观面对工作与生活的挑战。

（6）认识群体的作用，增进集体的参与意识和责任心。

（7）改善人际关系，学习关心和更融洽地与他人合作。

注意事项

拓展训练所需注意的问题：

（1）将授课培训与户外体验式拓展训练相结合。室内授课时，学员所掌握的知识是员工成长的硬件；户外的体验式培训使员工互相团结成为共同奋斗的软件。将硬件和软件很好地结合在一起，才会达到良好的培训效果。

（2）注重户外拓展训练之后的回顾。拓展训练的关键就是要利用训练对队员的心灵冲击，让其体会到团队与企业的关系、个人与团队的关系、个人成长对企业的贡献。所以，培训师的回顾与分析是给队员一个重新体验的温习过程。这个回顾会让拓展培训给队员带来的感受在心中生根、发芽。

（3）注意培训后的及时反馈。培训后的调查反馈十分重要，只有让员工回忆起拓展训练的记忆，他才会不断地体会其中的道理。因此，要将员工在拓展培训的各种照片、片断、语言以各种形式反映出来，为员工找到可以用以学习利用的素材。这样，才能将这种训练所得的体会运用于工作中。

工具3： 团队建设培训法

内容概述

1.团队建设培训法包括的内容

（1）冒险性学习。该方法注重利用有组织的户外活动来开发团队协作和领导技能，也被称作野外培训或户外培训。最适合开发与团队效率有关的技能，如自我意识、问题解决、冲突管理和风险承担。

（2）团队培训。协调一起工作的单个人的绩效，从而实现共同目标。团队绩效的三要素包括知识、态度和行为。

（3）行为学习。给团队或工作小组一个实际工作中面临的问题，让他们制订出行为计划，并共同解决。

2.团队建设培训法的目的

（1）明确团队文化的价值，构建与时俱进的和谐团队观念。

（2）推动企业员工团队精神和团队意识的形成。

（3）掌握团队建设和团队修复的方法与技巧。

（4）能制订团队建设实施方案，并在自己所负责的团队内实施。

【实用范例】

某企业经历了几年的快速发展，取得了一定的成绩。但随后企业遇到成长的障碍，销售额不再上升，内部管理出现混乱，各个部门都不同程度地存在人浮于事的情况。企业高层管理者经过讨论，决定请某专业公司对企业的问题进行诊断，并找出解决的办法。

专业公司的培训师经过详细的调查研究，发现该企业各部门人员缺乏团队凝聚力，因人设岗现象非常严重，存在严重的部门本位主义，岗位分工不明确，基层员工广泛存在责任推诿、多干不如少干的思想。基于此，培训师精心设计了一次有关团队建设的培训。

企业项目联络员提前2天在内部局域网上通知所有中层和高层主管有关培训事项，包括时间、地点和注意事项，并在培训当天上午又电话通知一遍，强调培训时间是在下午2:00。

下午1:55，培训师和企业项目联络员布置好一切，结果却发现会场只来了2个人。

下午2:10，大约来了一半人，培训开始。

培训师花了很多时间强调团队是有共同目标、内部有分工，但又彼此高度信任、密切合作的一组人。

培训师让大家讨论工作中存在哪些不符合团队精神的案例，所有人都似蜻蜓点水一样地讨论，因为怕伤害同事关系。

最后人力资源部经理站出来说："我们公司比较强调团队精神，总的来说还是好的，但各部门在执行公司任务时，还是存在一定的推诿现象，害怕承担责任，也不能很好地配合其他部门的工作。"

会场上有的人低下头若有所思，也有人无奈地笑了笑。

随后，培训师讲述了相关的团队建设的知识和案例。接着，培训师热情邀请所有到场的人一起做一个精彩的团队建设游戏，共同感悟团队精神所在。

有人表现出热情，有人不置可否，更有人投来了怀疑的目光。

培训师请所有人站起来，到场地中间，分成两组，每组大概有10人。每组为一排，面对面站好。

培训师开始宣布规则："请所有人都伸出你的食指，并放在你胸前的位置。"

培训师请助理人员拿出一根铝制的单杠，大家面面相觑，不知道培训师要做什么。

培训师把单杠轻轻放在所有人的食指上说道："所有人的食指都必须轻轻托着单杠，不许用手勾，每个人的食指都不能离开单杠，然后把这根单杠放到膝盖的位置。如果有人手指离开单杠了就算违规，必须重新开始。规则介绍完毕，现在你们这两个小组假设是两个企业，你们在竞争，谁最快完成这个目标谁就是优胜者。"

这下好像炸了锅，会场一下子热闹起来，大家议论纷纷。

　　所有人都跃跃欲试，但很快发现如果所有人的食指都不能离开单杠，那这根"瘦弱"的单杠很容易就被抬起来，要把它放下来还真的非常困难。看似简单的游戏，却让这些企业的管理者一时束手无策。

　　经历了几次尝试，两个小组都以失败告终。大家开始热烈讨论。

　　有人很"聪明"，问培训师："可以两个人一起做吗，这样很容易。"培训师回答："不行，所有人都必须参加！"

　　所有人都议论纷纷，好像都有方法，但谁都没有站出来，一时间场面有些混乱。

　　其中的一个小组突然有人站出来大声说："大家保持安静，听我说，咱们要保持一致，听我口令，我喊1、2、3，所有人就开始慢慢往下放，好吗？"

　　大家精神一振，都说："行！快点吧。"

　　但是这根难以驯服的单杠并没有下来，虽然所有人都全神贯注，但是总是一头高，一头低，这边的人已经放下了，而另一边的人还在原地，单杠倾斜得厉害，于是有的人食指离开了单杠。

　　"停！有的人食指离开单杠了，重新开始！"培训师毫不客气，一次次把单杠重新归位。

　　有的人开始怀疑，抱怨道："这种游戏是不可能完成的，单杠太轻了！"

　　有的人开始指责别人："都是××的错，我每次都发现他那里下不去，你以后要注意点！"那位学员也毫不客气地回敬了他几句，所有人都把焦点集中在别人身上，好像都是别人犯的错。

　　于是他们又尝试了一次，这次培训师依然毫不客气地把犯规的学员给找了出来，令大家诧异的是这次最先犯错的竟然是刚才那位指责别人声音最大的仁兄，大家都笑了。培训师宣布游戏重新开始。

　　大家争论不休，怨气四起，场面有些失控。

　　培训师站出来，大声说："安静！安静！首先告诉大家，这个游戏是一定能够完成的，但是你必须想办法，时间还剩下15分钟。"

　　场面马上安静了不少，大家开始冷静下来。

　　其中一组有人说："问题的关键是我们都不要看别人怎么样，要注意自己的手指，不要总去指责别人！"

　　有人赞同，也有人怀疑，这时有人出来说："好吧，大家试验一下。大家都先不要急着往下放，而是先轻轻托着这个杠子，找准每个人的感觉，看着自己的手指，只要我们能托着它，就一定能把它放下。"

大家异口同声："行！快点开始吧。"

这时，这个组安静了，少了很多声音。但另外一个组还在争论，好像还出现了一个领导。

这个组的所有人都全神贯注，大家在感觉，每个人都各司其职，关注自己的手指，有的人看着有些紧张，但绝对看得出，大家都想完成这项工作，而且全身心投入。

其中一个大家选出的"领导"轻轻说："好，大家注意听我口令，1、2、3，下！"

所有人都开始轻轻往下放这根单杠，这一次单杠虽然摇摆了几下，但毕竟开始慢慢下降。

但还是有人犯规了，培训师这时显得有些不近人情，又一次宣布重新开始。

大家先是轻松地笑了笑，这次彼此并没有埋怨。"领导"鼓励那个犯规的人："没关系，我们这次已经比上次进步多了，下次一定更好！"

这个小组的成员经过多次的失败和尝试后终于获得了成功。

"成功！"培训师高声喊道。

这个小组一下子陷入了一种成功的喜悦，有的人高兴地大叫起来，有的人拍手表示祝贺，有的人互相握手表示鼓励，甚至有人相互拥抱。相互拥抱的竟然是先前那两个互相指责的人。

这时大家不约而同地把目光集中到另外一个小组上，他们也选出了一位领导，但不同的是，他们的领导是一位副总，而且他置身事外指挥。培训师没有说话，只是在默默地观察。

这位副总不断地发号施令，但是显然有些脱离实际，下面有人明显有不满情绪，都在小声嘀咕。

再次失败后，大家又是一片互相指责声，这次连这位副总也觉得有些地方不对，但又不知道该说什么，场面显得比较混乱。

就在这时，培训师突然宣布："游戏结束！优胜者已经产生！"

大家"呼"的一声回到了座位上，失败的小组每个人都显得非常沮丧。

接下来，培训师让大家讨论，为什么一个小组成功了，而另外一个小组失败了。

与游戏前的沉闷气氛相反，这次大家开始了热烈的讨论。

成功者把他们的成功归功于以下几条：

（1）一个英明的"领导"。团队在运作时，必须有一位身体力行的领导，制定团队的目标，选择可行的方法，鼓励、引导大家，发挥每个团队成员的能量。那个失败的小组也有领导，可是他置身事外，不能理解困难究竟在哪里，导致了指挥的脱离实际，团队成员也不满，无法以最快的速度达成目标。

（2）团队关系融洽。彼此信任、鼓励远比批评、指责更容易形成强有力的团队精神，更容易达成团队目标。

（3）关注自己的事。当企业出现了问题，大家通常比较容易找原因，而且大多感觉是别人犯的错，但不要忘记，那个喜欢指责别人犯错的学员，其实他自己却恰恰是最爱犯错的。

（4）有分工，但更重合作。每个成员都有分工，但是高效的团队更重视合作。在游戏中，如果有人不按要求去做，哪怕只有一个人犯错，整个团队的目标就不能实现，管理学中著名的"木桶原理"，说的就是这个道理。

（5）合理科学的方法。在失败中，成功的团队学到的是解决问题的方法，保证下次不会犯同样的错误，而失败的团队更多的是抱怨和指责。

（6）不断地超越自我。任何工作都不会一蹴而就，高效的团队必须有一种成功的欲望，但又要有勇气接受失败，要把失败作为一种动力。

失败的小组也谈了很多，最后那位副总站起来大声说："请再给我们一次机会，我要带领我的团队完成这个游戏，不！是这个目标！"

这次培训师没有拒绝，他大声宣布游戏开始。最终，先前失败的小组也获得了成功。

📓 分析点评

团队建设培训法有助于受训者分享各自的意见和经验，树立起对集体或团队的认同感，理解动态的人际关系，了解自己以及同事的优点和缺点。

⊃ **注意事项**

实施团队建设培训的时候需要一定的耐心，不能急于求成。只有让培训者不断地体会、讨论、吸取教训、总结经验，最终才能取得良好的培训效果。

工具 4：继任计划

● **内容概述**

1. 继任计划的概念

继任计划是公司确定关键岗位的后继人才，并对这些后继人才进行开发的整个过程。继任计划对于公司的持续发展有至关重要的意义，但凡有着优秀财务业绩而且长时间在竞争环境中独领风骚的公司，都有连续的领导人才储备以及完备的领导人才开发计划。有很多公司昙花一现，某个领导在位时，公司有着相当出色的业绩，这个领导退位之后，公司业绩迅速下滑甚至在市场上销声匿迹，这不排除公司治理结构方面的因素，但普遍的原因是公司缺乏领导岗位的继任计划。

继任计划不是某一时间段的事情，而是人才管理的持续过程。有效的继任计划，关键不仅是确认哪些人适合哪些职位，而且需要不断地识别和准备新的关键人才，让他们在未来的职位上获得成功，这就需要一个在理论上经过证实而且也由实践经验所支持的模型，这个模型就是价值驱动方法。

2. 价值驱动方法

价值驱动方法对继任计划有非常强大的支持。通过从与业绩表现有关联行为的角度来定义组织中的关键岗位，公司就能够创建一个在这些岗位上取得成功的模型。通过将员工与这个模型对比分析，公司可以确定个人和岗位匹配的程度。在确定了匹配程度之后，接着就能识别员工需要开发的技能或能力领域，并提供具体的可操作的建议。

继任计划的过程基于价值驱动方法。和传统的能力模型（胜任力模型或素质模型）不一样的是，价值驱动方法假定是所有员工都应该增加公司股东的价值，在根本上指出了个体高层管理人员如何为公司的业绩做出贡献。这个模型假定高层管理员工通过四个方面增加价值，它们就是价值驱动因素。

（1）设计战略发展方向。设计公司的战略发展方向并为公司取得竞争优势，包括建立公司的远景规划以及使员工的行为与企业的业务目标相一致。

（2）激励人才。激励公司的人力资本创造优异的业绩。激励人才反映了高层领导如何使用公司的人才，如何开发员工取得成功，如何让员工能应付业务的挑战。激励人才反映了创造股东价值时"使用人才"的一面。

（3）增加收入。增加收入这个价值驱动因素反映了高层领导如何驱动公司的销售业绩。

（4）进行业务运作。进行业务运作反映了高层领导如何进行成本控制，提高公司运营效率以增加公司的边际利润。

价值驱动因素方法使公司能够确认关键岗位上获得成功的重要要素，然后针对关键岗位的价值驱动模型，将高层管理人员进行对照测评，就可以发现人岗匹配程度。因为岗位价值驱动模型的基础是行为描述，因此，测评的结果就清晰地显现出管理人员的优点和缺点。价值驱动模型对于公司选择关键岗位继任者，进行领导力开发有非常重要的意义。在选择关键岗位继任者时，公司可以挑选那些与关键岗位有最大重合度的管理人员，在进行领导力开发的时候，公司可以针对管理人员和关键岗位价值驱动因素的重合度进行领导力开发项目的设计。

3. 继任计划工作流程

（1）相关文件审查和分析。包括对公司的战略和业务计划、目前的组织结构、最近相关的组织调整方案的审查。

（2）方案规划和启动会议。会议的目的是确定项目的范围、交付成果、时间限制、公司可以使用的资源，项目的成员。

（3）高层管理人员培训会（可选）。管理层对继任计划的支持和理解是继任计划设计的关键成功因素。在培训会议上，需要介绍继任计划的方法和测评流程，这对于获得管理层的支持，听取他们的关注点和意见特别有益。一般情况下会议的时间是 2 个小时。

（4）确定价值驱动因素的行为描述。这里的目的是确定价值驱动因素行为描述库，这个步骤将确定所有测评的基础，这个步骤需要 3 ~ 4 个人参加，公司总经理必须参加，人力资源部门的负责人也必须参加。

（5）确定岗位价值驱动模型。不同的岗位会有不同的价值驱动模型，公司必须确定高层领导岗位的价值驱动模型，基于第四步确定的公司价值驱动因素行为描述库，就可以对这些高层领导岗位创建相应的价值驱动模型。模型创建的过程将基于价值分类方法。分类的方式有很多，公司必须采取恰当的分类方式。基于岗位描述、业务计划、战略目标等相关文件，就可以对价值驱动模型进行全面的设计。

（6）证实和最终确定岗位价值驱动模型。可以采用焦点小组形式，小组的成员由每个岗位组的管理者组成。

（7）开发测评工具。这一步骤将设计测评问卷。测评问卷将基于特定的岗位设计。

（8）进行高层领导测评。测评流程将分为两个并行的工作程序：

①对现在的高层领导团队（他们被认为是合格的候选者）比照公司关键领导岗位的价值驱动模型进行测评。

②选择公司的关键员工，把他们比照相应的价值驱动模型进行测评。

两个工作程序都会采用设计好的价值驱动模型测评工具，然后总结多个评估者的评估结果。

（9）生成高层领导测评报告。每个高层管理人员和关键员工将会收到自己的测评报告，测评报告的内容为：

①单项得分。

②个人的价值驱动因素评估描述。

③个人的价值驱动因素评估描述与岗位的价值驱动模型之间的契合程度。

④个人的优点和弱点。

（10）综合报告。基于以上的结果，撰写总结报告包括以下内容：

①公司的领导力现状。

②公司领导力差距。

③公司高层管理的人才连续性。

（11）高层管理员工开发方案设计。在识别了公司关键岗位后继人才之后，针对他们个人的测评结果、他们将要继任的关键岗位的价值驱动模型、他们个人与关键岗位的匹配程度，公司必须设计出针对这些后继人才的开发方案，并在实际开发过程中进行不断反馈和调整。

继任计划是一个连续的过程，每个高层管理人员的管理生涯都是有限的，公司必须在关键领导岗位在任者管理生涯结束之前的相当一段时间，进行继任计划的工作，连续地准备后继领导人才，这样公司才能真正实现可持续发展。

⇨【实用范例】

上海贝尔·阿尔卡特（以下简称阿尔卡特）作为阿尔卡特朗讯在亚太地区的旗舰公司，是中国电信领域第一家引进外资的股份制企业，拥有丰富的国际资源。阿尔卡特在人力资源管理方面的特色之一就是实行了继任计划。

阿尔卡特认为，继任计划作为职业发展规划的重要组成部分，指的是通过建立系统化、规范化的流程来评估、培训和发展组织内部有潜力的职业经理人，创建内部优秀人才库，以获得当前和未来所需的核心能力。对企业而言，这个计划能确保其随时有一支优秀的后备队伍，确保管理层的连续性，并缩短填补职位空缺的周期，不断满足将来的业务需要。

在一些企业中，不少主管认为继任计划是很难操作的，尤其当这是以他们现有的职位为代价时，或多或少有抵触心理。这其实是对继任计划的误解。在阿尔卡特实行继任计划早期，也曾出现过这样的现象，后来公司采取了"无继任计划的管理者，一律不予提升"的方式，才彻底扭转了这种局面。

作为阿尔卡特的管理者之一，叶先生对此深有体会。2005年，阿尔卡特在巴黎的总部有一个职位空缺，希望叶先生能够过去任职。叶先生非常愿意前往，于是去和他的上司商量，但却被上司断然否决了。上司否决的关键理由是叶先生当时没有做继任计划，而叶先生手下的经理们都没有能力接替叶先生的职位。最后，上司直截了当地对叶先生说："很抱歉，我不能同意你离开。你走了，你现在的工作谁来负责？"就这样，因为没有继任者，叶先生丧失了一次很好的工作机会。

继任计划并非是身处上位的管理者的"催命符"，反而应该是他们的"敲门砖"。阿尔卡特坚信，一个只顾自己眼前得失，而不考虑企业整体发展的员工是无法为企业创造更高价值的。因此，想要在阿尔卡特得到晋升的机会，做好继任计划是必要前提。

阿尔卡特在建立继任计划时，对具体的过程做了简化，主要遵循以下五个步骤：

1. 调查继任人员需求

调查继任人员的需求需要有前瞻性的考量。阿尔卡特认为，如果对公司所有的岗位都做继任计划，这是非常不合理的。应当从行业的角度分析哪些岗位是不可或缺的，佐以观察市场上此类人才的供需状况以及企业内部后备人才资源概况。当然，继任者并非一定要从企业内部选拔，也可以从外部"空降"。内部选拔与外部空降各有其优劣，当内部选不到合适人员时，从外部招聘；当外部找不到时，采取内部选拔。

2. 评价继任人选

具体评价内容包括：候选人的表现、价值观、兴趣、潜力人际关系等，此外，领导力的评估也非常重要。

3. 敲定培训方向

培训的目的是推动组织的发展。企业培养的人才，应该是为企业自己服务的，如果企业培养出来的人最终都为了别人工作，那就变成了大学。因此，在培养的过程中要将企业的价值观放进去，形成一个系统化的培养模式，一旦有人被选出做继任者，就要按照既定的培养模式来执行。

4. 建立人才发展支持系统

由于继任者计划仅仅说明了一种培养的方向，并不代表一种晋升的事实，所以一系列的培养方案就很有必要，这时要设计一整套的方案，根据继任者的层级不同，由不同的级别来组织不同的课程或计划。这里的支持系统包括导师制度、教练制度以及其他一些培训方式。

5. 制定合理的退出机制

很多企业之所以不去做继任计划，一个很重要的原因在于，选定继任者之后，一旦发现不合格，要将其换下来很麻烦。因此，建立一个合理的退出机制非常必要。

首先，制定一个相对客观、公开、公平的接班人标准；因为客观与公开，所以被选入是有根据的，而一旦不合格被退出也是理所当然。其次，每年定期对继任人员进行评估也很重要。最后，一旦发现继任人选不再符合标准，或在规定的时间或范围内没有成长起来，就要请其退出。

最终，继任计划的实施为阿尔卡特培养了充实优质的人才梯队，增强了公司的竞争力。

分析点评

目前，越来越多的企业开始意识到，实施继任计划能够保持企业核心竞争力，有助于企业的长远发展。其实，阿尔卡特已经为其他企业做出了表率。因此，中国企业在现阶段必须未雨绸缪，积极在企业内部培养后备军，培养接班人，随时准备充实关键的岗位，从而保持强大持续的发展动力。

注意事项

公司在实施继任计划时，需要注意以下几点：切忌对每个重要的个人或者职位缺乏一个正规的书面形式的发展计划；切忌继任计划过于笼统，缺乏弹性，没有考虑个人的能力和需要；切忌正式提升等待时间过长；切忌把一些不合格或没有上进心的人列入继任名单。

工具5：职务轮换法

内容概述

1. 职务轮换的概念

职务轮换也称岗位轮换，是企业有计划地按照大体确定的期限，让员工或管理人员轮换担任若干种不同工作的做法，从而达到考察员工的适应性和开发员工多种能力的目的。

职务轮换是通过横向的交换，使管理人员或员工从事另一岗位工作，使他们在逐步学会多种工作技能的同时，增强其对工作间、部门间相互依赖关系的认识，并产生对组织活动的更广阔的视野。

在现代企业中，职务轮换法被推广应用到更大的范围，成为能力开发系统中的一项重要制度。当今的市场环境促使企业设计出更加灵活多样的战略，这需要更加灵活的组织结构。在传统的部门制组织结构中，职能部门的目标有时凌驾于企业的整体目标之上。日益激烈的市场竞争要求企业有更大的灵活性和内部协调性，打破由于职能部门的存在而形成的组织水平界限，使企业变成一个整体来运行。实行职务轮换是清除水平障碍，进一步开发员工能力的重要途径之一。

2. 职务轮换的作用

职务轮换除在能力开发方面的作用外，还对企业经营的发展具有很重要的作用。

（1）职务轮换可以促使企业的管理层形成一个团队，在复杂多变的市场竞争中创造出更加灵活的策略。

（2）职务轮换有助于提高部门运作效率。新的部门经理可以给部门带来新的思维和方法，部门经理到一个新部门，他也可以学到新的知识和技能，这样相互促进有利于提高部门的运作效率。

（3）职务轮换有助于打破部门横向间的隔阂和界限，为协调配合打好基础。部门间的本位主义往往来自于对其他部门的工作缺乏了解，以及部门之间人员缺乏交往接触。通过职务轮换，可消除这些弊端。

（4）职务轮换有助于员工认识自己的工作和其他部门工作的关联，从而理解自己工作的意义，提高工作积极性。

（5）职务轮换有助于企业从长期培养经营管理人才。

3. 职务轮换的类型

职务轮换，通常而言，主要有以下几种类型：

（1）培养"多面手"员工轮换。为了适应日益复杂的经营环境，企业都在设法建立"灵活反应"式的弹性组织结构，要求员工具有较宽的适应能力。当经营方向或业务内容发生转变时，能够迅速实现转移。于是，员工不能只满足于掌握单项专长，必须是"多面手""全能工"。所以，企业在日常情况下，必须有意识地安排员工轮换做不同的工作，开发其潜在能力，以取得多种技能，适应复杂多变的经营环境。

（2）新员工巡回轮换。新员工在就职训练结束后，根据最初的适应性考察被分配到不同部门工作。为了使员工在部门内尽早了解到工作全貌，同时也为了进一步进行适应性考察，不立即确定他们的工作岗位，而是让他们在各个工作岗位上轮流工作一定时期（一般一年左右），亲身体验各个不同岗位的工作情况，为以后工作中的协调配合打好基础。新员工每一岗位轮换结束时都有考评评语。通过岗位轮换，企业对新员工的适应性有了更清楚的了解，最后才确定他们的正式工作岗位。

（3）培养经营管理骨干轮换。从企业长远发展考虑，培养经营管理骨干的轮换是十分重要的。对于高层管理人员来说，应当具有对企业业务工作的全面了解和对全局性问题的分析判断能力。培养这种能力，必须使管理人员在不同部门间横向移动，开阔眼界，扩大知识面，并且与企业内各部门的同事有更广泛的交往接触。这种培养以班组长、科长、部门经理级干部为最多，轮换周期一般为 2 ~ 5 年不等。

在部门经理轮换的同时，为了保持员工情绪稳定，必须通过确立正确的观念和制度体系，在员工心中建立一个清晰而稳定的组织结构概念，这一概念不会因为部门经理轮换而产生模糊或误解。配合职位轮换树立企业一体的概念，在员工中强调一种跨部门协作的精神。为此，建立一套与职务轮换相配套制度体系是十分必要的：清晰而标准的工作说明、一套全行业通行的员工绩效评估标准体系、一套员工福利制度和报酬体系、一套培训开发计划等。这样，员工的绩效不会出现因为不同的上司而不同等问题。

4. 职务轮换的缺陷

在推行职务轮换的过程中，也存在一定的困难和阻力，这种方法如果使用不当，可能会给企业造成消极的影响。以下是职务轮换制度中可能出现的问题：

（1）对保持和继承长期积累的传统经验不利。实行职务轮换，部门原有的工作关系可能被打乱，易产生新的矛盾，可能使工作效率降低。

（2）对掌握某些复杂专业技术不利。某些专业部门需要较深的专业知识或特殊技能和多年经验，其他部门经理未必具有，因而可能使这类技术水平降低或停止发展。

（3）各部门经理原有的利益和权力有可能被削弱，有可能导致部门经理或者是动力不足或者是想其他的方法重新获得失去的权力。

（4）在对比效应的驱使下，部门经理可能会追求短期绩效而忽视长远发展。

（5）各部门可能有本位主义思想，不愿意放走得力骨干，等等。

⇨【实用范例】

摩托罗拉公司是世界财富百强企业之一，是全球芯片制造、电子通信的领导者。摩托罗拉公司普遍实行工作轮换制度，公司给员工提供各种机会，尽可能做到能上能下和民主决策，这样做不仅使更多的人得到了锻炼，更便于每个人发现最适合自己的工作岗位。

公司管理人员之间也采用轮换的方式进行培养，人力资源、行政、培训、采购等非生产部门的领导多数具备生产管理经验，不但有利于各部门更好地为生产服务，也有利于管理人员全面掌握公司的情况。

公司生产工人的前道工序和后道工序、装配工人和测试检验工人也经常进行岗位轮换，这样可以使员工成为多面手。

公司在调整某些部门的年龄构成或职工出现不能适应工作的情况时，也采用职务轮换的方式。在摩托罗拉公司，每年都有相当数量的职工被宣布进行横向流动，这已成为其员工管理的普遍现象。

分析点评

摩托罗拉公司实行的岗位轮换制在企业经营中起到了很重要的作用。首先，岗位轮换制有助于打破部门横向间的隔阂和界限，为协作配合打好基础。其次，轮换有助于员工认清本职工作与其他部门工作的关系，从而理解本职工作的意义，提高工作积极性。

➜ 注意事项

职务轮换只是一种手段，促使部门经理为了企业共同目标而努力工作。所以，必须使每个部门经理了解企业的战略安排和计划，达成共识。同时，在制度上要加以配合支持，例如，部门经理的绩效综合考评制度与企业的整体利益相联系的红利分配制度的建立。各部门经理可以参与企业的战略规划和策略设计工作，以培养他们成为未来的高层领导人。

在部门经理实行轮换制度时，还应该建立员工对上司绩效的评估机制，使上层领导也可以对部门经理有一个全面的了解。对于新轮换到岗的管理者来说，他们可能会面临许多新的问题，如新的环境、新的下属、新的工作内容，甚至新的运行机制以及上一任管理者某些决策的滞后效应，都可以使得原有自上而下的对管理者的绩效评估失真。建立员工对上司绩效的评估机制可以使公司高层掌握大量一手资料，有助于对新轮换到岗的管理者绩效做出符合实际的评估，从而保证轮换制度的顺利进行。

工具 6：敏感训练法

● 内容概述

1. 敏感训练法的概念

敏感训练是一种训练行为的方法。敏感训练也叫实验室训练，由利兰·布雷福特发明，它是通过集体内的互相作用而改变行为的方法。其目的是试图使参加者通过互相帮助，提高自我的认识能力和体会别人、认识别人、分析别人的能力。通过训练解决员工自己在工作中的问题，并促进组织变革。它通过受训者在团体学习环境中的互相影响，来提高受训练者对自己的感情和情绪，自己在团体中的地位，自己同其他人的互相影响关系的敏感性，以达到改变个人和团体行为，提高工作效率和使个人需要得到满足的目的。

2. 敏感训练法的类型

（1）陌生人实验法。成员来自四面八方，彼此互不认识，并且在训练结束后也不会有任何工作上的关系。该法强调增进自我的知觉及对他人的知觉。

（2）堂兄弟实验法。成员可能来自同一组织，但彼此没有直接的工作关系。该法重视了解群体内行为与群体间的行为以及人际关系的知觉。

（3）家庭实验法。成员来自同一组织，并且彼此具有上、下层的工作关系。该法重视建立一个具有团队精神、运作有效的群体。

（4）群聚实验法。成员组成与堂兄弟实验法相似，来自同一组织，但他们可分为几个具有直接工作关系的小组。

3. 敏感训练的主要作用

（1）可以增加对别人的坦率性。

（2）对别人的需求给予更多的关心。

（3）增强对个人之间差异的容忍力。

（4）减少种族偏见。

（5）提高对团体的理解和意识。

（6）增强听取别人意见的能力。

（7）对恰当行为的复杂性有较准确的估计。

（8）建立更好的实现个人行为的标准。

4. 敏感训练法的特点

（1）无严密组织、无主席、无议题、无议程。

（2）非定型的自由交谈，对有关现场的，即所谓"此时此地"所发生的事情进行对话活动。

（3）训练员仅从旁协作，为学习过程提供方便，其使命是观察、记录、解释、诱导，扮演一种不引人注目的领导角色。

5. 敏感训练法的实施步骤

在正式训练前，有以下几项准备工作：确立训练目标、设立训练实验室、编制日程表、聘请训练指导员，之后正式实施的活动分为以下四个阶段：

（1）开始阶段。学员在没有领导者及正式议程的安排下，开始进行互动，训练员仅作开场白，并不讲其他的话，让学员围成圆圈进行交谈。

（2）训练阶段。训练员在大家讨论的过程中，以一种非权威的态度介入，并导引讨论的方向。也就是说，从无组织的主题团体逐渐转成有组织的团体，并且由自然产生的领导者带领大家一起讨论。

（3）人际关系发展阶段。在经过相当的一段时间后，由于学员彼此较为熟悉，即把原来防卫、固守的态度和价值予以舍弃，以开始了解自我、他人，并发展出一种坦然相对、本性流露、积极互动的群体关系。

（4）建立团体精神与产生共同结论阶段。在大家逐渐形成共识之后，学员强化了自己与他人的能力和相处的知觉，因而达成训练的目标。

⇨【实用范例】

培训为新龙公司设计的敏感性训练课程：

游戏一：传人

人员：17人

过程：16个培训学员分两列队，面对面站立，左右间隔半步的距离。还有一个人躺平，然后大家齐心协力把这个人举起来，从队首传到队尾，依此类推再传下一个人。

游戏：在游戏过程中可以发现，有的人可以很轻松地传过去，有的人却很难传。当被传的人体态成"V"字形时，是最难传的。

讨论：这个游戏主要靠的是大家相互之间的信任，不仅是那个被抬的人，那些在下面传的人也要有秩序，信任前面传的人。通过这个游戏可以增强培训者之间的信任。

游戏二：三大步

人员：10人

过程：10个培训学员围成一圈，手搭在旁边人的肩膀上，当培训师喊一声"GO"，所有人就往前尽量大地跨一步，连续三步。

游戏：第一步的时候还好，从第二步开始，就有人被挤倒了，第三步的时候，几乎所有人都保持不了平衡。

讨论：这个游戏可以培养新进员工之间的亲近感，通过一定的身体接触，在心理上的距离也可以拉近一步。但是从跨第三步可以看出，员工之间还是需要保持一定距离的，物极必反，过于靠近的距离，反而会产生排斥。

分析点评

敏感训练法适用于组织发展训练、晋升前的人际关系训练、中青年管理人员的人格训练、新进人员的集体组织训练等。目前，许多大型跨国公司都采用这种培训方法，以促进员工之间的了解和融洽。

➡ 注意事项

在使用敏感训练法的时候需要注意：训练一开始往往呈现一种使受训人员不知所措的局面。这时，有的可能不耐烦，有的充满疑虑，有的思索，有的提议指定一个主席……这就需要培训师对培训员工进行必要的引导，让他们逐渐地展开讨论，酝酿问题，交换意见，逐渐促成彼此间的认识和了解。

工具7：角色扮演法

➡ 内容概述

1. 角色扮演法的概念

角色扮演是一种情景模拟活动。所谓情景模拟，就是指根据被试者可能担任的职务，编制一套与该职务实际相似的测试项目，将被试者安排在模拟的、逼真的工作环境中，要求被试者处理可能出现的各种问题，用多种方法来测评其心理素质、潜在能力的一系列方法。情景模拟假设解决方法往往有一种以上，其中角色扮演法是一种情景模拟活动应用得比较广泛的方法，其测评主要是针对被试者明显的行为以及实际的操作，另外还包括两个以上的人之间相互影响的作用。

总而言之，角色扮演法即要求被试者扮演一个特定的管理角色，来观察被试者的多种表现，了解其心理素质和潜在能力的一种测评方法。通过情景模拟，要求其扮演指定行为角色，并对行为表现进行评定和反馈，以此来帮助其发展和提高行为技能最有效的一种培训方法。

2. 角色扮演法的功能

角色扮演法是开发行为能力的一个手段，可以让受训者尽快了解所有状况，并积极参与到培训当中，可以得到很好效果的培训手段。该方法具有两大功能：测评功能和培训功能。

（1）测评的功能。通过角色扮演法可以在情景模拟中，对受试者的行为进行评价，测评其心理素质以及各种潜在能力。可以测出受试者的性格、气质、兴趣爱好等心理素质，也可测出受试者的社会判断能力、决策能力、领导能力等各种潜在能力。

（2）培训的功能。在日常工作中，每个人都有其特定的工作角色，但是，从培养管理者的角度来看，需要人的角色的多样化，而又不可能满足角色实践的要求。因此，在培训条件下，进行角色实践可以达到较好的效果。同时，通过角色培训还可以发现行为上存在的问题，及时对行为做出有效的修正。

换句话说，角色扮演法是在培训情景下给予受训者角色实践的机会，使受训者在真实的情景模拟中体验某种行为的具体实践，帮助他们了解自己，改进提高。通常，角色扮演法适用领导行为培训（管理行为、职位培训、工作绩效培训等）、会议成效培训（如何开会、会议讨论、会议主持等）等。此外，还应用于培训某些可操作的能力素质，如推销员业务培训，谈判技巧培训等。

3. 角色扮演法的原理

通常两名及以上人员参加，给予他们一定的角色，模拟现实场景，通过按照各自角色表演的过程，理解"对方的作用"和"对方希望的自己的作用"，从而提高适合自己的能力，改变态度的培训训练技巧。

表演结束后作情况汇报，扮演者、观察者和教师共同对整个情况进行讨论。角色扮演给学员提供了一个机会，在一个逼真而没有实际风险的环境中去体验、练习各种技能，而且能够得到及时的反馈。

4. 角色扮演法的操作步骤

（1）进行充分的准备工作。

①事先要做好周密的计划，每个细节都要设计好，不要忙中出错，或乱中出错。

②助手事先训练好，讲什么话、做什么反应，都要规范化，在每个被试者面前要做到基本统一。

③编制好评分标准，主要看其心理素质和实际能力，而不要看其扮演的角色像不像，是不是有演戏的能力。

（2）实施评估。角色扮演的评估，其实就是一个收集信息、汇总信息、分析信息，最后确定被试者的心理素质和潜在能力的过程。

①观察行为。每一位主试要仔细观察，及时记录一位或两位被试者的行为，记录语气要客观，记录的内容要详细，不要进行不成熟的评论，主要进行客观的观察。

②归纳行为。观察以后，主试要马上整理观察后的行为结果，并把它归纳为角色扮演设计的目标要素之中，如果有些行为和要素没有关系，就应该剔除。

③为行为打分。对要素有关的所有行为进行观察，归纳以后，根据规定的标准答案对要素进行打分。

④写出报告。给行为打分以后，每一位主试对所有的信息都应该汇总，形成报告，然后才考虑下一位参加者。每位主试要宣读事先写好的报告，报告是对被试者在测评中的行为做的简单介绍。作报告时其他主试可以提出问题进行讨论。

⑤重新评分。当每一位主试都报告完毕，大家进行了初步讨论以后，每位主试可以根据讨论的内容，评分的客观标准以及自己观察到的行为，重新给被试者打分。

⑥初步要素评分。等第一位主试独立重新评分以后，然后把所有主试的评分进行简单的平均，确定被试者的得分。

⑦制定要素评分表。一般角色扮演评价的内容分为以下四个部分：

a. 角色的把握程度。被试者是否能迅速地判断形势并进入角色情境，按照角色规范的要求采取相应的对策行为。

b. 角色的行为表现。包括被试者在角色扮演中所表现出的行为风格、价值观、人际倾向、口头表达能力、思维敏捷性、对突发事件的应变性等。

c. 角色的衣着。仪表与言谈举止是否符合角色及当时的情境要求。

d. 其他内容。包括缓和气氛化解矛盾的技巧、达到目的的程度、行为策略的正确性、行为优化程度、情绪控制能力、人际关系技能等。

⑧主试讨论。根据上述内容，主试进行一次讨论，针对每一种要素的评分发表意见。

⑨总体评分。通过讨论以后，第一位主试在独立地给该被试者评出一个总体得分，然后公布结果，由小组讨论，直到达成一致的意见，这个得分就是该被试者在情景模拟的总得分。

⇨【实用范例】

下面这个案例是从测评角度进行的角色扮演法操作。

1.10分钟角色扮演实例

指导语：你将与其他两个人共同合作，而且你们三个角色的行为是相互影响的。请快速阅读关于你所学角色的描述，然后认真考虑你怎样扮演那个角色。进入角色前，请不要和其他两个被试者讨论即席表演的事情。请运用想象使表演持续10分钟。

（1）图书直销员（角色一）。你是一个大三的学生，你想多赚点钱养活自己。这个月内你要尽可能多地卖出手头的图书，否则你将发生"经济危机"。你刚才在办公室推销，办公室主任任凭你怎样介绍书的内容，都不肯买。现在你走进了人事部。

（2）人事部主管（角色二）。你是人事部的主管，刚才你已注意到一位年轻人似乎正在隔壁的办公室推销书籍，你现在正急于拟订一个人事考核计划，需要参考有关资料。你想买一些参考资料，但又怕上当受骗，你知道办公室主任走过来了。你一直非常忌讳别人说你没有主见。

（3）办公室主任（角色三）。你认为推销书的大学生不安心读书，想利用推销书的办法多赚到一点钱，以使自己的生活过得好一点。推销书的人总是想说服别人买他的书，而根本不考虑买书人的意愿与实际用途，因此，你对大学生的推销行为感到恼火。你现在注意到这位大学生马上会利用你的同事想买书的心理。你决定去人事部阻挠那个推销员，但你又意识到你的行为过于明显会使人事部主管不高兴，认为你的好意是多余的，并让他产生无能的感觉。

2. 角色扮演要点参考（仅供评分人参考）

（1）角色一应该：

①避免办公室情形的再度发生，注意强求意识不要太浓。

②对人事部主管尽量诚恳有礼貌。

③要防止办公室主任的不良干扰。

（2）角色二应该：

①尽量检查鉴别书的内容与适合性。

②尽量在办公室主任说话劝阻前做出决定。

③办公室主任一旦开口，你又想买则应表明你的观点，说该书不适合办公室是正确的，但对你还是有用的。

（3）角色三应该：

①装作不是故意来捣乱为难大学生的。

②委婉表明你的意见。

③注意不要使大学生与人事部主管恼怒。

分析点评

由上面的案例可以看出，角色扮演法是一种难度很高的培训和测评方法。要想达到理想的培训和测评效果就必须进行严格的情景模拟设计，同时，保证角色扮演全过程的有效控制，以纠正随时可能产生的问题。

注意事项

角色扮演法存在一些不足之处，在实际运用过程中应该加以注意。通常而言，需要注意以下几方面的问题：

（1）如果没有精湛的设计能力，在设计上可能会出现简单化、表面化和虚假人工化等现象。这无疑会对培训效果造成直接影响，使受训者得不到真正的角色锻炼能力提高的机会。同样地，在设计测评受试者角色扮演场景时，由于设计不合理，设计的场景与测评的内容不符，就会使受试者摸不着头脑，更谈不上测出受试者的能力水平来。

（2）一种情况是有时受训者由于自身的特点不乐意接受角色扮演的培训形式，但又没有明确地拒绝，其结果是在培训中不能充分地表现出他们自己。而另一种情况是受训者的参与意识不强，角色表现漫不经心，这些都会影响培训的效果。在测评的过程中，由于受试者参与意识不强，没有完全进入角色，就不能测出受试者的真实情况。

（3）对某些人来说，在接受角色培训时，表现出刻板的模仿行为和模式化行为，而不是反映他们自身的特征。这样，他们的角色扮演就如同演戏一样，偏离了培训的基本内涵。在测评受试者角色扮演中，如果受试者表现得呆板或行为模式化，测评就失去了意义。

工具8：案例研究法

内容概述

1. 案例研究法的概念

案例研究法是被广泛采用的一种企业管理人员培训的方法。该方法主要是通过向管理人员提供关于组织问题的书面描述，让他们分析和评价案例，然后要求他们提出解决问题的办法。

2. 案例研究法的起源

案例研究法创始于美国哈佛大学法学院。1870年，兰德尔出任哈佛大学法学院院长时，法律教育正面临巨大的压力：传统的教学法受到全面反对，同时法律文献急剧增长。法律文献的增长首先是因为法律本身具有发展性，其次是因为承认判例为法律的渊源。兰德尔认为："法律条文的意义在几个世纪以来的案例中得以扩展，这种发展大体上可以通过一系列的案例来追寻。"由此拉开了案例研究法的序幕。

哈佛大学洛厄尔教授在哈佛创建商学院时建议，向最成功的职业学院——法学院学习案例研究法。1908 年案例研究法在哈佛商学院开始被引入商业教育领域。由于商业领域严重缺乏可用的案例，哈佛商学院最初仅借鉴了法律教育中的案例研究法，在商业法课程中使用案例研究法。由此，人们开始针对性地研究和收集商业案例。

3. 案例研究的原则

（1）典型性原则。一个好的案例，应该能以小见大，反映出某一类事物的基本共性，有较强的研讨价值，可以从正反两方面吸取经验教训。

（2）真实性原则。一个好的案例，虽然有较强的可读性（有点像小说、故事），但它不同于一般的文学作品。案例所描述的应该是已经发生的事实，不能虚构。当然，在细节上也可以做必要的文字加工和整理。

（3）个性化原则。案例所描述的事件要有一定的特性。一个好的案例往往反映的是人们所忽视的东西，或者是人们没有预见到的情景。情节曲折有趣，但主题要十分鲜明。

（4）启发性原则。一个好的案例所描述的事件，要有一定的冲突，使人产生认知上的不平衡，由此引发人们深思，甚至引起研讨和争论。

（5）创造性原则。案例所反映的问题，要符合形势发展的要求。同时，要注意用新的思考方法、新的观点去分析研究，以得出新的结论或发现新的规律。也可以从案例分析中提出新的问题，或者提出独特的见解，以供大家展开研讨，这种案例就具有创造性。

（6）理论联系实际原则。理论和实际是辩证统一的，案例就要体现出这一点。一个好的案例，描述的是一个实践的过程，但反映的却是理性的问题。因此，描述与分析点评应该是案例的两个不可分割的重要内容。

4. 案例研究法的实施步骤

（1）案例研究设计。

①研究的问题。所进行的研究要回答的问题反映了案例研究的目的。研

究者通过搜集整理数据能得到指向这些问题的证据，并最终为案例研究做出结论。通过对以前相关研究资料的审查，提炼出更有意义和更具洞察力的问题。

②研究者的主张。研究者的主张引导研究进行的线索，它可以来自现存的理论或假设。无论是建立新的理论还是对现存的理论进行检验，主张的提出都必不可少。

③分析单位。分析单位可以是个人，或是事件或一个实体，如非正式组织、企业、班组等。有时候，可以有主要的分析单位和嵌入的分析单位。

④连接数据及命题的逻辑。为了把数据与理论假设联系起来，在设计研究阶段就必须对理论主张进行明确的表述。

⑤解释研究发现的准则。对于分析的结果，研究者可以针对研究的命题提出一个解释，来响应原来的理论命题。

⑥研究案例数量的选择（单个还是多个）。在以下情况下可以采用单个案例研究：成熟理论的关键性案例、极端或是独特的案例、揭露式案例。

（2）选择案例。案例选择的标准与研究的对象和研究要回答的问题有关，它确定了什么样的属性能为案例研究带来有意义的数据。案例研究可以使用一个案例或包含多个案例。应认为单个案例研究可以用做确认或挑战一个理论，也可以用做提出一个独特的或极端的案例。多案例研究的特点在于它包括了两个分析阶段——案例内分析和交叉案例分析。前者是把每一个案例看成独立的整体进行全面的分析；后者是在前者的基础上对所有的案例进行统一的抽象和归纳，进而得出更精辟的描述和更有力的解释。

（3）收集数据。案例研究的数据来源包括6种：

①文件。

②档案记录。与文件证据不同，这些档案记录的有用性将会因不同的案例研究而有所差异。

③访谈。访谈可以采用数种形式，其中最常见的类型是开放式、焦点式和正式的问卷调查。

④直接观察。

⑤参与观察。

⑥实体的人造物。实体的或是文化的人造物是最后一种证据来源。

（4）分析资料。资料分析包含检视、分类、列表或是用其他方法重组证据，以探寻研究初始的命题。在分析资料之前，研究者需要确定自己的分析策略，也就是要先了解要分析什么以及为什么要分析的这个优先级。具体所使用的分析策略有两种情况：

①依赖理论的命题。案例研究一开始可能就以所确定的命题为基础，而命题则反映了一组研究问题、新的观点和文献回顾的结果。由于资料的收集计划应该是根据命题所拟定的，因此命题可能已经指出了相关分析策略的优先级。

②发展个案的描述。这个策略没有理论命题的策略好，但是当理论命题不存在时，是个可以采用的替代方法。

（5）撰写报告。案例研究成果的表述形式具有很大灵活性，并不存在标准或统一的报告格式。但在社会科学研究领域，常常会使用与案例研究过程相匹配的格式，从而将案例研究报告分为几个相对独立的部分：

①背景描述。

②特定问题、现象的描述和分析。

③分析与讨论。

④小结与建议。

5. 案例研究设计质量的指标

（1）建构效度。对所研究的概念形成一套正确的、可操作性的测量。在案例研究中，采用多元的证据来源，形成证据链，要求证据的提供者对案例研究报告草案进行检查、核实。该策略所使用的阶段分别为资料收集、撰写报告。

（2）内在效度。内在效度仅用于解释性或因果性案例研究，不能用于描述性、探索性研究。从各种纷乱的假象中找出因果联系，即证明某一特定的条件将引起另一特定的结果。案例研究策略为进行模式匹配，尝试进行某种解释，分析与之相对立的竞争性解释，使用力多逻辑模型。该策略用于证据分析阶段。

（3）外在效度。建立一个范畴，把研究结果归纳于该类项下。案例研究策略为用理论指导单案例研究，通过重复、复制的方法进行多案例研究。该策略用于研究设计阶段。

（4）信度。表明案例研究的每一步骤，如资料的收集过程都具有可重复性，并且如果重复这一研究，就能得到相同的结果。案例研究策略为采用案例研究草案，建立案例研究数据库。该策略用于资料收集。

⇨【实用范例】

案例研究法为哈佛大学首创，具体的操作方式如下：

（1）由哈佛大学的教授负责整理筛选真实公司的案例，并收集和补充案例的相关资料，然后印发给学生。

（2）学生在课下阅读材料和参考资料。教授在课堂上不讲课，只简单介绍情况，主要让学生对案例进行分析，并发言讨论。在讨论案例的过程中，该案例实际发生的公司也派代表参加，并参与讨论。这样做可以达到三个目的：一是介绍本公司情况，等于为本公司做宣传，扩大影响；二是从学生中发现、了解人才，为本公司物色有才干的管理人员；三是从讨论中吸取一些有用的意见，参加的代表本身也进行了学习。

（3）教授对学生发言的见解、风度、能力等进行计分考核。

哈佛大学的学生在两年学习期间，大约要讨论1000个案例。这种案例研究法在教学中的大量运用，大大地提高了哈佛学生分析问题、解决问题的能力。

分析点评

案例研究法虽然最初运用于学校的教育活动，但后来被广泛地运用于企业管理人员（特别是中层管理人员）的培训。通过这一培训过程，受训的管理人员不仅能真实体验确定和分析复杂问题的情景，还可使受训者了解到解决问题的多种方法。

注意事项

运用案例研究法时，案例的准备需要时间比较长，且对培训师和学员的要求都比较高，案例的来源往往不能满足培训的需要，这需要应用者认真准备，全面把握。

工具9：演示培训法

内容概述

1. 演示培训法的概念

演示培训法是指受训者处于被动的信息接受者地位的一种培训方式。演示法包括传统的课堂讲解法、远程学习法以及视听技术学习法。这些方法对于向员工展示新事物、传递新信息、宣传不同的理念以及传授不同的问题解决方法或程序等目的来说是非常理想的。

2. 演示培训法分类

（1）课堂讲解。课堂讲解一般是指培训者向受训者进行课堂讲授，在讲授过程中常常辅以工具演示、问答、讨论或者案例研究等传授形式。课堂讲解是一种最为常用的培训方法，是一种能够以最低的成本、最少的时间耗费向大量的受训者提供某种专题信息的方法。

（2）录像。录像是最常用的培训方法之一，被广泛运用于提高员工的沟通技能、面谈技能、客户服务技能等方面，同时也被运用于描绘如何完成某些工作程序方面。录像却很少被单独使用，它常常和课堂讲授结合在一起使用的，以便向受训者展示实例。

在培训的过程中使用录像有许多优点：

①培训者可以重放、慢放或加快课程的进度，这就赋予了培训者以根据受训者的经验水平调整课程安排的灵活性。

②受训者会得到具有一致性的指导。

③可以让受训者直接感受到比如设备故障、不满的顾客以及一些紧急事件等。

④通过将受训者的反应录制下来，还可以使他们能够在无须培训人员解释的情况下观看自己的现场表现。这样，受训者就无法将业绩表现不佳

归咎于外部评价者，比如培训者和同事的偏见。

（3）远程学习。远程学习通常被那些在地域上较为分散的企业用来向员工提供关于新产品、公司政策或程序、技能培训以及专家讲座等方面的信息。远程学习是参与培训项目的受训者同时进行学习的一种培训方式，在这种培训方式下，受训者可以与位于其他地点的培训人员以及其他受训者进行双向沟通。远程学习包括电子会议、电视会议以及电子文件会议（它使得雇员们可以通过计算机在同一份共享的文件中进行合作）。远程学习还包括利用独立的个人电脑进行培训。培训课程的材料以及讲解可以通过互联网或者一张可读光盘来分发给受训者。受训者和培训人员可以利用电子邮件、电子留言板或者电子会议系统进行交互式联系。

远程学习的好处之一在于企业可以因此节约一大笔差旅费，它还为分散在不同地点的员工获得专家的培训提供了机会，因为如果不是这种培训方式，这些专家一般是不会到每个地方去做巡回讲授的。

远程学习的最大缺点在于它会导致培训者和受训者之间缺乏互动，这也恰恰说明了受训的雇员和培训者之间的沟通是十分重要的。此外，在远程学习的情况下，还需要一些现场的指导人员或协调人员来回答一些问题，并且调整提问和回答的阶段性安排。

⇨【实用范例】

刘老师在企业给员工培训的时候会经常用到演示法。一次，刘老师在讲授企业信用风险管理的课程中，选用了一只鞋子做培训工具。他认为如果从正面来强调企业信用风险管理的重要意义则不易被学员接受，而运用培训工具做演示则效果完全不同。于是，在授课的时候刘老师举起一只鞋子，学员都感觉非常奇怪。这时刘老师提问：我手上举起的是什么？学员更感到奇怪了，都纷纷问答说是鞋子啊。接着刘老师继续提问：鞋子是做什么用的？这时学员开始感觉可笑了，用这样简单的问题来提问，真没水平。就在学员都感到疑惑的时候，刘老师又讲道：我们每个人都知道要穿鞋子，目的是预防脚被冻伤、被刺伤，这是最简单的预防事故的做法，但我们为什么就不愿为企业也穿上一双预防信用风险的"鞋子"呢？难道企业的财产不比我们的鞋子重要吗？学员们听到这里恍然大悟，在领悟了企业信用风险管理的重要性之余，不由得赞叹刘老师高超的授课艺术。

✎ 分析点评

演示培训法是员工培训过程中运用最广泛的方法之一。该方法的优点主要有以下几点：

（1）有助于激发受训者的学习兴趣。

（2）可利用多种器官，做到看、听、想、问等相互结合。

（3）有利于获得感性知识，加深对所学内容的印象。

➡ 注意事项

在使用演示培训法的时候应注意以下两点：

（1）明确演示培训法的适用范围。在培训过程中，应充分利用好各种培训资源，多种培训方法并举，这样才能取得最大的教学效应。这就要求培训师能处理好各种资源，利用好培训方法。

（2）要调动学员的积极性，使学员进入角色。演示培训法开始要引发问题，创设问题情境，启动学员的思维。有些培训师在使用演示法的时候往往忽视引发问题的重要性，结果培训的效果并不理想。

第六章　绩效考核工具

工具 1：360 度反馈评价法

内容概述

1. 360 度反馈评价法的概念

360 度反馈评价，在国内也被称为 360 度考核。传统的绩效评价主要由被评价者的上级对其进行评价，而 360 度反馈评价则由与被评价者有密切关系的人，包括被评价者的上级、同事、下属和客户等，分别匿名对被评价者进行评价，被评价者也对自己进行评价。然后，由专业人员根据有关人员对被评价者的评价对比被评价者的自我评价，向被评价者提供反馈，以帮助被评价者提高其能力水平和业绩。作为一种新的业绩改进方法，360 度反馈评价得到了广泛的应用。世界 500 强所有的企业都已经采用了这种评价方法。

2. 360 度反馈评价目的

360 度反馈评价的主要目的应该是服务于员工的发展，而不是对员工进行行政管理，如提升、工资确定或绩效考核等。实践证明，当用于不同目的时，同一评价者对同一被评价者的评价会不一样；反过来，同样的被评价者对于同样的评价结果也会有不同的反应。当360度反馈评价的主要目的是服务于员工的发展时，评价者所做出的评价会更客观和公正，被评价者也更愿意接受评价的结果。当360度反馈评价的主要目的是进行行政管理，服务于员工的提升、工资确定等时，评价者就会考虑个人利益得失，所做的评价相对来说难以客观公正，而被评价者也就会怀疑评价者评价的准确性和公正性。因此，当公司把360度反馈评价用于对员工的行政管理时，一方面，可能会使得评价结果不可靠，甚至不如仅仅由被评价者的上级进行评价；另一方面，被评价者很有可能会质疑评价结果，造成公司人际关系紧张。把360度反馈评价用于员工的发展，还是用于对员工的行政管理，取决于公司的高层管理人员。但是从最终效用的角度来说，应该尽量把360度反馈评价用于员工的发展。尤其是当把360度反馈评价用于管理人员的发展时，其投资收益比是相当可观的。

当然，这并不是说不能把360度反馈评价用于对员工的行政管理。而是说这样做的时候，一定要注意事先向员工如实讲清楚。不要在开始评价的时候告诉员工评价结果将用于员工的发展，在评价过程中或者评价之后再告诉员工评价结果将用于对员工的行政管理，否则就会使员工对管理层的信任大打折扣。

同时，要调查了解公司内部员工之间的信任程度。如果公司内部员工的互相信任程度比较低，最好不要引进360度反馈评价对个体员工进行评价。也许公司可以考虑引进360度反馈评价对公司的组织文化进行评价，以帮助提高内部员工的信任程度。

3. 360度反馈评价的问卷设计

360度反馈评价通常采用问卷法。问卷的形式分为两种，一种是给评价者提供5分等级或者7分等级的量表（等级量表），让评价者选择相应的分值；另一种是让评价者写出自己的评价意见（开放式问题），二者也可以综合采用。从问卷的内容来看，可以是与被评价者的工作情景密切相关的行为，也可以是比较共性的行为，或者二者的综合。

现在，市场上常见的360度反馈评价问卷都采用等级量表的形式，有的同时包括开放式问题。问卷的内容一般都是比较共性的行为。采用这种问卷进行 360 度反馈评价有两个优点。

第一，成本比较低。美国 CCL 公司提供的 360 度反馈评价问卷，包括 1 份自评问卷和 11 份他评问卷，其价格大约为 200 美元。国内的一些公司也提供专业的 360 度反馈评价问卷和配套的软件，其价位也不是很高。

第二，实施起来比较容易。采用现有的 360 度反馈评价问卷，公司所需要做的事情就是购买问卷，发放问卷，然后将问卷交给供应商统计处理，或者按照供应商提供的方法进行统计处理即可。

但是，这种方法也有其不足，最主要的一点就是问卷内容都是共性的行为，与公司的战略目标、公司文化、具体职位的工作情景结合并不是非常紧密，加大了结果解释和运用的难度，会降低 360 度反馈评价的效果。

因此，一些公司开始编制自己的 360 度反馈评价问卷。采用这种方法要求人力资源工作者能分析拟评价职位的工作，抽取典型的工作行为，编制评价问卷，对评价结果进行统计处理，并向被评价者和评价者提供反馈。采用这种方法所编制的问卷，能确保所评价的内容与公司的战略目标、公司文化以及具体职位的工作情景密切相关，使得评价结果能更好地为公司服务。但是，这种方法对人力资源部门的技能要求比较高，同时其成本也要比购买成熟的问卷高。

在实际工作中，越来越多的公司开始采用折中的方案，即先从外部购买成熟的问卷，然后由评价者、被评价者和人力资源工作者共同组成专家小组，判断问卷中所包括的行为与拟评价职位的关联程度，保留关联程度比较高的行为；然后再根据对职位的分析，增加一些必要的与工作情景密切相关的行为。采用这种方式，既能降低成本，同时也能保证问卷所包括的行为与拟评价职位具有较高的关联性。

4. 结果反馈

虽然评价是 360 度反馈评价中的重要一环，但是 360 度反馈评价最后能不能改善被评价者的业绩，在很大程度上取决于评价结果的反馈。评价结果的反馈应该是一个双向的反馈。一方面，应该就评价的准确性、公正性向评价者提供反馈，指出他们在评价过程中所犯的错误，以帮助他们提高评价技能；另一方面，应该向被评价者提供反馈，以帮助被评价者提高能力水平和业绩水平。当然，最重要的是向被评价者提供反馈。

⇨【实用范例】

A公司是一家在全国各一级城市均有分公司的集团性国有企业，总部设在北京，且有多个职能部门。年终，A公司对中层管理人员（部门级负责人）进行绩效考评，其采用的方法就是360度反馈评价法。A公司考评方案的主要内容如下：

1.考评目的

根据考评结果，对公司管理人员进行奖罚、调整和聘免等。

2.考评内容

主要涉及德、能、勤、绩、廉五个方面，考评结果分优秀、称职、基本称职、不称职4个档次。

3.具体方法

从全公司范围内的上级、同级、下级三个角度进行匿名打分评价，具体的评价者及评价权重（见表6-1）。

表6-1 考评权重表

评价者	公司领导	其他部门负责人	区域公司、分公司负责人	本部门员工	其他部门员工
权重	40%	20%	15%	15%	10%

4.考评实施

人力资源部召集、组织所有参加的考评人员聚集在一起，将考评表下发给大家。考评人员填写完考评表后，将其投入考评箱。

分析点评

实施360度反馈评价是一项系统工程，需要投入大量的财力和人力，首先必须获得高层管理人员的支持。此外，最好让高层管理人员能公开承诺公司引进360度反馈评价是服务于员工的发展，而不是服务于公司的行政管理，以获得员工的信任和配合。

公司在引进360度反馈评价法时，一般都是由人力资源部门来发起并控制整个项目的运作过程。但是，我们应该考虑到由人力资源部负责项目的执行会给员工带来恐惧感。员工会担心公司把评价结果服务于公司的行政管理，会担心公司能否保证他们的评价都是匿名的。因此，即使是由公司的人力资源部来运作整个项目，也应该挑选评价者和被评价者非常信任，并且对 360 度反馈评价特别熟悉的人来从事这项工作。或者公司也可以让评价者和被评价者提名，由谁来负责整个项目的运作。如果在公司内部找不到合适的人来负责项目的运作，公司也可以聘请外部专家。为了获得员工的信任，应该尽量聘请与公司有长期合作、已经取得员工信任的专家作为项目的负责人。

➲ 注意事项

现在，国内的一些企业也开始采用 360 度反馈评价法。但是，有一些公司斥巨资进行 360 度反馈评价却收效甚微，甚至适得其反——造成评价者和被评价者关系紧张，给公司带来了不利的后果。因此，国内公司在引进、实施 360 度反馈评价时，一定要特别谨慎。

工具 2： 532 绩效考核模型

◖ 内容概述

1. 532 绩效考核模型的概念

532 绩效考核模型与足球比赛中的"532 阵型"没有任何联系，它是目前国际较为流行的一种绩效考核模型。该模型之所以命名为"532"，是因为实施该方案的单位在个人、小团队、单位大团队的利益调节上更适合用"5""3""2"的比例进行分配。

532 绩效考核模型中的"532"是指将单件商品的销售提成假设为"10"，其中个人获益部分为"5"，小团队（个人所在部门或小组）获益部分为"3"，大团队（整个公司或事业部）获益部分为"2"，532绩效考核模型就是按照个人"5"，小团队"3"，大团队"2"的比例对个人、部门、分公司进行考核的一种利益捆绑方案。

2. 532绩效考核模型的作用

概括来说，532绩效考核模型具有以下作用：

（1）避免了员工之间由于过度竞争而影响团队的合作。在按员工个人绩效付酬的绩效工资制下，员工的个人劳动成果与其劳动报酬之间联系十分紧密，这种对以自我为中心的个人努力进行奖励的做法，很容易造成在需要员工们进行团队合作的时候出现员工之间的过度竞争，从而影响组织整个目标的实现。532绩效考核模型克服了上述缺点，在尊重个人价值的前提下，兼顾了团队利益。

（2）努力与绩效相联结的操作性更强。由于组织所面临的外部环境越来越复杂，组织先期针对员工制定的有些目标任务在员工的努力下未必就能实现。当员工预期自己的任务无法完成，而报酬的很大比例又与任务是否完成相关的时候，很容易造成员工消极怠工。而532绩效考核模型不论员工是否完成任务都可获得因自己努力而应得的报酬，使努力与绩效贴得更近，而不是任务与绩效联系得更紧。

（3）更好地体现了公平性。封闭式工资制是目前不少企业采用的一种工资方式，但这种工资制最大的弊端就是增加了员工间的猜疑和因不公平降低了对公司的忠诚。让所有员工对所给付的报酬心服口服也是532绩效考核模型设计的意图之一。

3. 532绩效考核模型的内容

（1）一般销售532模型。一般销售532模型要求按照公司规定的价格底线进行销售，每销售1件产品按个人"5"、部门"3"、公司"2"的比例对事先规定的提成额进行分配。

例如，这家分公司规定销售1件软件产品的业务提成为10元，那么员工A（假设A在销售一部，销售一部有3个人，公司共有20人。）销售了10件产品后的收益为：

A个人的直接利益：

$$10 元 × [5/(5+3+2)] × 10 件 = 50 元$$

A 在销售一部的分配利益：

$$10 元 × [3 / (5+3+2)] × 10 件 / 3 人 =10 元$$

A 在整个公司的分配利益：

$$10 元 × [2 / (5+3+2)] × 10 件 / 20 人 =1 元$$

这样，A 因销售了 10 件产品的总收益应为 50+10+1=61 元，这里不包括因他人销售产品而转移给 A 的收益，也不包括可能获得的完成计划奖和适用于整个薪酬制度的其他子方案。

（2）计划奖励 532 模型。这是以月为周期，按部门为单位进行考核。完成计划的部门以"5""3""2"的比例对个人、部门、公司进行奖励；未完成计划的部门，无论个人业绩多么突出，都不享受计划奖励（但不影响适用于个人的其他考核条款）。计划奖励资金的来源与义务提成的资金无关。

例如，假设公司规定完成计划后单位产品奖励额为 1 元，销售一部 5 月份的计划定额是 300 件；现在，销售一部实际总销售量为 360 件，其中 A 完成了 150 件，则 A 可获得的奖励为：75+36+3.6=114.6 元（这里还不包括因其他部门完成任务而转移的奖励额），具体计算方法如下：

个人直接奖励：

$$1 元 × [5 / (5+3+2)] × 150 件 =75 元$$

个人部门间接奖励：

$$1 元 × [3 / (5+3+2)] × 360 件 / 3 人 =36 元$$

个人公司间接奖励：

$$1 元 × [2 / (5+3+2)] × 360 件 / 20 人 =3.6 元$$

若销售一部当月的实际销售量为 290 件，A 虽然完成了 150 件，但因所在的销售一部未能完成当月计划而不能获得直接的计划奖励，只有可能获得其他部门因完成任务而转移的奖励。是否获得计划奖与个人业绩不挂钩。

（3）超价销售 532 模型。超价销售 532 模型要求超过规定价格底线而进行销售。由于各人的谈判能力与技巧不同，销售的价格往往有所差别。本着能力强多收益的原则，对超过价格底线以上部分的所得，以 30% 的比例参照"一般销售 532 模型"执行。这里的 30% 比例与整个公司的策略有关，若公司以扩大市场份额为主要目标，不妨将比例定得低些，若以赚取利润为主要目标，并且产品的价格弹性较小时，不妨将比例提高。

⇨【实用范例】

  B公司是一家规模较大的美容化妆品生产及销售企业，在全国该类产品中有较高的知名度。就在销售形势一片大好的情况下，企业主管人力资源的副总经理却无法高兴起来。因为许多业务人员甚至分公司经理这样的业务骨干都曾与公司发生薪酬方面的纠纷，在某些情况下，此种形势的存在已经达到影响市场稳定和健康发展的状态。如何克服此种因绩效考核而引起的劳资矛盾，当然就成为这位副总经理的当务之急。于是，B公司聘请专业管理咨询公司重新设计薪酬分配方案。

  经过半个多月的调研，管理咨询公司给出了解决的方案：引进目前国际较为流行的532绩效考核模型。

  原来，B公司拥有多家分公司，每家分公司由6～12名业务人员组成。在市场开发初期，大家承受了诸多辛苦和劳累。随着市场的稳定，不同地区市场业务量的不同和具体市场环境的差异，致使许多业务人员的收入产生了极大的差距，辛苦没比别人少，为什么收入却如此悬殊？渐渐地，有的业务人员在没法完成任务时，就消极怠工，有些业务人员甚至提出要交换市场，部分人员提出辞职。矛盾当然就在工资上，而根源却是提成制度，而提成制度的问题却出在种种客观条件对绩效考核的影响上。

  为此，管理咨询公司为B公司制订了新的薪酬制度方案。此项制度包括7个子方案：基本工资制+532绩效考核制＋福利制＋机会薪金＋晋升制＋年终奖金制＋股权激励制，所有业务人员都适用于此方案。532绩效考核方案不但对完成计划指标的业务人员适用，而且对未完成计划指标的业务人员同样适用，从而消除了个别业务人员因担心完不成任务指标，拿不到提成工资而产生的消极怠工现象，提高了竞争的公平性。

  在这个方案中将532绩效考核模型中的"532"做了具体的假设：个人的销售提成假设为"10"，其中个人获益部分为"5"，小团队（分公司）获益部分为"3"，大团队（公司总体）获益部分为"2"；532绩效考核模型就是按照个人"5"、小团队"3"、大团队"2"的比例对个人、分公司、公司进行考核的一种利益捆绑方案。虽然其仍旧以传统提成工资为基础，但新的模型却从共同的利益基础上来体现团队的合作精神。

举例如下：假设以公司销售部为大团队，其包括的一个小团队（分公司）有 4 个区域业务员，区域业务员即是个人。大团队共计 10 个区域业务员，如果有 4 个区域的小团队区域业务员 A 月实现净提成 10000 元，按 532 模式进行利益分配为：

第一部分（个人）：

$$10000 \times 5/10 = 5000（元）$$

第二部分（小团队）：

$$10000 \times 3/（10 \times 4）= 750（元）（4 指 4 个区域业务员）$$

第三部分（大团队）：

$$10000 \times 2/（10 \times 10）= 200（元）$$

其收益还包括从本小团队其他三个个人分出的第二部分，和从大团队其他 9 个业务员个人分出的第三部分，加起来为其个人提成总收入。

这样，一个区域业务员的个人提成收入来源有三个，一是从自己的努力中得来大部分（50%），二是从小团队得来较大部分，三是从大团队得来小部分。

分析点评

从上面的案例中可以看出，532 绩效考核模型有效地提高了员工的团队合作意识，将内部竞争和多劳多得、按劳分配的原则理性化，将竞争的中心由过度内部攀比转化为集团化的对外扩充，为公司团队与个体的激励机制的有效运行创造了条件，为二者的相辅相成、协调一致奠定了基础。

注意事项

532 绩效考核模型更多地体现的是一种思路、一种方法。在设计考核方案时，必须综合考虑员工所做工作的性质，包括工作的独立性和结构性。如果该工作是高独立性、低结构性的，那么应多考虑个人的价值，不妨采用 721 的比例进行分配；如果该工作是低独立性、高结构性的，那么应多考虑团队合作所体现的价值，不妨采用 442 或 433，等等。

工具3：工作丰富化模型

内容概述

1. 工作丰富化模型的概念

工作丰富化模型指纵向上工作的深化是工作内容和责任层次上的改变，通过让员工更加完整、更加有责任心地进行工作，使员工得到工作本身的激励和成就感。该模型的理论基础是赫茨伯格的双因素理论。这一理论认为，当工作中缺乏保健因素时，员工就会对工作产生不满情绪；当保健因素增加时，员工的不满情绪虽然会被消除，但是并不会对员工产生激励；当涉及工作内容本身的激励因素（包括工作的挑战性、自主性、责任、成就等）增强时，就会提高对员工的激励水平，获取较高的工作绩效。

有时员工不能被激励，因为他们的工作是被指定的。例如，装配线工人的工作，当产品通过生产线时，工人除了把一个螺钉装进某个孔中外不干其他事。这样的工作很少为工人获得内滋激励提供机会。

工作丰富化的目标在于重新设计工作，使它们更具有内滋激励性。某些工作特性（见表6-2）被看作是内滋激励性的或"丰富化的"。当这些特征出现在工作中时，雇员将受到激励，因为他们将有广泛的机会赢得内滋激励。缺乏这些特征的工作是工作丰富化的良好候选者。

表6-2　提高内滋激励的工作特征

工作特征	具体说明
技能多样性	指完成工作的不同活动所要求的多样性程度。如果一项工作要求一系列的技能的话，那么这项工作就有高度的技能多样性
任务同一性	指一项工作要求完成的"整体的"和可识别的一截工作的程度。如果工人从头至尾工作，并有显著的成果，那么这项工作就有较高的任务同一性
任务意义	指一项工作对其他人的生活所带来的重要影响的程度。不管这些人是直接组织中还是从宏观上说在世界上，如果人们从这一工作的结果中享受到很大的好处的话，那么这一工作就有很大的工作意义

工作特征	具体说明
自主性	指工作提供给人们的自主性的程度。如果工人被授予相当大的自由、独立性和在安排工作日程及决定执行计划流程方面的任意斟酌权的话，那么这一工作将有较高的自主性
工作反馈	指该工作提供给工人关于其结果的知识的程度。如果执行该工作所需的活动能提供给工人关于他的工作有效性的直截了当的信息，那么这一工作就有高工作反馈

2. 实现工作丰富化的条件

（1）增加员工责任。不仅要增加员工生产的责任，还要增加其控制产品质量，保持生产的计划性、连续性及节奏性的责任，使员工感到自己有责任完成一项完整工作的一个小小的组成部分。同时，增加员工责任意味着降低管理控制程度。

（2）赋予员工一定的工作自主权和自由度，给员工充分表现自己的机会。员工感到工作的成败依靠他的努力和控制，从而认为与其个人职责息息相关时，工作对员工就有了重要的意义。实现这一良好工作心理状态的主要方法是给予员工工作自主权。同时工作自主权的大小也是人们选择职业的一个重要考虑因素。

（3）反馈。将有关员工工作绩效的数据及时地反馈给员工。了解工作绩效是形成工作满足感的重要因素，如果一个员工看不到自己的劳动成果，就很难得到高层次的满足感。反馈可以来自工作本身，来自管理者、同事或顾客等。

（4）考核。报酬与奖励要取决于员工实现工作目标的程度。

（5）培训。要为员工提供学习的机会，以满足员工成长和发展的需要。

（6）成就。通过提高员工的责任心和决策的自主权，来提高其工作的成就感。

⇨【实用范例】

某大型国有出版集团决定引入工作丰富化模型改善激励状况，并选择公认的最为枯燥的装订机操作岗位来做试点。

装订机操作员的激励潜力分值，即 MPS 值为：

MPS = 技能的多样性 + 任务的明确性 + 任务的重要性 × 自主权 × 反馈

每个因素都分成5级打分：工作只需简单技能1分；工作分批，但不能体现出所有可识别的工作2分；重要性不足2分；自主权低2分；反馈几乎没有1分。因此，计算得到的MPS值为7。

分值太低，必须重新设计工作，方向就是使MPS最大化。具体方法是对工作中分值低的因素进行重新设计。对于"装订机操作员"来说，每一因素都是需要重新设计的。试点办法是：给操作员分配具体客户及落实责任，形成自然工作单位；将原主管的一些计划和控制任务收回，并入操作员工作；操作员得到与客户沟通的渠道。重新设计以后，操作员可以直接与客户联络以调查可能发生的错误；与客户的直接联络增加了反馈；出错率和生产率被记录在电脑中，每周向操作员（而非主管）报告一次，通过给予操作员改正明显错误和自己安排工作日程的权利来提高其工作量。

试点结果是：在同一时间段内，工作未经重新设计的"控制组"生产率提高仅6%，旷职现象却增加29%，而实施MPS最大化的小组生产率提高了40%，旷职现象则降低了24%。于是，该集团开始在全集团推行这一方法。

分析点评

现在，许多企业在积极地采用工作丰富化模型。因为工作丰富化使工作自动化程度下降，因此使雇员更有兴趣和获得更多的奖励机会，从而也改进了生产率、质量、缺勤率和留人比率。使用这一模型，可使每个员工的贡献都得到认可，同时使企业的使命有效完成。

注意事项

在使用工作丰富化模型的时候，需要注意以下两点：

（1）因为丰富化的工作降低了自动化程度，那么生产就可能不那么有效率了。在损失的效率不能被来自激励增加而获得的生产率收益补偿的条件下，工作丰富化则不宜推崇。再有，更喜欢高度自动化、简单化工作的职员可能反对工作丰富化的努力。

（2）并不是每一个员工都愿意增加自己的责任和挑战。因此，在选择这一模型时，应该对企业员工有一个全面的了解，不能把工作丰富化强加于每一个员工。

工具 4：行为锚定等级评价法

◖ 内容概述

1. 行为锚定等级评价法的概念

行为锚定等级评价法也称行为定位法，是由美国学者史密斯和德尔于 20 世纪 60 年代提出。

具体来说，行为锚定等级评价法就是用一些特定关键事件加以说明的行为，对工作绩效加以定位的工作绩效评价方法。这种方法为每一个绩效指标都设计出一个等级评价表，表上每一个等级的绩效均通过对工作中某一关键事件的客观描述性说明词来加以界定（即所谓锚定）。它的目的是通过这种等级评价表，将关于特别优良或特别劣等绩效的叙述加以等级性量化，供考评者为被考评者实际绩效评分时做参考依据。

2. 行为锚定等级评价法的实施步骤

行为锚定等级评价法的目的在于通过一个等级评价表，将关于特别优良或特别劣等绩效的叙述加以等级性量化，从而将描述性关键事件评价法和量化等级评价法的优点结合起来。行为锚定等级评价法通常要求按照以下 5 个步骤来进行。

（1）进行岗位分析，获取关键事件，以便对一些代表优良绩效和劣等绩效的关键事件进行描述。

（2）建立评价等级。一般分为 5 ~ 9 级，将关键事件归并为若干绩效指标，并给出确切定义。

（3）对关键事件重新加以分配。由另一组管理人员对关键事件做出重新分配，把它们归入最合适的绩效要素指标中，确定关键事件的最终位置，并确定绩效考评指标体系。

（4）评定关键事件。审核绩效考评指标登记划分的正确性，由第二组人员将绩效指标中包含的重要事件由优到差、从高到低排列。

（5）建立最终的工作绩效评价体系。

⇨ 【实用范例】

某咨询管理公司对一家连锁店中的结账员设计了一个行为锚定等级评价法。他们搜集了大量的关键事件，并将它们划分为如下8种工作绩效评价维度：

（1）知识和判断能力。

（2）责任感。

（3）人际关系能力。

（4）经营或接待能力。

（5）验货台工作的组织能力。

（6）包装能力。

（7）货币交易能力。

（8）观察能力。

然后他们分别为这些绩效要素设计了各自的行为锚定评价等级。将工作绩效从"非常差"到"非常好"一共划分为9个等级，再用一些具体的关键事件（如针对知识和判断能力，"如果结账员了解商品的价格，那么将能发现商品标签上的错误，并且知道未挂标签商品的价格"等）来明确界定或说明"非常好"（等级9）的工作是什么样。依此类推，对于这一绩效维度的评价尺度上的其他等级，也都运用几种其他关键事件来建立行为锚。

✒ 分析点评

行为锚定等级评价法实质上是把关键事件法与评级量表法结合起来，兼具两者之长。行为锚定等级评价法是关键事件法的进一步拓展和应用。它将关键事件和等级评价有效地结合在一起，通过一张行为等级评价表可以发现，在同一个绩效维度中存在一系列的行为，每种行为分别表示这一维度中的一种特定绩效水平。将绩效水平按等级量化，可以使考评的结果更有效、更公平。其具体的优点表现为：

（1）工作承担者直接参与了绩效评估，参与了管理，有更多的民主性，便于大家接受。

（2）行为锚定是根据观察和经验获得的，具有可操作性。

（3）各种绩效评价要素之间具有较高的独立性，避免在某一维度得分高而导致所有维度得分高。

（4）具有较好的一致性和较高的信度，即不同评价者对同一个人进行绩效评价时，得出的结论基本相似。

（5）能准确地为员工提供评估反馈。

➡ 注意事项

行为锚定等级评价法在使用时需要注意以下几点：

（1）行为锚定的文字描述较多时，同时会动用较多的人力和物力。

（2）每一不同的工作都必须有不同的表格。

（3）经验性的描述有时易出现偏差。

工具5：库克创造力曲线

🔖 内容概述

1. 库克创造力曲线的概念

美国学者库克从如何更好地发挥人的创造力的角度，论证了人力资源流动的必要性，并提出了一条曲线，称为库克创造力曲线，如下图所示。

库克创造力曲线是根据研究生参加工作后创造力发挥情况所做的统计绘出曲线的。该曲线说明员工的创造力在增长期后会有 4 年的黄金期，然后进入衰减稳定期。

2. 库克创造力曲线的内容

图 6-1 中 A′A 是创造力的导入期，表示研究生在 3 年的学习期间创造力的增长情况；AB 表示研究生毕业后参加工作的初期，第一次承担任务的挑战性、新鲜感、新环境的激励，使其创造力快速增长，即创造力的成长期的情况；BC 为创造力的成熟期，即创造力发挥的峰值区，这一峰值水平大约可保持 1 年左右，是出成果的黄金时期；CD 为初衰期，创造力开始下降，持续时间为 0.5 ~ 1.5 年；DE 为衰减稳定期，创造力继续下降并稳定在一个固定值，如不改变环境和工作内容，创造力将在低水平上徘徊不前。为了激发研究人员的创造力，应及时变换工作部门和研究课题进行人才交流。

如图 6-1 所示，一个研究人员到一个单位工作创造力较强的时期大约有 4 年（AD）。人的一生就是在不断开辟新工作领域的实践中来激发和保持自己的创造力，即走完一个 S 型曲线，再走下一个 S 型曲线。

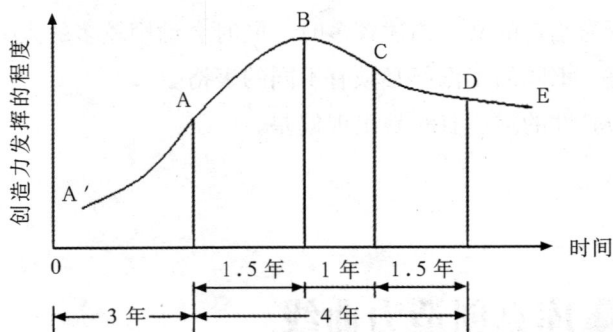

图 6-1　库克创造力曲线

⇨【实用范例】

现在，好多企业利用库克创造力曲线来防止 IT 员工的流失。很多企业在 ERP 等大型系统上线后，IT 人员的工作重点往往从前期的调研、分析设计、开发、培训、实施等工作转到了系统维护。由于缺少了继续学习和提高的机会，他们往往担心自己的创造力消失、知识和经验贬值，因此产生失落感和挫折感。

在这种失落情绪影响下，他们流失的可能性大大增加，或者去其他企业的 IT 部门谋求更高的职位，或者被专业咨询公司挖走。无论哪种情形，其目的都是谋求更大的发展空间，以保持自己的学习和创造能力。

面对这一情况，很多首席信息官（CIO）更多地感到无奈，因为外力总是自己没有办法控制的。诚然，大环境很难改变，但首席信息官完全可以改变小环境，可以根据自己企业的情况，为每个员工创造一个更大的成长空间，保持他们学习和创造的能力不会衰减。

结合知识型员工本身较强的流动倾向，首席信息官可以采取内部流动的方式满足他们的学习和创造力诉求。

康佳集团首席信息官许伟宜就是充分利用集团几年内先后实施 ERP、物流系统、HR、客户服务管理等项目的机会，将那些原本只懂 IT 的人员锻炼成企业中最了解业务、最熟悉流程的人才。系统上线后，IT 人员发现发挥能力的环境不是小了，而是更宽广了，IT 与业务的进一步融合为他们的职业发展之路提供了前所未有的机遇。

这两年，康佳 IT 部门的一些骨干在其很多分公司和诸如物流部、营销部等部门当上了总经理或部长，突破了成长的天花板，成功地完成了职业转型。有这样的发展空间，他们自然愿意留下来。

分析点评

库克创造力曲线告诉我们：创造力的发挥有一个最佳期 BC，超过了一定年限，雇员的创造力会进入衰减稳定期 DE。为激发员工的创造力，企业应及时将马上要进入衰减稳定期 DE 岗位上的员工退出，为他们变换工作岗位和环境，以保持他们的创造性，从而留住他们。

注意事项

库克创造力曲线表明：一流的人才正因为流动频繁而思路开阔，有创造性，也说明人才只有在流动过程中才容易找到最适应发挥自己才能的岗位和环境。但对于离职员工的公司来讲，则充满了痛苦和煎熬，关键员工的离职或许意味着"人财"两空，这对一个企业长期发展来说，会对其带来很大的不利影响，甚至是致命的打击。

工具6： 关键绩效指标

内容概述

1.关键绩效指标的概念

关键业绩指标是通过对组织内部某一流程的输入端、输出端的关键参数进行设置、取样、计算、分析，衡量流程绩效的一种目标式量化管理指标，是把企业的战略目标分解为可运作的远景目标的工具，是企业绩效管理系统的基础。

2.关键指标的功能

（1）随着对公司战略目标的分解，使高层领导清晰地了解对创造公司价值最关键的经营操作情况。

（2）对关键、重点经营行为的反应，使管理者集中精力于对业绩有最大驱动力的经营方面。

（3）区分定性、定量两大指标，有力推动公司战略的执行。

（4）能有效反映关键业绩驱动因素的变化程度，使管理者及时诊断经营中的问题并采取措施。

（5）由高层领导决定并被考核者认同，为业绩管理和上下级的交流沟通奠定一个客观基础。

3.选择关键绩效指标的原则

（1）整体性原则。关键绩效指标必须具有整体性，它应当是一个完整的用于管理被考评者绩效的定量化、行为化的指标和标准体系。

（2）增值性原则。关键绩效指标标准体系必须具有增值性，它作为一个完整的指标和标准体系，应当对企业的发展具有举足轻重的作用，能够对公司整体价值和业务重点产生重要的影响。

（3）可测性原则。关键业绩指标标准体系必须具有可测性，不但各个指标标准有明确的界定和简便易行的计算方法，还能够有利于管理人员采集获取和处理，以保障相关数据资料的可靠性、公正性和准确性。

（4）可控性原则。关键业绩指标标准体系必须具有可控性，其体系的结构和内容不但应当在相关岗位人员可以控制范围内，而且指标的先进与落后、数值的大小或高低，也都应当限定在员工通过积极努力和辛勤劳作可以达到的水平上。

（5）关联性原则。关键业绩指标之间必须具有一定的关联性。关键绩效指标之间在时间和空间上具有相互依存性，不但有利于组织和员工个人绩效目标的确定、实施、监控和评估，也有利于各级主管与下属员工围绕着工作期望、工作表现、工作成果和未来发展等方面的问题进行沟通，促进组织和员工绩效水平的不断提高。

4. 编制关键绩效指标的步骤

制定关键绩效指标是一项重要的基础性工作，关系到企业管理的方方面面，需要各级领导及各个部门的积极配合、参与。在制定关键绩效指标的过程中，人力资源部起着组织、协调、培训等作用。

制定关键绩效指标的步骤主要可分为：罗列指标、筛选指标、设置权重。

（1）罗列指标。罗列指标来源包括：价值树分解得到的指标、工作中的常规指标、短期重点指标、集体指标、流程中的指标、防范性（扣分）指标等。

（2）筛选指标。一般情况下罗列出来的指标数量较多，需要对这些指标进行筛选，选出最关键的指标。

在罗列的指标中，首先去除可控性很差的指标、可测性很差的指标、对经济效益影响不大的指标、重复的指标及已过时的指标。再按以下原则进行第二次筛选：选择对经济效益影响大的指标；指标可控性要强；计算不要过于复杂；指标数量控制在 5 ~ 10 个；如为必须列出，但可测性、可控性不强或有重复的指标，可作为监控指标。

经过两次筛选，得到各个岗位的关键绩效指标。

（3）设置权重。权重是一个相对的概念。某个指标的权重是该指标相对于其他指标的重要程度的数字表现。一组指标的权重分配反映了相应岗位的职责及业绩不同侧面的重要程度。

设置权重的具体步骤分为七步：

①确定分类权重（指标分为财务效益、经营服务、人员管理、内部管理四类），市场经营、运行维护、财务等部门财务类指标权重要稍大一些，职能部门（不含财务部）财务类权重稍小一些，否决（扣分）类指标不设权重。

②评定各指标对经济效益的影响。主要采取打分的方法来评定：指标对经济效益没有影响时分数为0分，较小时为1分，一般时为2分，较大时为3分，很大时为4分。

③评定各指标的可控性。指标的可控性很差时，分数为0分，较差时为1分，一般时为2分，较好时为3分，很好时为4分。

④评定各指标的可测性。指标的可测性很差时分数为0分，较差时为1分，一般时为2分，较好时为3分，很好时为4分。

⑤评定综合得分。根据"对经济效益的影响""可控性""可测性"三个方面对指标的影响大小设定权重，对第二步、第三步、第四步的评定分数进行加权得出指标综合得分。

⑥重复前五个步骤，得到各指标分值，然后初步计算出各指标权重。

⑦对各指标权重进行调整，得到各指标权重。调整的原则为：每个指标权重一般不高于30%，不低于5%，取5的整数倍。

经过以上七个步骤，得到关键绩效指标的权重。

⇨【实用范例】

A公司经过十几年的发展，成为一家多元化、跨地域、员工逾万人的大型企业集团，年销售额近25亿元。零售业为A公司的基础产业，至2005年年底，商业总营业面积12万平方米，最先开发的A购物中心连续多年位居全国零售百强。集团在A购物中心运作成功的基础上，又先后开发了B、C两个大型购物商场，三个商场档次定位不同，形成互补。

为了完善管理，促进各公司的快速发展，集团决定对各商场进行绩效考核。集团对各商场的考核成绩作为其总经理的考核分数，与其绩效工资挂钩。各公司的其他高层管理人员由本公司总经理进行考核，考核分数要与各公司的考核分数有一定比例的挂钩，具体比例由各公司自行制定。

集团人力资源部设计了一些关键绩效指标，按月度和年度考核各公司完成计划的情况，考核内容见表6-3和表6-4。

表6-3　月绩效考核指标

指标名称	权重（%）
含税销售收入	50
费用控制	30
现金流	20
重大经营管理安全事故	—
合计	100

表6-4　年绩效考核指标

指标名称	权重（%）
利润总额	50
含税销售收入	30
现金流	20
综合业绩评价	—
重大经营管理安全事故	—
合计	100

分析点评

关键绩效指标是现代企业中受到普遍重视的业绩考评方法。关键绩效指标可以使部门主管明确部门的主要责任，并以此为基础，明确部门人员的业绩衡量指标，使业绩考评建立在量化的基础之上。建立明确的切实可行的关键绩效指标体系是做好绩效管理的关键。

注意事项

在运用关键绩效指标法确立绩效评估体系时，管理者需注意以下问题：

（1）关键绩效指标的数量不宜过多。当出现指标数量过多的情况时，建议将类似的指标进行合并，并突出关键业务流程指标的位置。

（2）同类型职位的关键绩效指标必须保持一致。

（3）关键绩效指标要彻底贯彻企业战略重点。

工具 7： 排序考评法

🔴 内容概述

1.排序考评法的概念

排序考评法就是把部门的员工按照优劣排列名次，从最好的一直排到最差的一种绩效评价方式。排序考评法包括简单排序和交错排序。

（1）简单排序法。这是诸多考评方法中最简单的一种方法，即按照全体被考评的员工的整体工作表现由好到坏依次排序。也可能按照员工特定的一些表现进行分等排序，如按照出勤率、业绩等排序。

（2）交错排序法。交错排序法是由上级主管人员按照整体的工作表现从员工中先挑绩效最好的，再挑出最差的；然后挑出次最优的，再挑出次最差的……如此循环，直至排完。

2. 选取衡量因素

排序法的重点是：在部门里选取一个衡量因素，比如，业务员开发新客户的数量。好处是什么？好处就是比较直观。通过"开发新客户的数量"的排列比较，这个部门谁好谁坏，一目了然；还有提升谁，不提升谁，淘汰谁，培训谁，可以做出一个非常公正的判断。它的坏处是什么？坏处就是太简单了。每一次排序只能找一项最基本的因素。有时业务员考虑销售的利润非常大，而放弃了开发新客户，只是维持一两个老客户，他能得到很高的利润，但是他不开发新客户。这是排序法一个比较短视的地方。因此，在选取衡量因素的时候要客观公正。

⇨【实用范例】

　　某公司对财务部的员工使用交叉排序法进行了绩效考评。首先，把财务部员工的名单罗列出来，总共10人。然后，从罗列出来的名单中找出最差的员工A，就在他的姓名旁边写上"10"，再从剩余的9个人的名单中找出最好的员工F，在姓名旁边写上"1"。接着从剩余8个人的名单中找出最差的员工G，记上"9"。随后从剩余的7个人的名单中找出最好的员工J，记上"2"。这样不断反复，直到全部姓名都打上数字，这时员工的优劣顺序就排出来了。排序时，可使用表6-5。

表6-5　排序考评法排序表

部门：财务部	
员工人数：10人	
排序说明：1为最好，10为最差	
姓名	排序
A	10（最差）
B	7
C	4
D	8
E	6
F	1（最好）
G	9
H	3
I	5
J	2

✑ 分析点评

　　排序考评法是用来考评员工某一单一因素绩效特征或综合绩效特征的一种简便而又得到广泛应用的考评方法，是所有考评方法中最早发展与最普遍使用的一种非计量考评方法。排序考评法的优点是：容易识别绩效好和绩效差的员工；如果按照要素细分进行评估，可以清晰地看到某个员工在某方面的不足，有利于绩效面谈和改进。

注意事项

使用排序考评法时需要注意的是：如果需要评估的人数较多（超过20人）时，此种排序工作比较烦琐。而且，严格的名次界定会给员工造成不好的印象，最好和最差比较容易确定，但中间名次是比较模糊和难以确定的。

工具8：图尺度评价法

内容概述

1.图尺度评价法的概念

图尺度评价法又叫作图解式考评法，是绩效评价中最简单和运用最普遍的方法之一，它以表格的形式列举出一些绩效构成要素（如工作质量、生产效率、勤勉性、独立性等）。此外，还需列举出跨越范围很宽的工作绩效等级：优秀（在所有各方面的绩效都十分突出）、良好（工作绩效的大多数方面明显超出职位的要求）、中等（绩效水平达到了工作标准）、差（在绩效的某一方面有缺陷）、劣（工作绩效水平无法让人接受）。在进行工作绩效评价时，首先，针对每一位下属雇员从每一项评价要素找出最符合其绩效状况的分数。然后，将每一位雇员得到的所有分值相加，即得到其最终的工作绩效评价结果。图尺度评价法是因素评分法的倒推，即先选择评价要素，然后确定出不同等级评价标准和分数的图表，由直接上级根据图表对员工进行评价。

2.图尺度评价法的使用方法

（1）在表6-6中列举出一系列绩效评价要素，并为每一要素列出几个备选的工作绩效等级。

（2）主管人员从每一要素的备选等级中分别选出最能够反映下属雇员实际工作绩效状况的工作绩效等级，并按照相应的等级确定其各个要素所得的分数。

⇨【实用范例】

表6-6　图尺度评价表

员工姓名：
职位：
部门：
员工工资号：
业绩评价原因：□年度例行评价□晋升□业绩不佳□工资□试用期结束□其他
员工到现职时间：
最后一次评价时间：
正式评价日期时间：

一般性工作绩效评价要素	评价尺度		评价事实依据／评语
质量：所完成工作的精确度、彻底性和可接受性	O	90～100	分数
	V	80～90	
	G	70～80	
	I	60～70	———
	U	0～60	
生产率：在某一特定的时间段中所产生的产品数量和效率	O	90～100	分数
	V	80～90	
	G	70～80	
	I	60～70	———
	U	0～60	
工作知识：实践经验和技术能力以及在工作中所运用的信息	O	90～100	分数
	V	80～90	
	G	70～80	
	I	60～70	———
	U	0～60	
勤勉性：员工上下班的准时程度、遵守规定的工作、休息、用餐时间的情况以及总体的出勤率	O	90～100	分数
	V	80～90	
	G	70～80	
	I	60～70	———
	U	0～60	
可信度：某一员工在完成任务和听从指挥方面的可信程度	O	90～100	分数
	V	80～90	
	G	70～80	
	I	60～70	———
	U	0～60	

一般性工作绩效评价要素	评价尺度		评价事实依据/评语
独立性：完成工作时不需要监督或只需要很少监督的程度	O	90 ~ 100	分数
	V	80 ~ 90	
	G	70 ~ 80	——————
	I	60 ~ 70	
	U	0 ~ 60	

注 按照尺度表中所标明的等级来核定员工的工作业绩分数，并将其填写在相应的用于填写分数的横线上。最终的工作业绩结果通过将所有的分数进行加总和平均而得出。

评价等级说明：

O：优秀。在所有各方面的业绩都十分突出，并且明显比其他人的业绩优异得多。

V：良好。工作业绩的大多数方面明显超出职位的要求，工作业绩是高质量的，并且在考核期间一贯如此。

G：中等。称职的和可信赖的工作业绩水平，表明达到了工作业绩标准的要求。

I：差。在业绩的某一方面存在缺陷，需要改进。

U：劣。工作业绩水平总体来说无法让人接受，必须立即加以改进，业绩评价等级在这一水平上的员工不能增加工资。

分析点评

图尺度评价法的优点是实用、开发成本小、制作周期短，适用于组织中大部分工作的绩效考评。但许多企业在实际应用中，不仅仅停留在一般性绩效要素的评价上，而是依照工作职责进一步分解。例如，将秘书工作分解为打字、接待、工作安排、文件管理、办公室一般事务等内容，而每一项内容又是十分具体的，如打字的速度等。然后，对每一项职责的工作情况进行分级或打分。

这一测评方法有很多种变形，比如通过对指标项的细化，可以用来测评具体某一职位人员的表现。指标的维度来源于被测对象所在职位的职位说明书，从中选取与该职位最为密切相关的关键职能领域，再进行总结分析出关键绩效指标，然后为各指标项标明重要程度，即权重。

注意事项

图尺度评价法虽然使用比较实用广泛，但也有其缺点，应引起使用者的注意。

（1）不能有效地指导行为，它只能显示出考评的结果而无法提供解决问题的方法。

（2）不能创造一个良好的机制以提供具体的、非威胁性的反馈。

（3）这种方法的准确性不高。由于评价量表上的分数未给出明确的评分标准，所以很可能得不出准确的评价。

工具9：斯坦福压力管理

▶ 内容概述

1. 斯坦福压力管理的概念

斯坦福压力管理法是斯坦福大学一门有争议的课程，是关于商务经理的创造性问题的管理方法。这种方法能查找包括个人和工作有关的压力产生的原因，并能制定出战略以减轻压力。斯坦福的迈克尔·雷和罗切尔·迈尔认为，压力会影响经理对棘手问题做决定时的创造性思维能力。人们往往宁可把压力扔到思想深处积压起来，而不愿着手一件一件去解决。

因为经理的地位易于引来压力，许多经理会发现这一方法十分适合查找与领导工作有关的压力并做出对策。经理也可能发现这是一种有用的领导技巧。可以让下属职员或项目小组使用这种方法，帮助他们克服可能影响有效合作和集体绩效的压力。

2. 斯坦福压力管理的意义

《财富》杂志曾经对1576名高级管理人员所做的健康调查显示：近70%的高级管理人员感觉自己当前承受的压力较大，其中21%认为自己压力极大。1.1%的白领们正面临着较大的工作压力，61.4%的白领正经历着不同程度的心理疲劳，白领们的健康状况令人担忧。

企业的各级管理者，尤其是中高级管理者，感受到压力之后，往往不自觉地把自己内心的压力传染给被管理者，使他们也感染上压力。当被管理者成为压力"携带"者，他们会以诸多的"管理难题"形式把压力再返回到管理层或者管理者。一来二去，管理者与被管理者之间的压力互动（相互传染）越来越强化压力的程度，越来越使压力原因复杂化。批评、责怪、训斥、怒骂、抱怨、讥讽、挖苦、报复、转嫁责任成为压力在管理过程中传染的基本形式。对来自管理者的压力，被管理者本能地有一种抵抗的冲动。抵抗，是他们面对压力进行自我保护的内心愿望。抵抗的方式表现为：推卸责任，阳奉阴违，跳槽，弄虚作假，消极怠工，假公济私，斤斤计较，你争我夺。工作中过度的压力会使员工个人和企业都蒙受巨大的损失。所以，缓解压力，减除压力，成为当今企业所面临的一个重要问题，而斯坦福压力管理有效地解决了这个问题。

3. 斯坦福压力管理的程序

（1）列出导致压力的问题。

（2）找出哪些压力是较容易避免的。

（3）找出那些经进一步研究和分析可能避免的压力。

（4）查出不可避免的压力。以压力是否能避免为依据划定界限。

⇨【实用范例】

某化工企业，因为经济危机的影响，面临巨大的困境。特别是企业的管理者背负着巨大的经营压力。为了缓解企业管理者的压力，他们采用了斯坦福压力管理法。具体操作步骤如下：

1. 把产生压力的问题列出清单

企业中这一方法的实施人员组织相关管理人员，鼓励他们把自己产生压力的问题全部列出来。这些问题比较繁杂，包括私人生活和与工作有关的事情，但都有可能与工作上的压力有关。由于有些事情纯系私人生活上的，因此，实施人员对问题清单实行保密措施。

2. 找出可以轻易避免的压力

实施人员通过对问题清单的整理，列出一张表格，找出那些可以轻易避免的压力，并标出每种压力需采取何种行动来消除它。消除这些可以轻易避免的压力，通常能降低总体压力程度。

3. 找出可以进一步避免的压力

实施人员列出第二张表格，只包括第一张清单中经进一步研究和考虑可能避免的压力。这些问题的特点是不确定性或模糊性，它们一般包括企业实施人员可控制因而可以避免的因素，又包括他人所控制的因素或任何人都无法控制的因素。在清单上，每个问题旁边都要注明应采取的必要行动，使企业实施人员认清问题，增强对它的控制。例如，和下属谈话，找出他或她所在部门的工作没能按时完成的原因，随后找出能采取哪些行动来解决问题。

4. 列出剩下的压力——不可避免的压力

原清单上有些问题属于这一类。高犯罪率、疾病、进入企业所在行业的外国竞争对手等，都超出了企业能直接控制的范围。企业努力采用新方法或新理论来尽量避免这一类的压力，对于那些无论如何都无法避免的压力，最终接受，这样也能减少压力。

分析点评

斯坦福压力管理就是一种积极应对外来刺激的方式，它包括对压力的了解、评价，从而达到缓解和避免压力的目的。斯坦福压力管理的应用范围：

（1）查出并减少压力来源。

（2）帮助职员或工作组查找并减轻影响绩效的压力。

注意事项

在使用斯坦福压力管理法的时候，要对员工进行正确的引导，避免通过滥用药物、酗酒、大量抽烟及涉足不良场所等方式缓解压力，而应该培养员工正当的休闲娱乐，如与朋友聚会、登山、参加公益活动及技艺学习团体活动等。

第七章 薪酬管理工具

工具1：年薪制

内容概述

1. 年薪制的概念

年薪又称为年工资收入，是指以企业会计年度为时间单位计发的工资收入，主要用于公司经理、企业高级职员的收入发放。年薪制是一种国际上较为通用的支付企业经营者薪金的方式，它是以年度为考核周期，把经营者的工资收入与企业经营业绩挂钩的一种工资分配方式，通常包括基本收入（基薪）和效益收入（风险收入）两部分。

2. 年薪制的主要内容

（1）适用范围。年薪制只适用于那些在企业中有实际经营权，并对企业经济效益负有职责的人员，如董事长、经理等企业高级雇员。

（2）年薪的构成。年薪由基薪和风险收入两部分构成。

基薪的确定因素包括两部分，一部分是企业的经济效益，另一部分是企业（资产）经营规模、利税水平、职工人数、当地物价和本企业职工的平均工资水平等。风险收入以基薪为基础，由企业的经济效益情况、生产经营的责任轻重、风险程度等因素确定。风险收入部分视经营者的经营成果分档浮动发放，可能超过原定额，也可能是负数，从基薪或风险抵押金中扣除。两部分收入的发放方式不同，风险收入一般以日历年作为计发的时间单位，基薪采取分月预付，最后根据当年考核情况，年终统一结算，超出应得年薪而预支的部分退回。

国外企业经营者的报酬一般由五部分构成：

①薪水。为固定收入，基本职能是保证经营者个人及家庭的基本生活费用。薪水并不是绝对不变的，根据经营者的工作年限、生活费用和工作表现等做适当调整。

②奖金。是对经营者短期经营业绩（1～2年）的奖励，为非固定收入部分，通常占总收入的25%。

③长期奖励。时间为3～5年，占收入的35%左右，通常以股票期权的形式支付。

④津贴。主要支付方式是提供良好的办公和生活条件等。

⑤福利。主要是为经营者提供休假和各种保险待遇等。

企业间各部分的分配比例不尽统一，基本趋势是减少基本收入的比例，增大短期或长期奖金比例。

⇨【实用范例】

以下是某大型企业集团公司高管层实行的年薪制案例。

1. 年薪制适用对象

集团公司高级管理人员薪酬实行年薪制，包括集团公司副总监以上岗位、子公司总经理、生产厂厂长、销售总经理等岗位人员。

2. 年薪基数确定

各岗位年薪基数参照以下公式确认。

集团公司总监及以上岗位年薪基数＝年薪基准数×岗位系数×历史业绩系数

子公司总经理年薪基数＝年薪基准数×岗位系数×历史业绩系数×规模系数

总部副总监年薪基数＝总监年薪基数平均值 × 副职系数

年薪基数由绩效与薪酬委员会在年初确定，确定原则是根据公司发展战略、行业薪酬状况、对经营业绩的预测综合确定，原则上一年一定，可升可降。

岗位系数表示岗位价值的相对大小，主要依据岗位评价结果确定，具体数值（见表7-1）。

表7-1　年薪制岗位系数

岗位名称	岗位系数
集团营销总监	1.1
子公司总经理、集团技术质量总监、集团财务总监	1.0
集团生产总监、集团公共关系总监、集团人力资源总监、集团综合总监	0.85

历史业绩系数主要依据任职者上一年度在该岗位的绩效考核结果确定，分别为：优秀者1.05，合格者1.0，代理者0.95，初次担任该岗位工作者0.9。

规模系数主要根据规模将子公司分为A、B、C三类，相应的规模系数分别为1.0、0.9、0.8。

副职系数依据任职者能力、知识技能、工作经验、历史业绩等因素确定，原则为 0.5 ～ 0.7。

子公司生产厂厂长、销售总经理年薪基数的确定，原则上为对应子公司总经理的 60% 左右。

3. 年薪结构及发放

年薪结构可用下式表示：

年薪＝固定工资＋月度绩效工资＋年度绩效工资

表7-2为年薪制薪酬结构，其中，S代表对应岗位的年薪基数。

表7-2　年薪制薪酬结构

岗位	月度工资	月度绩效工资	年度绩效工资
总部各总监、副总监	$S/12 \times 40\%$	$S/12 \times 20\%$ × 个人月度绩效考核系数	$S \times 40\%$ × 集团公司年度绩效考核系数 × 个人年度绩效考核系数
子公司总经理、生产厂长、主管销售总经理	$S/12 \times 40\%$	$S/12 \times 20\%$ × 个人月度绩效考核系数	$S \times 40\%$ × 个人年度绩效考核系数

年薪遵照如下原则发放：

（1）月度工资按月固定发放。

（2）月度绩效工资在月度考核后发放。

（3）年度绩效工资在年度考核后发放。

每月将子公司总经理绩效考核结果进行排序，考核结果分为优秀、合格、代理三等。考核得分低于80分者为代理；考核前三名为优秀，其他为合格。对连续三次考核优秀者，给予表彰，与晋升挂钩；连续两次考核为代理或一年之中有三次考核为代理的，免除该职务。

4. 月度绩效考核

表7-3为月度绩效考核内容及权重。

表7-3　月度绩效考核内容及权重

被考核者	考核者	考核内容及权重	
		关键业绩指标	部门满意度
总部总监	董事长、总经理、常务副总经理	80%	—
	各子公司对应岗位	—	20%
子公司总经理	总部相关总监	80%	—
	总部部门各总监	—	20%

总部各总监的月度关键业绩指标考核得分等同于各部门关键业绩指标考核得分。

子公司总经理月度关键业绩指标考核得分等同于该子公司关键业绩指标考核得分。

绩效考核分数为百分制，绩效考核系数等于绩效考核分数除以100。

5. 年度绩效考核

集团公司整体的年度绩效考核分数根据集团公司实际业绩完成情况（销售收入、利润）确定。

各部门总监、子公司总经理年度绩效考核分数由董事长、总经理、常务副总经理依据所签订的目标责任书，根据实际业绩完成情况确定。

（1）财务总监年度目标责任绩效考核（见表7-4）。

表 7-4　财务总监年度目标责任绩效考核表

考核期间			考核时间		
序号	指标	权重	得分		计分=得分 × 权重
1	会计核算	20%			
2	财务分析	15%			
3	对子公司审计	20%			
4	审计整改	10%			
5	预算管理	5%			
6	利润足额上缴率	5%			
7	资金管理与筹措	15%			
8	财务管理	10%			
计分合计					
否决指标	序号	指标	发生后总分扣减系数范围	是否发生（是 / 否）	实际扣减系数
	1				
	2				
目标责任绩效总计=计分合计 × （1- 财务管理或审计失误总分扣减系数）					

（2）生产总监年度目标责任绩效考核（见表 7-5）。

表 7-5　生产总监年度目标责任绩效考核表

考核期间			考核时间		
序号	指标	权重	得分		计分=得分 × 权重
1	生产成本控制	15%			
2	24 项生产消耗	15%			
3	产品质量合格率	15%			
4	工厂运行效率提高	10%			
5	采购管理	15%			
6	生产管理经验推广	10%			

续表

序号	指标	权重	得分	计分＝得分 × 权重
7	生产预算	10%		
8	制度建设	10%		
计分合计				

否决指标	序号	指标	发生后总分扣减系数范围	是否发生（是/否）	实际扣减系数
	1	生产事故	5% ~ 10%		
	2	技术质量事故	5% ~ 10%		

目标责任绩效总计＝计分合计 ×（1－生产事故总分扣减系数）×（1－技术质量事故总分扣减系数）

（3）子公司总经理年度目标责任绩效考核（见表7-6）。

表7-6　子公司总经理年度目标责任绩效考核表

子公司				考核时间		
指标类别	序号	指标	权重	得分	计分＝得分 × 权重
业绩指标	1	年度利税总额	20%		
	2	上交利润总额	20%		
	3	产品质量合格率	15%		
	4	销售费用	15%		
	5	生产成本	10%		
	6	24项生产消耗	10%		
	7	年度销售收入	5%		
	8	产品结构优化	5%		
业绩指标合计					
否决指标	1	重大安全生产事故			
	2	技术质量事故			
	3	科技发明			
	4	应收账款			
	5	人力资源培养开发			

目标责任考核得分＝业绩指标得分 ×（1－重大安全生产事故扣减系数）×（1－技术质量事故扣减系数）×（1－科技发明扣减系数）×（1－应收账款扣减系数）×（1－人力资源培养开发扣减系数）

分析点评

年薪制目前在国外非常普遍，在中国虽然没有普及，但发展的速度非常快，特别是一些上市公司的高管都实行年薪制。年薪制的优点表现在以下几个方面：

（1）年薪制可以充分体现经营者的劳动特点。企业可以根据经营者一个年度以及任期内的经营管理业绩，确定与其贡献相称的年度和长期报酬水平以及获得报酬的方式。

（2）年薪结构中含有较大的风险收入，有利于在责任、风险和收入对等的基础上加大激励力度，使经营者凭多种要素广泛深入地参与企业收益分配，使经营者的实际贡献直接反映于当期各类年薪收入的浮动之中，并进一步影响其应得的长期收入。

（3）年薪制可以为广泛实施股权激励创造基础条件，企业既可以方便地把年薪收入的一部分直接转化为股权激励形式，又可以组合多种股权激励形式，把经营者报酬与资产所有者利益和企业发展前景紧密结合起来。

注意事项

年薪制在使用过程中需要注意两点：

（1）年薪制无法调动经营者的长期行为。公司高级管理人员时常需要独立地就公司的经营管理以及未来发展战略等问题进行决策，诸如对公司购并、公司重组及重大长期投资等的决策。这些重大决定给公司带来的影响是长期的。但在执行计划的当年，公司财务记录大多是执行计划的费用，计划带来的收益可能很少或者为零。那么出于对个人利益的考虑，高级管理人员可能倾向于放弃那些有利于公司长期发展的计划。

（2）年薪制只考虑了企业的年度收益，在信息不对称的情况下，会导致企业家行为短期化。在缺乏动力激励的情况下，企业家也可能通过其他渠道获取收入，通过各种途径"寻租"。

工具2：宽带薪酬

内容概述

1. 宽带薪酬的概念

所谓"宽带薪酬"，就是在组织内用少数跨度较大的工资范围来代替原有数量较多的工资级别的跨度范围，将原来十几甚至二十几、三十几个薪酬等级压缩成几个级别，取消原来狭窄的工资级别带来的工作间明显的等级差别。但同时将每一个薪酬级别所对应的薪酬浮动范围拉大，从而形成一种新的薪酬管理系统及操作流程。宽带中的"带"意指工资级别，宽带则指工资浮动范围比较大。与之对应的则是窄带薪酬管理模式，即工资浮动范围小，级别较多。目前国内很多企业实行的都是窄带薪酬管理模式。

"宽带"这一概念来源于广播术语，而宽带薪酬则始于20世纪80年代末到90年代初。美国经济于1987年开始走下坡路，至1990年正式进入衰退期后，宽带薪酬结构作为一种与企业组织扁平化、流程再造、团队导向、能力导向等新的管理战略相配合的新型薪酬结构设计方式应运而生。

2. 宽带薪酬的设计流程

（1）确定宽带的数量。首先，企业要确定使用多少个工资带，在这些工资带之间通常有一个分界点。在每一个工资带对人员的技能、能力的要求都是不同的。

通用电气零售商学院财务服务企业使用了5个宽带，替代了24个级别，并对每个宽带的目标、能力和培训要求作了明确的要求。

（2）根据不同工作性质的特点及不同层级员工需求的多样性建立不同的薪酬结构，以有效地激励不同层次员工的积极性和主动性。

（3）确定宽带内的薪酬浮动范围。根据薪酬调查的数据及职位评价结果，确定每一个宽带的浮动范围以及级差。同时，在每一个工资带中每个职能部门根据市场薪酬情况和职位评价结果，确定不同的薪酬等级和水平。

（4）宽带内横向职位轮换。同一工资带中薪酬的增加与不同等级薪酬增加相似，在同一工资带中，鼓励不同职能部门的员工跨部门流动以增强组织的适应性，提高多角度思考问题的能力。因此，职业的变化更可能是跨职能部门，而从低宽带向高宽带的流动则会很少。

（5）做好任职资格及工资评级工作。宽带薪酬虽然有很多优点，但由于经理在决定员工工资时有更大的自由，使用人力成本有可能大幅上升。美国联邦政府的有限的经验表明，在宽带结构下，薪酬成本上升的速度比传统工资结构快。

为了有效地控制人力成本，抑制宽带薪酬模式的缺点，在建立宽带薪酬体系的同时，还必须构建相应的任职资格体系，明确工资评级标准及办法，营造一种以绩效和能力为导向的企业文化氛围。

⇨【实用范例】

某大型烟草企业，员工5000余人。长期以来，公司在人力资源管理，尤其是在以薪酬为核心的激励体系方面问题较为突出。"分配多少讲平均""岗位轻重凭感觉""薪酬绩效不挂钩""业绩考核形式化"等日益成为企业发展的严重障碍。为此，该公司自2002年年底在全系统率先推行"宽带薪酬"，创建并形成了极具特色的国企激励体系。2003年9月因此受到行业表彰。

该公司通过以下两步建立了"宽带薪酬"制度：

第一步：明确传统薪酬制度的弊端和"宽带薪酬"的概念。

第二步：具体实施，建立"三位一体"的薪酬激励体系。

鉴于上述宽带薪酬模式的全新要求，该烟草公司开展了"构建以'组织优化、岗位设计与价值评估'为基础，以考核激励、薪酬激励和培训激励为主体的企业激励体系"的人力资源管理创新活动。

1. 梳理组织部门结构，优化岗位职责体系

首先，按照国家和行业有关机构改革的工作部署，在全系统开展了机构改革和减员分流工作。全系统16个单位，机关科室由原来的176个，精减为125个，减少51个，减幅29%，从业人员减幅35.28%。其次，在全

面收集有关工作信息的基础上，对企业流程进行了优化整合，进而对所有岗位的工作职责、任职条件与资格进行了细化和重新界定，形成了规范化、标准化的"职位说明书"。这不仅为员工的选聘、培训提供了标准，同时也为岗位评价、绩效管理、薪酬管理和其他人力资源管理活动提供了科学的依据。

2. 运用价值创造理念，首推岗位价值测评

传统的薪酬框架下，岗位重要程度往往没有量的界定。因此，人们总以为自己的岗位最重要，相互贬低他岗现象较为普遍。但是，通过借助"要素评分法"而首次推出的"岗位价值测评"，则彻底打破了这种岗位间自以为"重"的局面。该方法将岗位评价因素抽象为知识技能、责任、努力程度和工作环境四大方面，并赋予不同权重。最后，依据岗位职责大小，分别赋值打分，分值经过系统处理得到定量的岗位价值。

岗位价值测评的结果，不仅为公司内部的薪酬分配与调节提供了科学、合理的依据，也为岗位等级数量及岗内工资变动范围的确定，进而为宽带薪酬设计，以及基于宽带薪酬的激励体系构建奠定了系统、理性的基础。

3. 量化细化考核指标，发挥考核激励功效

该烟草公司依据"宽带薪酬"理念，在指标提取、赋值和计算出考核系数出来的基础上，重点突出了绩效考核的可激励性。

同一岗位的不同员工，考核成绩优秀者，即使岗位级别未得到晋升，但按照岗位价值（系数）序列，其享受的价值系数可以得到提升，从而使绩效薪酬得到体现。这样的同岗不同薪，有利于发挥考核的激励作用。

不同岗位的员工，当低岗位员工由于考核成绩优秀而提升的价值系数，因为宽带薪酬的重叠性与高岗位员工的某一价值系数相等时，便可达到"不同岗也可同薪"的效果。如此考核，激励着岗位间员工看重的不再是传统薪酬下的岗位（职务）级别，而是自身的能力和所创造的价值。

4. 整合价值绩效尺度、强化薪酬激励管理

与传统薪酬制度相比，该公司更加注重薪酬本身激励作用，在岗级薪酬激励、绩效薪酬激励和特区薪酬激励等方面创新特色彰显。

（1）岗级工资激励。该公司宽带薪酬模式在员工基本薪酬方面，主要体现在岗位薪酬的设计上。由于岗级薪酬标准是与岗位价值系数挂钩的，

为了保持岗位内在要求的动态适应性，公司定期对岗位等级进行岗位价值再测评、再排序，并根据经济效益情况设定岗级薪酬基数。员工岗级薪酬按照其所在岗位确定，并根据员工个人历史绩效予以调整。岗级工资标准的计算公式为：

$$岗级工资 ＝ 岗级工资基数 \times 岗位价值系数$$

（2）绩效薪酬激励。

$$员工绩效薪酬 ＝ 公司绩效薪酬发放基数 \times 岗位价值系数 \times 绩效考核系数$$

就是说，假定公司当月绩效薪酬发放基数为500元，某员工所在岗位的价值系数为1.3，当月绩效考核系数为0.98，则该岗位员工当月绩效薪酬为$500 \times 1.3 \times 0.98$，即637元，由此实现了价值薪酬和绩效薪酬的激励作用。

（3）特区薪酬激励。虽然该公司宽带薪酬对人才的选、育、用、留起到了很好的作用，但对公司内部价值贡献较大者或外部市场稀缺的人才，其效力仍然有限。为此，公司考核薪酬委员会还设立了薪酬特区，旨在使企业的薪酬政策与外部人才市场的薪酬水平接轨，进而提高企业对关键人才的吸引力，增强企业在人才市场上的竞争力。

5. 注重人力资本增值，追求员工培训激励

该公司的管理高层认为，实施员工培训，不仅是为了企业的价值提升，同时也是对员工人力资本价值的提升，特别是当培训机会、内容、种类与员工岗位、职务升迁、考核成绩挂钩时，培训实质上更是一种激励。2002年年底至2004年，该公司累计培训投资达100多万元。当然，增值培训最富意义的还在于它全面提升了公司人力资源管理的核心竞争优势。

分析点评

"宽带薪酬"是目前在国外较流行的一种人力资源管理方法。其优势在于：

（1）打破了传统薪酬结构所维护和强化的等级观念。宽带薪酬减少了工作之间的等级差别，从而提升企业的核心竞争优势和企业的整体绩效。

（2）引导员工重视个人技能的增长和能力的提高，大大地调动了员工的工作积极性。

（3）有利于职位轮换，培育员工在组织中跨职能成长的能力。在宽带薪酬体系下，由于薪酬的高低是由能力来决定而不是由职位来决定的，员工乐意通过相关职能领域的职务轮换来提升自己的能力，以此获得更大的回报。

➜ 注意事项

实施宽带薪酬需要注意的问题有：宽带薪酬不是解决所有薪酬管理问题的万用灵药，运用这种薪酬结构设计的企业中有成功者，也有失败者。并且薪酬管理人员对宽带薪酬的意见也是不同的，有的管理者认为宽带薪酬管理起来可能比较容易，因为在调整职位之间的薪酬差异方面所花的时间减少了。但有的管理人员却认为，花在对职位进行评价上的时间少了，但是花在对人进行评价上的时间却增加了。可见，宽带薪酬并不适用于所有的组织。

工具3：薪酬调查法

▶ 内容概述

1. 薪酬调查法的概念
薪酬调查，就是通过一系列标准、规范和专业的方法，对市场上各职位进行分类、汇总和统计分析，形成能够客观反映市场薪酬现状的调查报告，为企业提供薪酬设计决策依据及参考。

2. 薪酬调查的形式
（1）正式与非正式调查。对于一些相对数量较少，易于确定和区分的职位来说，此时采取非正式的电话访谈是一种行之有效的方法，这种非正式的电话访谈能很好地确定薪酬水平的差异。此外，人力资源管理专家在专业会议上的非正式讨论也是进行非正式薪酬调查的一种手段。20% ~ 25%的公司通过正式问卷调查来收集有关其他公司报酬水平的信息。

一种薪酬调查要有效果，就要充分关注有关细节。例如，在一项研究中，有60%的被调查者认为职位类型这个概念过于宽泛和模糊。因此，在薪酬调查中充分关注其中的细节内容是相当重要的。

（2）商业性、专业性和政府薪酬调查。许多公司的薪酬设计也依靠各种商业机构、专业协会或政府机构出版的研究报告。例如，美国劳工统计局（BLS）每年都举行三类调查研究，即地区工资调查，行业工资调查，对专业人员、管理人员即技术人员和办事员所做的调查。

BLS每年要对200个地区的工资情况进行调查。其调查重点是办事员和体力劳动者，并提供关于这些职位工资情况的报告。公司在确定各种类似职位的工资水平时，可以使用此类表格所提供的信息。这也是制订报酬方案的一项成本。

3. 薪酬调查的指标

（1）相关市场。要进行薪酬调查首先要定义相关市场。相关市场是指在一个地区由雇用同一类员工的公司组成的市场。

（2）关键职业。对被调查的职业的主要描述可以帮助调查信息的使用者对内部职业的责任和任务是否与调查职业相符做出判断。事实上，公司不会为自己的所有职业去寻找市场信息，只有关键的职业才包含在调查当中。所谓的关键职业有以下几个特征：

①有大量的雇员在从事这些职业。

②工作内容相对来说长时间的稳定。

③这些职业在雇佣形式上没有什么歧视。

④有许多不同的企业拥有这些职业。

⑤在市场上这些职业不会出现突然减少或短缺的情况。

（3）调查结果。为了帮助信息使用者对每个公司的薪酬分配方法都有一个大致的了解，调查者需要收集大量的工资支付方案。而在调查中所涉及的某个特定公司的资料是不能确定的，如果有了确实的资料，就违反了保密性原则。

从调查中得出的结果反映了竞争者之间为相似的职业所支付的工资水

平的分布状态。然而，一项调查很少仅仅关注一种职业。相反，在一项调查中应收集大量不同职业的相关资料，这些资料通常涵盖了一个较宽范围的相关职业。如果调查的目的是设置一定数量与市场相关联职业的工资水平，那么，就需要将所有被调查职业的数据结合起来。一条市场工资水平线可以概括出市场上不同职业的工资水平情况。

（4）市场工资线。将4个关键职业的工资水平的分布状况数据中点在一张图表中连接起来，在主要的分布状况数据间画一条线就形成了一条工资线。这一曲线可以通过许多方法画出：

①将所有分布状况的数据的中点连接起来。

②直接画一条线，将大部分分布状况数据的中点连接起来，即使有一些中点落在该线之外。

③应用回归分析可以通过统计手段画出一条更为精确的直线。

市场工资线将调查数据进行汇总，并揭示出竞争者之间相似职位所支付的工资。

⇨【实用范例】

下面是《程序员》杂志对2007年软件开发人员薪酬的调查。

本次薪资调查数据收集历时近一个月，收集有效问卷4009份，数据的主要收集渠道来源于 CSDN 网站。

1. 软件开发者基本状况分析

通过调查发现，2007年月薪在5000元以上的高收入开发者比例显著上升，800～5000元的中低收入者有不同比例的下降，但800元以下的超低收入者与2006年持平。整体薪资水平的上涨除了受行业整体平稳发展的影响，也与2007年国内整体消费和物价水平的上涨息息相关。

在本次调查中本科学历的程序员占总体比例的1/2强，达59%。其次是大专和硕士，分别占21%和14%，高学历者和低学历者所占比例较少，这与目前中国的整体教育状况和 IT 行业对人才的需求状况基本一致。在薪资方面，占比例最少的博士薪资分布基本都在6000元以上区间，整体来说，学历和薪资基本成正比增长，但是不排除个别低学历的高薪者。

在从业时间方面，参与本次调查的程序员仍然以1～3年的居多，占39%，其次是占整体比例27%的从业时间在1年之内的新人。不过与2006年相比，从业时间在5年以上的程序员总体比例上升了6个百分点（2007年从业时间在5年以上的程序员占总体17%，2006年的调查数据为11%）。从基本上来说，国内的软件开发者正在以实际行动破除"编程是年轻人世界"的谎言。

供职于民营企业的程序员达52%，其次是外企和合资企业，分别为23%和10%。在薪资待遇方面，外资企业的薪资分布情况偏高，以5000元以上区间居多，其他企业薪资分布情况与薪资整体分布走势基本一致。

在开发者的基本状况中，对薪资影响较为明显的除了从业时间外，应该就是开发者的地区分布情况了，应该说这是由中国整体经济发展情况决定的。但是在开发者的薪资调查中，这种分布和影响也间接地说明了各地软件业的发达情况。北京在全国软件业占据的中心地位，得到巩固。连续三年的调查中，来自北京的程序员比例持续上扬，2007年这个数字达到了总体的1/4，较2006年增长了4%。另外，2007年程序员地区分布，仅次于北京的是上海，为15%，深圳为10%。其他所占比例相对较高的城市和地区有：广州8%、杭州5%、华东其他城市6%、南京4%。

2. 测试步入正轨，SOA成新贵

国内软件的开发流程中，测试员的工作往往最不受重视，以往很多公司甚至没有专业的测试人员。但在本次调查中发现，测试工程师的比例大幅上升，达到了总体比例的3%。另外，虽然测试工程师的平均收入还不高，收入为1000～3000元的测试工程师占1/2弱，为47%；29%的测试工程师收入为3001～5000元。但总体来说，也并不是大家想象的整体"低收入人群"，月薪为5001～8000元的测试工程师达14%，甚至有9%的测试工程师月薪达8000元以上——也仅有7%的高级程序员能获得这个待遇。

SOA可以说是2007年最热门的一个词汇，与此相关的产品和技术都颇受业界追捧。同样从事SOA行业的程序员也突飞猛进，1年时间内，从几乎可忽略的比例上涨到3%。另外，上涨势头喜人的还有核心/平台技术的开发应用：从2006年的5%增长到了2007年的10%。同样上涨的还有大型企业应用，增长比例为3%，达到总体比例的16%。

3. 开发语言对薪资影响渐微

开发语言可以说是程序员工作的"弹药"，关于开发语言的高低贵贱的争论从未停止过——虽然这本身就是一个没有正确答案的论题。在本次调查中，程序员使用的开发语言仍然以几大主流为主：C/C++ 占 32%，Java 占 37%，".NET" 占 22%，C# 占 21%，Delphi 占 7%。

但在开发语言使用和薪水关系上，情况就不那么乐观了。接近 85% 的 ".NET" 工作者月收入不足 5000 元，这意味着曾经高薪的历史一去不复返了。如今技术门槛比较低，".NET" 技术实在算不上什么高深技术。做 ".NET" 的仅靠技术能力得到高薪是很难的，不到 6% 月收入高于 8000 元的 ".NET" 开发程序员，应该大都是管理层：有数据表明，10% 的项目经理并不是纯 ".NET" 技术开发者。

45% 的从事 Java 编程的开发人员月薪为 1000 ~ 3000 元，这个范围的薪水基本上是大学毕业之后到工作两年之间的薪水范围，这说明大量毕业生进入软件编程行业，主要采用的还是 Java 技术，Java 成为他们谋生最主要的工具之一。此外，在 3000 ~ 5000 元月薪范围有 29% 的比例，这个薪水范围一般是 1 ~ 3 年工作经验的程序员。可见在软件行业当中，Java 应用比例还是非常高的。另外，在 1 万元以上月薪范围还有 2% 的比例，说明 Java 程序员也有一部分可以进入比较高的收入阶层。

4. 开发者整体福利有所提高

2008 年 1 月 1 日开始实施的《中华人民共和国劳动合同法》，自 2007 年年底发布以来一直是所有职场人士关注的话题，对于程序员这个群体来说，新劳动法的颁布和实施将会带来更多的保障。从整体上来看，2007 年拥有社会保险、住房补助或住房公积金的程序员比例已经较 2006 年进一步上涨，达到了 42% 和 35%。

另外，在所有福利中，最具有爆炸性增长的一项是弹性工作时间：从 2006 年的 5% 飞跃到 54%，增长近 11 倍！这一水平开始接近于软件业发达国家，随着国内开发管理流程的进一步规范，逐渐与国际接轨，程序员的个人管理能力进一步提高，相信这种工作模式会得到更加广泛的推广。

最后，值得一提的是一些具有程序员特色的福利情况：拥有培训或学习机会的程序员占 18%、完成项目后得到项目奖金的程序员占 15%、拥有年终分红的程序员占 13%。这反映了越来越多的公司开始真正意识到科技是第一生产力，把培训放到了比较重要的位置，并做到以人为本，舍得花更多的资金留住优秀人才。

分析点评

薪酬调查是薪酬管理中的重要组成部分，重点解决的是薪酬的对外竞争力和对内公平性问题，薪酬调查能够帮助企业达到个性化和针对性地设计薪酬的目的。

注意事项

薪酬调查是一门复杂的学科，因此，企业在进行薪酬调查的时候，要尽量与比较权威的机构合作，以便尽可能地获得比较准确全面的信息。在调查结果的使用过程中，企业必须根据自己的经验和智慧来进行合理的推测，同时还要考虑本企业的实际情况，这样才能制定出科学合理的薪酬体系。

工具4：员工福利计划

内容概述

1. 员工福利计划的概念

员工福利计划是一个比较笼统的概念，通常是指企业为员工提供的非工资收入福利的综合计划，所包含的项目内容可由各企业根据自身实际情况加以选择和实施。一般来说，员工福利计划主要由以下部分组成：国家规定实施的各类基本的社会保障，企业年金（补充养老金计划）及其他商业团体保险计划，股权、期权计划，其他福利计划等。

福利计划的划分方式很多，可以分为经济性福利、工时性福利、设施性福利、娱乐及辅助性福利；也可分为社会性福利和企业内部福利。社会性福利为强制性的基本福利制度，像养老保险、失业保险、生育保险、带薪年假、婚丧假等已为我们所熟识。企业内部福利是指企业内部自行设定的一些福利内容，比如旅游项目、补充养老金、公积金、生日蛋糕、节假日的津贴、礼物等。

2. 员工福利计划的作用

员工福利计划正在被越来越多的企业所重视和引用。其作用主要有三点：

（1）为员工提供风险保障（如工伤赔偿），以解除员工后顾之忧，提高员工的生产积极性。

（2）建立企业激励机制，以奖励在关键岗位工作，贡献突出的员工和忠实于企业的老员工。

（3）利用税收优惠政策和账户管理技术转移和减少当期用工成本。

3. 员工福利计划制订的原则

企业在制订福利计划时要把握好三个原则：

（1）要具备很强的针对性。根据企业自身特点，结合不同员工特定的需求，制定真正能解决员工实际需要和后顾之忧的福利种类。比如，对年轻的员工可采取住房福利的形式，减轻购房及还贷的压力；对家有学龄儿童的雇员可通过报销子女教育费形式予以挽留。

（2）提供多种多样的福利组合。对关键性的员工可采用激励与挽留相结合的多种手段，如股票期权、与绩效挂钩的养老储蓄计划、具有弹性的休假制度、高端医疗保障等。

（3）与业绩挂钩，不被刚性薪酬制度所限。现金化的薪酬具有一定的刚性，难以结合员工绩效，如果将员工的福利报酬与其个人绩效、公司整体业绩挂钩，在留住核心员工的同时，也会收到很好的激励效果。

▷ **【实用范例】**

伊利集团是全国乳品行业龙头企业之一，是国家520家重点工业企业和国家八部委首批确定的全国151家农业产业化龙头企业之一。

作为中国的明星企业，伊利集团的员工福利计划做得非常好。伊利集团各种形式的福利项目已达40项，其中法定福利项目占15%，伊利自定福利项目达85%，为员工提供舒适的工作环境，解除了后顾之忧。

例如，带薪休假、子女商业保险、子女入托补贴、回族员工节日贺金等，都是极具伊利特色的福利待遇。目前，伊利员工享有的各种形式的福利项目，除法定福利项目外，还包括带薪年休假、形式多样的生日、婚礼祝福、员工子女营养关怀、男员工护理假、外派人员探亲假、夏季高温防暑补贴、健康体检、管理人员交通补贴等多项企业自定福利项目。

分析点评

员工福利计划是现代企业人力资源管理的重要组成部分。它涵盖保险保障、退休计划、带薪假期、教育津贴等各种各样的津贴和福利。对于企业来说，一个完善的员工福利计划，不仅可以作为企业吸引并留住人才的重要手段，同时还能获得专业的人力资源风险管理和经济的公司财务安排。对于员工来说，则可以得到周到全面的保障，解除后顾之忧，从而全身心投入工作、享受生活。

注意事项

企业需要注意的是，员工福利计划的建立和实施是一个渐进的过程，不能一蹴而就。即使建立了也应该不断调整，而不应守着固定的范本一成不变，这样才能使员工福利计划发挥最大作用。

工具5：员工持股计划

内容概述

1.员工持股计划的概念

员工持股计划是指企业通过在一定条件下、以特定的方式给予经营者一定数量的企业股权，从而进行激励的一种制度。它能够将企业的短期利益和长远利益有效结合起来，使经营者站在所有者的立场思考问题，达到企业所有者和经营者收益共同发展的双赢目的。简言之，员工持股计划是指企业经营者和职工通过持有企业股权的形式，来分享企业剩余索取权的一种激励行为。

自20世纪90年代初以来，员工持股计划在美国盛行，接着迅速在欧洲蔓延，后来逐渐进入中国。

2. 员工持股计划的目的和作用

（1）对员工进行激励以解决代理矛盾。股权激励是最有效的激励手段，通过各种方式给予员工股权，使员工与企业形成利益共同体。实践证明，通过对员工的股权激励对提高企业的劳动生产率有明显的促进作用。

（2）人力资源开发。企业人才是稀缺资源，是企业竞争制胜的关键。而人才又是企业之间争夺的焦点，要想留住人才，给予股权是最有效的方式之一。员工持股对鼓励员工进行人力资源的自我开发具有重要的导向作用。

（3）产权制度改革，建立现代企业制度。产权多元化是现代企业制度的重要特征，以员工持股形式实现的产权多元化比外部产权多元化对现代企业制度的建立有更明显的作用。特别是对于中国的企业改革具有重要意义。

（4）防范恶意收购。由于员工股份的相对稳定性，以及员工普遍不愿企业被别人收购而导致失业危险，所以员工持股计划是防范恶意收购的有效方式。

（5）实现利润共享。这是企业经营的更高理念，是企业的一种社会理念，所有者与雇员共同创造财富、共同拥有财富，实现经济民主。在共享的过程中创造更多的财富。

⇨【实用范例】

作为世界著名的科技集团公司，联想公司是推行员工持股计划最为成功的典型。1993年，联想公司从中科院计算机所的所办公司变为中科院的院管公司。联想公司向中科院提出，由管理层和员工占有35%的分红权的方案。1994年，中科院同意对联想公司股权进行划分，确定按照中科院占65%，联想集团的管理层和员工占其余35%股权的分红权，从1995年开始实施。

这是一个非常重要的政策支持。红利的多少完全取决于企业的效益，这使得联想公司的职工和经营者都关心企业的发展，而不只是一味地关心个人的利益得失。同时，它为联想公司的新老交替提供了可靠的制度保障。由于认识到自己的创业已经通过红利权的形式得到了认可，联想公司的创业者非常愿意并支持年轻人进入新的领导岗位，这为联想公司的有序发展提供了制度保证。

2001年，联想公司完成了从分红权到股权的转变。联想公司在集团内部推行员工持股计划，这个员工持股计划进一步明确了员工持股会所持35%股份的分配：第一部分是创业时的骨干，将获得其中的35%；第二部分主要是1988年6月1日以前的老员工，将获得其中的20%；第三部分是未来的骨干员工，包括现在的联想公司员工，获得其余的45%。这一方案的最大特点是兼顾了企业的过去和未来，既妥善地解决了早期创业人员的历史贡献问题，又恰当地考虑了企业的发展前途。

📝 分析点评

员工持股计划是一种制度资源，是一种运行机制，是一种运作工具，运用得当会对企业运作产生多方面的积极作用。作为企业所有者和经营者，应该对员工持股计划这一有效的制度资源和运作工具有一个清楚和深入的了解。不管是民营企业还是国有企业、不管是大型企业还是小型企业的所有者和经营者，如果能够对员工持股计划这一工具有深入的了解，设计出科学的方案，对企业充分挖掘其他资源潜力会产生重大作用。

⊙ 注意事项

企业在实行员工持股计划的时候，需要注意以下四方面问题：

（1）如果股票价格与公司业绩或内在价值之间的相关性不高，那么股票期权激励就会失去理论根据。

（2）员工持股计划与原有股东的利益冲突及平衡问题。

（3）员工利益与公司利益的平衡问题。

（4）员工持股计划的适应面太窄，占多数的非上市公司的长期激励体制必须另辟蹊径。

工具 6： 自助式薪酬

内容概述

1. 自助式薪酬的概念

自助式薪酬指的是在合理的范围内，员工根据自己的需求、兴趣及家庭情况来制订个人的薪酬方案，与企业共同选择自己的薪酬组合模式。自助式薪酬体制最本质的改变是，薪酬体制从以雇主为中心转变为以雇员为中心，雇员从一个薪水的接受者转变为薪水的制定者。

"薪酬自助餐"的诱人之处就在于，每个人可以根据自己的口味偏好自由选择和搭配。自助式薪酬方案具有很强的弹性，员工可以在企业给定的框架内，根据个人的需求进行相应的调整与组合，以建立自己的薪酬系统。同时，随着自己兴趣爱好、需求的变化做出相应的调整。例如，如果员工对额外津贴不感兴趣，就可以放弃这一项而选择感兴趣的生活质量部分，例如，减少每周工作时间或者早晨在家工作；可以放弃带薪休假而选择报销学费，可以选择高工资而放弃一些奖励；可以选择年底多一些分红而平时工资少一些；可以选择多一些额外津贴而放弃部分加班费。

2. 自助式薪酬的分类

自助式薪酬可以分为直接薪酬和间接薪酬，两者无论是表现形式、风险度、弹性度还是激励效应都有很大的区别。

（1）自助式直接薪酬。直接薪酬包括了三部分内容：基本薪酬、奖励薪酬和附加薪酬。基本薪酬一般按照企业的薪资标准，以个人的岗位、技能、职责等要素为参照来确定；奖励薪酬是与业绩相关的奖励性和激励性的收入，主要有奖金、股权、利润分享等形式，是用来奖励员工的杰出贡献，激励员工更加努力地工作；附加薪酬指的是各种津贴，是对特殊工作岗位和工作性质、员工的某些特殊技能和知识所做的补偿，如职称津贴、外勤津贴等。

（2）自助式间接薪酬。间接薪酬包含的内容十分丰富，大致可以分为福利、晋升和发展机遇、工作生活质量以及退休计划四部分。间接薪酬是整体薪酬的辅助部分，因此其灵活性较直接薪酬大得多，选择的自由度也大大增加。通过自助模式安排，间接薪酬不仅能够弥补直接薪酬的某些缺陷，还能发挥直接薪酬无法实现的激励效应。

这两种方式中的直接薪酬的设计类似于自助套餐，即对"套餐"的内容不允许更改，自助的范围限于不同"套餐"之间的选择；而间接薪酬的设计则类似于自助餐，即规定总额，至于你想要什么样的搭配由你自己选择。当然，这只是两种最基本的模式，实际上，根据企业的不同情况，可以设计的模式远远不止这两种，灵活选择的范围也有大有小，因此企业在实际运用中，必须从企业特点和实际情况出发来设计合适的薪酬模式。

⇨【实用范例】

2008年，虽然受到了金融危机的冲击，但A公司工作仍然取得了一定的成绩。于是老板王先生像往年取得成绩时一样，给员工发放一笔上万元的奖金。但是，王先生发现这样的激励方式已经失去了作用，员工在领取奖金的时候反应非常平淡，就像领自己的薪水一样自然，并且在2009年的工作中也没人会为这上万元的奖金表现得特别努力。同时，王先生还发现员工的抱怨比以前有所增加，员工们认为老板不重视他们的需求，给不了他们想要的东西。于是员工离职尤其是优秀人才的跳槽现象开始增多，这给公司造成了巨大的损失。

王先生和人力资源部的人员研究后，决定实行自助式薪酬制度。他们薪酬细分为5大类10种成分：

$$TC = (BP+AP+IP) + (WP+PP) + (OA+OG) + (PI+QL) +X$$

式中：TC——整体薪酬；

BP——基本工资；

AP——附加工资，定期的收入，如加班工资等一次性报酬；

IP——间接工资：福利；

WP——工作用品补贴，由企业补贴的资源，诸如工作服、办公用品等；

PP——额外津贴，购买企业产品的优惠折扣；

OA——晋升机会：企业内的提拔机会；

OG——发展机会，企业提供的所有与工作相关的学习和深造机会，包括在职在外培训和学费赞助；

PI——心理收入，雇员从工作本身和公司中得到的精神上的满足；

QL——生活质量，反映生活中其他方面的重要因素（如上下班便利措施、弹性的工作时间、孩子看护等）；

X——私人因素，个人的独特需求。

而且公司根据员工不同的需求来安排以上10种薪酬成分的比重，一个员工对应一个薪酬组合。比如：某个员工对额外津贴不感兴趣，那么他可以放弃这一部分，而挑选让他感兴趣的部分，诸如生活质量（减少每周工作时间或者可以在家办公）；某个员工不需要医疗保险（因为他的配偶的保险已经将他包括在内了），他就可以把这份原本用于医疗保险的薪酬转换到其他方式上，比如增加基本工资。总之，A公司的这种定制化的薪酬方案满足了员工的差异化需求，极大地调动了员工的工作积极性。

分析点评

自助式薪酬大大地扩充了传统薪酬概念的内涵，突出雇员与公司业绩之间的联系，通过现金和非现金手段，帮助建立一种企业与员工之间的伙伴关系。这种薪酬制度的优点在于：

（1）员工有更大选择性，可以量身定制自己的薪酬方案。

（2）注重非现金薪酬成分。旧式薪酬体制是一种基于职位、岗位和内部均衡的薪酬体制，决定薪酬的元素比较简单。而自助式薪酬模式不仅体现了现金薪酬，还体现了企业对员工在晋升和发展机会等方面的激励，关注员工的成就需要。

（3）以业绩为主导，投资和奖励相结合。

（4）员工参与程度高，能与企业有效沟通。

➡ 注意事项

需要注意的是，自助式薪酬制度的建立不是一个一蹴而就的过程。它打破了传统的薪酬模式和制度，需要企业为诸如惯性、合理性、文化和结构滞后等因素付出一定的代价，并且对于薪酬和福利领域的改革，很可能需要赋予员工新的职责，需要将薪酬模式的 10 个组成成分综合起来，由一个独立的部门管理。

工具 7：EVA 激励计划

◗ 内容概述

1. EVA 激励计划的概念

EVA 是 Economic Value Added 的首字母组合，意为增加值。它是由斯特恩·斯图尔特在 1989 年推出的，简单的 EVA 定义是在扣除了产生利润而投资的资金成本后的所剩下的利润，也就是企业调整后的税后净营业利润减去反映企业资本成本的资本费用后的余额。EVA 到今天不仅仅是一种业绩评价指标，更是一个以薪酬激励计划为核心，为各方面决策提供依据的财务管理系统。EVA 奖金计划已在包括可口可乐公司在内的一流公司得以实施，并取得了不错的效果。与传统的激励办法相比，与 EVA 相联系的激励机制有更多的优势。

2. 基于 EVA 激励计划建立的各项制度

（1）基于 EVA 建立奖励基金。基于 EVA 建立的奖励基金体现出薪酬与公司效益的直接挂钩，在 EVA 机制下，经理层奖金将直接根据当年度和前一年度的 EVA 值来计算。计算公式如下：

$$奖金 = M_1 \times (EVA_t - EVA_{t-1}) + M_2 \times EVA_t \qquad (7\text{–}1)$$

其中，EVA_t 和 EVA_{t-1}，分别是当年和前一年的 EVA 实际值；M_1 和 M_2 是加权系数，M_1 反映了 EVA 的变化值在确定管理人员当年奖金时的比重，M_2 反映了当年 EVA 值在确定管理人员当年奖金时的比重。

（2）基于 EVA 建立奖金银行。公司通过设立专门的账户来处理经营层的奖金。该账户有两种类型：一种是目标奖金用现金支付，超额奖金的 1/3 放入奖金银行账户，以后年份出现负的业绩则从该账户中扣减；另一种是完全奖金银行账户，即将全部奖金都放入奖金银行账户，每年提走 1/3，负的业绩同样借记该账户。

对经营层的奖金采用延期支付方式，可以激励经营层从公司的长期发展来规划企业的发展计划，避免当期支付引发的经营者行为短期化倾向。所以，每个经营期间以 EVA 为基准计算的奖金应采取当期支付与延期支付相结合的办法。

（3）基于 EVA 建立管理制度。

①基于 EVA 建立杠杆股票期权制度。建立基于 EVA 的杠杆股票期权制度的意义在于将经营层的经济利益与公司股份挂钩，即只有股东获得了最低的投资收益率后，经营层才能获得期权收益。杠杆股票期权的执行价格每年应当以相当于公司资本成本的比例上升。

②基于 EVA 建立考核体系和管理体系。EVA 的持续增长需要明确的战略，以 EVA 提高为基础的业绩考评系统及职责分明、奖惩分明的责任机制，这可以帮助管理人员权衡不同因素，以形成最佳决策的财务管理系统和以价值增值为核心的企业文化。

⇨【实用范例】

A 公司创建于 1999 年，是某集团下属的一级企业，以生产手机电池、碱性电池为主的高新技术企业。公司在创立初期从国外引进了一流的专家、博士，在 2000 年考核中 A 公司被评为集团优秀管理企业，但在 2001 年度却亏损 2000 万元。

公司通过分析发现，亏损的原因在于薪酬制度出了问题。于是，他们决定通过导入以 EVA 为核心的经营激励计划，对公司的薪酬体系进行改进。

1. 建立 EVA 奖金银行计划

该计划设置每年业绩目标——预期 EVA 增加值和目标激励奖金，两者共同决定当年的支出。对于一般部门行政人员而言，其激励奖金的 50％取决于公司的 EVA 业绩系数，40％取决于部门业绩系数，10％取决于个人业绩系数。个人业绩系数从 0 ~ 1.5 不等，依据行政管理人员目标职责的完成情况而定。

以部门经理为例，基本工资为 1 万元，目标奖金为基本工资的 35％，公司业绩系数为 1.1（略高于目标），部门业绩系数为 0.9（略低于目标），个人业绩系数为 1.5（最大值）。

EVA 奖金＝（工资 × 目标％ × 公司业绩系数）×50％＋（资 × 目标％ × 部门业绩系数）×40％＋（工资 × 目标％ × 个人业绩系数）×10％

＝（10000×35％ ×1.1）×50％＋(10000×35％ ×0.9)×40％＋（10000×35％ ×1.5）×10％

＝ 1925+1260+525 ＝ 3710（元）

如果应得奖金超过目标奖金，高于目标奖金 125％的部分放入奖金银行账户，然后每年账户中正余额的 1/3 被派发，如果任何年份发生"负奖金"，该数额将从账户余额中扣减。

通过实施 EVA 奖金银行计划，排除了人们试图通过制订年度计划来得到好处的动因，培养了管理人员长期经营的观念，同时也降低了风险。

2. 建立基于 EVA 的杠杆股票期权制度

杠杆股票期权与传统股票期权的不同在于，传统股票期权的执行价格等于当前市场价格，对比之下，杠杆股票期权的执行价格每年以相当于公司资本成本的比例上升。这一点的意义在于，如果在期权有效期内股票价格不能产生高于公司成本的收益率，则期权是没有价值的。因此，除非股东获得最低的投资收益率，经营层才能获得期权收益。但是如果他们给股东带来了额外的收益，那么杠杆股票期权的杠杆结构能够确保公司高级行政人员获得丰厚的回报。

杠杆股票期权方案与公司的 EVA 奖金计划相联系，某一年份根据杠杆化的 EVA 购股期权计划与当年 EVA 奖金支出直接相关。一旦确定了奖金数量，经营层除了现金奖励外，还有公司股票期权。将股票期权奖励与 EVA

奖金结合起来使得股票期权本身成为一种可变的报酬，提高了整个激励制度的杠杆化程度。

✒ 分析点评

EVA激励计划的实质在于它能够促进衡量方案和整个EVA管理系统达到的同一目标——促进企业健康和可持续发展的实现。EVA激励计划考虑了有关公司价值创造的所有因素和利益关系平衡，使得EVA不仅仅是一种公司业绩度量的指标，还是一个全面财务管理的架构，是一种经营层薪酬的激励机制。作为一种有高度统一性的方法，EVA可应用于目标设置、业绩评估、与投资者沟通、评估战略、配置资金、并购估值以及使管理者像所有者那样思考的激励奖金确定等多种领域。

➡ 注意事项

企业在使用EVA激励计划的时候必须注意到，EVA本身并不十全十美，也内含某些缺陷，如计算方法过于繁杂、准确的EVA系数较难确定等。

工具8：全面薪酬战略

➤ 内容概述

1. 全面薪酬战略的概念

全面薪酬战略是指公司为达到组织战略目标，奖励做出贡献的个人或团队的系统。公司给受聘者支付的薪酬分成"外在的"和"内在的"两大类，两者的组合，被称为"全面薪酬"。

（1）内在的激励是指那些给员工提供的不能以量化的货币形式表现的

各种奖励价值。比如，对工作的满意度、为完成工作而提供的各种顺手的工具（比如好的电脑）、培训的机会、提高个人名望的机会（比如为著名大公司工作）、吸引人的公司文化、相互配合的工作环境以及公司对个人的表彰、谢意等。

（2）外在的激励与内在的激励各自具有不同的功能，它们相互补充，缺一不可。在计划经济体制下，我们只强调精神的作用而在物质报酬上"吃大锅饭"，伤害了员工的工作积极性。在市场经济的条件下，又往往忽视了精神方面的激励，一切都想用钱来解决问题，动辄扣奖金，同样会伤害员工的积极性。

2. 全面薪酬战略的特性

（1）战略性。全面薪酬管理的关键就在于根据组织的经营战略和组织文化，制定全方位薪酬战略。它着眼于可能影响企业绩效的薪酬的方方面面，要求运用所有各种可能的"弹药"——基本薪酬、可变薪酬、间接薪酬——来达到适当的绩效目标，力图最大限度地发挥薪酬对于组织战略的支持功效。

（2）创新性。与旧有薪酬制度类似，全面薪酬管理也沿袭了比如收益分享这样一些传统的管理举措。但在具体使用时，管理者却采取了不同于以往的方式，以使其应用于不同的环境，并因时因地加以改进，从而使它们更好地支持企业的战略和各项管理措施。全面薪酬战略重点强调的一点是，薪酬制度的设计必须取决于组织的战略和目标，充分发挥良好的导向作用，而不能机械地照搬原有的一些做法，或者简单地拷贝其他企业的薪酬计划。

（3）激励性。全面薪酬管理关注企业的经营，是组织价值观、绩效期望以及绩效标准的一种很好传播者，它会对与组织目标保持一致的结果和行为给予报酬（重点是只让那些绩效足以使组织满意以及绩效优异的人得到经济回报，对于绩效不足者，则会诱导他们离开组织）。实际上，关注绩效而不是等级秩序是全面薪酬战略的一个至关重要的特征。

（4）沟通性。全面薪酬战略强调通过薪酬系统将组织的价值观、使命、战略、规划以及组织的未来前景传递给员工，界定好员工在上述每一种要素中将要扮演的角色，从而实现企业和员工之间的价值观共享和目标认同。

此外，全面薪酬战略非常重视制定和实施全面薪酬管理战略的过程，这是因为它把制订计划的过程本身看成是一种沟通的过程，企业必须通过这样一个过程使员工能够理解，组织为什么要在薪酬领域采取某些特定的行动。

（5）灵活性。全面薪酬战略认为，并不存在适用于所有企业的所谓最佳薪酬方案，甚至也不存在对于一家企业来说总是有效的薪酬计划。因此，企业应当能够根据不同的要求设计出不同的薪酬应对方案，以充分满足组织对灵活性的要求，从而帮助组织更加适应不断变化的环境和客户的需求。

⇨【实用范例】

作为世界IT产业的巨人，IBM公司曾经辉煌异常，然而到了1994年，公司却陷入了前所未有的困境。为了摆脱困境，IBM公司聘请郭士纳出任CEO。在郭士纳的带领下，IBM公司停止了它在IT市场上的"自由落体运动"，重新走上复兴之路。IBM公司能重新站起来，其中一个非常重要的原因就是实施新的付酬模式——全面薪酬战略。

IBM公司实施全面薪酬战略的过程非常清晰：

（1）IBM公司很清楚自己所要的全面薪酬体系是什么，要起到什么作用，那就是提供一个由各种元素混合组成的、可以自由选择的全面的薪酬包。对于蓝色巨人来说，这样的薪酬模式转型是整个企业文化转型的重要组成部分。

（2）IBM公司在实施整个全面薪酬体系的过程中有条不紊、丝丝入扣，既符合全面薪酬体系实施的通用法则，也具有自己的特点。

①明确目标。通过全面薪酬体系来倡导绩效优先的文化，鼓励员工创造高绩效；满足员工各方面的需要，赢得人才并避免因为人才流失给企业带来价值损失；降低管理成本，赢得市场，比如通过全面薪酬留住核心员工，减少由于招聘、甄选等带来的直接成本和各种机会成本。

②把握时机。IBM公司在郭士纳最初决定变革文化的时候，就已经把薪酬模式的变革提上了日程，尽管改革薪酬战略的后果可能会被放大。

③开发IBM公司特色的全面薪酬项目。过去薪酬增长被视为IBM公司人的自然权利，随着人才竞争的日益严峻，蓝色巨人发现陈旧的付薪结构

限制了它的竞争能力。现在的 IBM 公司增加了可变薪酬的使用，使得绩效最优者可以挣到绩效最差者的 2.5 倍收入，薪酬增长权利逐渐变成了对员工个人的贡献付酬。此外，IBM 公司特别强调积极的工作经历，他们认为，"IBM 公司作为一个值得工作的地方"信誉至关重要。股票期权的引入也是一个巨大的挑战，因为它给予了员工对未来贡献的预期。

④明确绩效标准。IBM 公司特别强调可变工资与绩效的关系，他们通过 IT 系统来提高衡量绩效结果的速度，并且坚定地对不同风险、不同性质的业务根据实际绩效水平提供不同种类、不同数量的报酬。

⑤注重学习成功企业的经验。IBM 公司坦陈自己不是采用全面薪酬战略的第一家，它的成功就在于虽然学习借鉴过别的企业的全面薪酬战略的做法，但没有一味模仿。他们知道自己想通过全面薪酬战略带来什么样的改变，领会的是全面薪酬的思路，执行的是具有 IBM 公司特色的薪酬策略。

⑥开放、鼓励参与。IBM 公司完全抛弃了之前的薪酬支付体系，建立了开放的薪酬决策体系，特别是让直线经理们做出付薪决策，鼓励基层管理者的参与。

⑦加强协作。IBM 公司的重振旗鼓是有代价的，虽然采用全面薪酬降低了管理成本，但是与薪酬和福利有关的总成本却从 1993 年的 210 多亿美元激增至 2003 年的 500 亿美元，这大大增加了劳动成本管理的复杂性。为了应对这一问题，IBM 公司没有单单让薪酬与福利团队负责整个劳动成本管理，而是让其他部门，比如直线管理者、劳动力管理部门、招聘部门和财务部门都承担起相应的责任。

⑧员工反馈。IBM 公司让员工来评判全面薪酬体系是否有效，及时获得员工的反馈。他们坚信只有了解员工感受、知道他们最需要什么，全面薪酬才能真正实现为员工量体裁定，才有价值。

⑨关注外部环境。IBM 公司重视参考实时的市场工资水平和猎头数据，并且通过一些网络工具来了解市场的薪酬趋势，以便保持自身薪酬的外部竞争性。

（3）IBM 公司在实施全面薪酬体系的全过程中非常注重沟通，这在多个方面都有体现。比如，鼓励直线经理参与付酬的决策，这不仅意味着企业管理者必须要和直线经理详细地沟通付酬的原则和方法，还发挥了直线经理设身处地、掌握员工绩效第一手资料的优势。IBM 公司让员工来评判全面薪酬是否有效，也说明了他们重视员工的意见和反馈。与此同时，IBM 公司充分借助自己在 IT 领域的技术领先优势，为企业内部的沟通创造了高效、畅通的渠道，比如 Lotus 软件（IBM 公司的一个办公软件）不管在企业的内部网还是外部网中，都是很好的通信工具。但是，IBM 公司还是非常看重人与人之间的沟通，他们认为这样的沟通方式更加直接、坦诚，也更加有效。可以说，良好的沟通机制为 IBM 公司推行全面薪酬奠定了坚实的基础。

分析点评

全面薪酬战略是目前发达国家普遍推行的一种薪酬支付方式，它关注的对象主要是那些帮助组织达到组织目标的行动、态度和成就。它不仅包括传统的薪酬项目，也包括对员工有激励作用的能力培养方案、非物质的奖励方案等。全面薪酬战略的关键就在于设计正确的奖酬计划组合，将传统的薪资项目和新型的奖酬项目结合起来，最大限度地发挥薪酬对于组织战略的支持功效。

注意事项

一个好的全面薪酬体系固然是吸引人才、保留人才的基础，但在实际运作时还要靠大量的、具体的沟通来支持，要为员工们所理解和接受，要真正符合他们的愿望和要求，否则，再好的体系构想也难以奏效。而受聘者由于年龄、经历、企业工龄、个人和家庭情况等千差万别，对同一种全面薪酬体系的反应和要求也不一样。因此，如何在不违背总体薪酬战略和设计方案原则的情况下，设计一些"弹性"的方案，尤其是在福利方面，多一点弹性，将会更有吸引力。

第八章　劳动关系管理工具

工具1：劳动关系环境分析

▶ 内容概述

　　劳动关系的环境主要是指能够对劳动关系系统产生影响的各种因素。世界上任何事物的存在都不可能是孤立的，都会受到各种因素的影响，有其生存的环境条件。劳动关系同样如此，它的存在和发展也受诸多因素的影响和制约，因此，劳动关系研究应当将这种环境因素纳入进来，对其环境条件加以明确，这样有助于劳动关系系统与环境的互动平衡，实现劳动关系与环境的和谐统一。

　　对劳动关系环境的分析，主要从以下几个方面进行：

1. 政治环境

　　政治上的稳定是劳动关系稳定的前提条件。一个健康的、民主的、有活力的政治环境为劳动关系的运行提供了明确的方向和活动依据。

2. 社会环境

　　劳动关系的社会环境主要指社会组织结构是否合理，社会关系是否和谐，社会组织的功能是否正常发挥。社会生态环境是否稳定，人口结构是否合理，社会生活秩序、社会问题能否得到有效的解决和控制，总之，社会是否处于良性运行和常态运行状况。

3. 经济环境

经济环境包括社会生产力的水平、所有制的状况以及经济发展速度是否适当、社会供求关系是否平衡。经济结构重大比例关系以及劳动就业、劳动保障、社会分配制度、社会物价、税收、金融状况、社会整体购买力的高低等构成劳动关系的经济环境。

4. 文化环境

文化环境主要反映社会的科学技术发展状况和精神状况，包括社会心理是否常态，是否健康；社会信仰、风俗习惯是否对社会政治经济及社会运行起到助推作用；社会道德规范和舆论力量对社会行为的制约影响力的大小；科学技术的发展，对人的素质的要求提高，人们的价值观念及理想和追求是否蓬勃向上等。劳动关系的文化环境还反映在与劳动关系两大主体有密切关系的企业文化，以及劳动者文化的建设是否受到重视并不断走向成熟。

▷【实用范例】

下面是 A 纺织企业从创新角度分析的纺织行业劳动关系的环境：

通过调查研究，A 纺织企业认为，在影响我国纺织企业技术创新能力的因素中，除进行科研开发投入的资金较少外，起关键性作用的要素是技术创新人力资源的严重短缺。这里所说的创新人力资源主要是指两种类型的人才：一种是作为企业的经营管理者的职业经理，他们担任企业管理职务并承担直接责任，以营利为目的，合理配置资源使其形成生产能力；另一种是从事专业研究的技术创新人员，他们是处于行业技术创新前沿的专业技术人才，他们是具有创新精神，受过良好技术教育，解决前沿问题的技术人员或工程人员。

那么，是什么问题制约了纺织技术创新的人力资源呢？其原因有以下两点：

（1）目前，中国纺织工业仍属劳动密集型的传统产业，它吸纳了占全国 14% 的就业人口。但是与之相比，由于其技术进步和产业升级缓慢，具有创新精神的从事经营管理的职业经理，相对于其他行业显得更加稀缺了。

到 2004 年，中国规模以上各种所有制纺织企业就有 29831 家，占全国所有工业企业总数的 12%。说明纺织企业对真正承担经营风险，从事经营管理并取得经营收入的职业经理有很大的需求。

（2）由于 20 世纪 90 年代中期以来中国纺织企业长期亏损，职工待遇和工作环境一直得不到有效改善，使得纺织从业人数出现下降，人才招不来，留不住的矛盾日益突出，尤其是科研能力强的技术创新人才更是纺织工业的紧缺资源。

纺织工业同制造业平均水平相比，技术开发企业占全部企业的比重、技术开发人员占从业人员的比重和科学家与工程师占技术开发人员的比重三个指标中，都低于制造业平均比例。由于纺织工业是我国传统的优势产业，在国民经济中占有重要地位，其工业增加值在全国工业增加值中占有重要地位。但和其他一些重要制造业相比，纺织工业的人力资源投入依然处于低水平。由于相对欠缺的技术创新人力资源，使得其对工业增加值贡献较弱，从另一个侧面反映了中国纺织工业仍属劳动密集型产业，较低的劳动力价格是该产业获得竞争优势的主要因素。尽管目前纺织品出口已是中国最重要的外汇收入来源，平均占全国外贸总收入的 1/4，但技术创新人力资源的缺乏，是制约中国成为纺织强国的最根本原因。

分析点评

21 世纪，全球化导致企业对环境的依赖性与日俱增。因此，企业必须正视环境存在，适应环境变化，不断地调整劳动关系，才能获得和谐稳定的发展。就像上例中纺织企业，必须改善劳动关系的环境，加大资金的投入，改善员工的福利待遇和工作环境，从而吸引真正优秀的人才加入纺织企业。

注意事项

我们应该明白，劳动关系系统与环境之间是一种动态的相互交换、相互影响、相互制约的辩证关系。首先，环境对劳动关系的模式及变迁提供了一个大致范围。只有当环境提出了某种需求的时候，为满足这一需求为目标的劳动关系才能建立起来。其次，环境状况制约着劳动关系的模式与运行，劳动关系各要素的行为方式要以适应环境为目标。

工具2：劳动合同

内容概述

1. 劳动合同的概念

劳动合同是劳动者与用工单位之间确立劳动关系，明确双方权利和义务的协议。劳动合同按合同的内容分为劳动合同制范围以内的劳动合同和劳动合同制范围以外的劳动合同，按合同的形式分为要式劳动合同和非要式劳动合同。

2. 劳动合同的结构

（1）劳动合同期限和试用期限。

（2）工作内容和工作时间。

（3）劳动报酬和保险、福利待遇。

（4）生产条件或工作条件。

（5）劳动纪律和政治待遇。

（6）劳动合同的变更和解除。

（7）违约责任。

（8）当事人约定的其他事项。

3. 劳动合同的特征

（1）劳动合同主体具有特定性。

（2）劳动合同内容具有劳动权利和义务的统一性与对应性。

（3）劳动客体具有单一性，即劳动行为。

（4）劳动合同具有诺成、有偿、双务合同的特性。

（5）劳动合同往往涉及第三人的物质利益关系。

4. 劳动合同订立的原则

（1）合法原则。当事人必须具备合法的资格；劳动合同的内容合法；订立劳动合同的程序和形式，必须符合劳动法律、法规的规定。

（2）平等自愿、协商一致的原则。合同签订的前提是自愿平等，不能通过欺诈、强迫、威胁等手段，在违背别人意愿的情况下签订合同。

5. 劳动合同变更的条件和程序

（1）变更条件。

①订立劳动合同时所依据的法律、法规已修改或废止。

②用人单位转产或调整、改变生产任务。

③用人单位严重亏损或发生自然灾害，确实无法履行劳动合同规定的义务。

④当事人双方协商同意。

⑤法律允许的其他情况。

（2）变更程序。

①及时提出变更合同的要求。

②按期做出答复。

③双方达成书面协议。

⇨【实用范例】

合同样本

合同编号：

甲方（用人单位）：　　　　　　　乙方（职工）：

名称：_____　　　　姓名：_____

法定代表人（主要负责人）：　　　身份证号码：_____

_____　　　户籍地址：_____

经济类型：_____

通信地址：_____　　　通信地址：_____

联系人：_____电话：_____　　联系电话：_____

甲乙双方根据《中华人民共和国劳动合同法》（以下简称《劳动合同法》）和国家、省市的有关规定，遵循合法、公平、平等自愿，协调一致、诚实守信原则，订立本合同。

一、合同期限

（一）合同期限

甲、乙双方同意按以下第_____种方式确定本合同期限：

1. 有固定期限：从____年___月___日起至____年___月____日止。

2. 无固定期限：自_____年____月____日起至法定的终止条件出现时止。

3. 以完成一定的工作为期限：从_____年____月____日起至____工作任务完成时止，并以_____为标志。

（二）试用期限

双方同意按以下第_种方式确定试用期期限（试用期包括在合同期内）：

1. 无试用期。

2. 试用期从_____年___月____日起至____年___月____日止。

（合同期限三个月以上不满一年的，试用期不得超过一个月；合同期限在一年以上不满三年的，试用期不得超过两个月；三年以上固定期限和无固定期限的合同，试用期不得超过六个月。以完成一定工作任务为期限的合同或合同期限不满三个月的，不得约定试用期。同一用人单位与同一劳动者只能约定一次试用期。）

二、工作内容和工作地点

（一）乙方的工作内容：_____。

（二）乙方工作内容确定为（填"是"）：（_____）管理和专业技术类／（_____）工人类。

（三）甲方因生产经营需要调整乙方的工作内容，应协商一致，按变更本合同办理，双方签字或盖章确认的协议书或依法变更通知书作为本合同的附件。

（四）乙方工作地点：_____。

（五）除临时性工作或者短期学习培训外，如甲方需要乙方到本合同约定以外的地点或单位工作和学习培训，应按本合同第七条处理。

三、工作时间和休息休假

（一）甲、乙双方同意按以下第_____种方式确定乙方的工作时间：

1. 标准工时制，即每日工作_____小时，每周工作_____天，每周正常工作不超过 40 小时，并至少休息一天。

2. 不定时工作制，即经劳动行政部门审批，乙方所在岗位实行不定时工作制，每周至少休息一天。

3. 综合计算工时工作制，即经劳动行政部门审批，乙方所在岗位实行以（填"是"）、年（ ）、半年（ ）、季（ ）或月（ ）为周期的综合计算工时工作制。

（二）甲方因生产（工作）需要，经与工会和乙方协商后可以延长工作时间。除《劳动法》第四十二条规定的情形外，一般每日不得超过一小时，因特殊原因最长每日不得超过三小时，每月不得超过三十六小时。

（三）甲方执行法定的及企业依法自行补充的有关工作、休息、休假制度，按规定给予乙方享受节日假、年休假、婚假、丧假、产假、看护假等带薪假期，并按本合同约定的正常工作时间工资及有关政策法规规定的计算方法支付工资。

四、劳动报酬

（一）乙方正常工作时间的工资标准（计算加班工资基数），按下列第（ ）种形式执行，并不得低于当地最低工资标准及本单位集体合同约定的标准。

1. 计时工资：_____元／月（_____元／周）；

2. 计件工资：_____（70% 以上职工在正常工作时间内可以完成的，本项约定方为成立）；

3. 其他形式：_____。

（二）乙方试用期工资为_____元／月（不得低于第（一）款约定工资的 80% 或单位同一岗位最低档工资，并不得低于本市最低工资标准）。

（三）甲方依法安排乙方加班的，应按《劳动法》第四十四条的规定支付加班工资。

（四）工资必须以法定货币支付，不得以实物或其他有价证券等形式替代货币支付。

（五）甲方与乙方可以依法根据本单位的经营状况、物价指数情况，经过双方协商或者通过集体协商，确定工资正常增长的具体办法。

（六）甲方给乙方发放工资的时间为：每月＿＿＿＿日（或周＿＿＿＿＿）。如遇节假日或休息日，应提前到最近的工作日支付。

五、社会保险

（一）甲、乙双方按照国家和省、市有关规定，参加社会保险，缴纳社会保险费，乙方依法享受相应的社会保险待遇。

（二）乙方患病或非因工负伤，甲方应按国家和地方的规定给予乙方医疗期和享受医疗待遇，并在规定的医疗期内支付病假工资或疾病救济费。

（三）乙方患职业病、因工负伤或者因工死亡的，甲方应按国家和省市的工伤保险法律法规的规定办理。

六、劳动保护、劳动条件和职业危害防护

（一）甲方按国家和省、市有关劳动保护规定为乙方提供符合国家劳动卫生标准的劳动作业场所，切实保护乙方在生产工作中的安全和健康。如乙方工作过程中可能产生职业病危害，甲方应如实告知乙方，并应切实按《职业病防治法》的规定，保护乙方的健康及其相关权益。

（二）甲方按国家有关规定，发给乙方必要的劳动保护用品，并按劳动保护规定每（年／季／月）免费安排乙方进行体检。

（三）甲方按国家和地方有关规定，做好女职工和未成年工的劳动保护工作。

（四）如甲方违章指挥、强令冒险作业危及人身安全的，乙方有权拒绝，并可以随时解除本劳动合同。对甲方及其管理人员漠视乙方安全和健康的行为，乙方有权要求改正并向有关部门检举、控告。

七、劳动合同的变更、解除、终止

（一）符合《劳动合同法》规定的条件或者经甲、乙双方协商一致，可以变更劳动合同的相关内容或者解除固定期限合同、无固定期限合同和以完成一定工作为期限合同。

（二）除因乙方不胜任工作，甲方可以依法适当调整其工作内容外，变更劳动合同，双方应当签订《变更劳动合同协议书》。

（三）《劳动合同法》规定的终止条件出现，终止本劳动合同。

八、经济补偿金、医疗补助费的发放

解除或者终止本合同，经济补偿金、医疗补助费等发放按《劳动合同法》和国家、省、市有关规定执行。

九、通知和送达

甲乙双方在本合同履行过程中相互发出或者提供的所有通知、文件、文书、资料等，均可以当面交付或以本合同所列明的通信地址履行送达义务。一方如果迁址或变更电话，应当及时书面通知另一方。

十、因履行本合同发生纠纷的解决办法

乙方认为甲方侵害自己合法权益的，可以先向甲方提出，或者向甲方工会反映，寻求解决。无法解决的，可以向就近的劳动行政部门投诉。属双方因履行本合同发生争议，应当先协商解决；协商不成的，可自争议发生之日起30日内向甲方劳动争议调解委员会申请调解，或者60日内向劳动争议仲裁委员会申请仲裁。

十一、本合同的条款与国家、省、市新颁布的法律、法规、规章不符的，按新的法律、法规、规章执行。

十二、双方需要约定的其他事项

_____

_____

_____

本合同（含附件）一式两份（鉴证时需一式三份，其中鉴证机构留存一份），双方签字后，甲方必须将其中一份交给乙方持有，均具有同等法律效力。甲方不把其中一份交给乙方持有的，视为尚未与乙方签订本劳动合同；发生纠纷时，不得以已签订本合同为由对抗乙方的主张，并由甲方承担相应的法律责任。

甲方：（盖章）　　　　　　乙方：（签名）

法定代表人：_____

（委托代理人）：_____

_____年___月___日　　　　_____年___月___日

分析点评

劳动合同是保障双方权益的有力武器。劳动合同的作用主要体现在以下几个方面：

（1）它是劳动者实现劳动权的重要保障。

（2）它是用人单位合理使用劳动力、巩固劳动纪律、提高劳动生产率的重要手段。

（3）它是减少和防止发生劳动争议的重要措施。

注意事项

（1）试用期也要订立劳动合同。

（2）劳动合同应当面签。

（3）订立合同时应当核实身份并保存身份证复印件。

（4）试用期的长短不是随便说的，要根据新劳动法严格执行。

（5）无固定期限劳动合同并非铁饭碗。

工具3：参与管理

内容概述

1. 参与管理的概念

参与管理就是指在不同程度上让员工和下属参加组织的决策过程及各级管理工作，让下级和员工与企业的高层管理者处于平等的地位研究和讨论组织中的重大问题，使他们感到上级主管的信任，从而体验出自己的利益与组织发展密切相关而产生强烈的责任感；同时，参与管理为员工提供了一个取得别人重视的机会，从而给人一种成就感。员工因为能够参与商讨与自己有关的问题而受到激励。参与管理既对个人产生激励，又为组织目标的实现提供了保证。

2. 参与管理的理论基础

参与管理的理论基础是管理学家所提出的关于人性假设的理论。20世纪 30 年代，美国心理学家梅奥在霍桑实验提出了"社会人"假设，认为人的工作以社会需要为动机，人们希望管理者能够满足自己的社会需要和自我尊重的需要。持这种人性假设的管理者提出了"参与管理"的形式，让职工在不同程度上参加企业决策的研究和讨论。20世纪 50 年代末，麦格雷戈等人提出了"自动人"的人性假设，并结合管理问题，概括为 Y 理论。这种理论认为人有自我实现的需要，人的才能和潜力充分地发挥出来，人才能感受到最大的满足。麦格雷戈认为，在适当的条件下采取参与式的管理，鼓励人们把创造力投向组织的目标，使人们在与自己相关的事务的决策上享有一定的发言权，为满足他们的社会需要和自我实现需要提供了机会。

3. 参与管理的主要形式

员工参与管理有多种形式，最主要的几种形式是分享决策权、代表参与、质量圈和员工股份所有制方案。

（1）分享决策权，是指下级在很大程度上分享其直接监管者的决策权。管理者与下级分享决策权的原因是，当工作变得越来越复杂时，他们常常无法了解员工所做的一切，所以选择了最了解工作的人来参与决策，其结果可能是更完善的决策。

（2）代表参与，是指工人不是直接参与决策，而是一部分工人的代表参与。西方大多数国家都通过立法的形式要求公司实行代表参与。代表参与的目的是在组织内重新分配权力，把劳工放在同资方、股东的利益更为平等的地位上。

（3）质量圈，是由一组员工和监管者组成的共同承担责任的一个工作群体。他们定期会面，通常一周一次，讨论技术问题，探讨问题的原因，提出解决建议以及实施解决措施。他们承担着解决质量问题的责任，对工作进行反馈并对反馈进行评价，但管理层一般保留建议方案实施与否的最终决定权。

（4）员工股份所有制方案，是指员工拥有所在公司的一定数额的股份，使员工一方面将自己的利益与公司的利益联系在一起；另一方面员工在心理上体验做主人翁的感受。员工股份所有制方案能够提高员工工作的满意度，提高工作激励水平。

4. 参与管理过程中的关键因素

参与管理的方式试图通过增加组织成员对决策过程的投入，进而影响组织的绩效和员工的工作满意度。在员工参与管理的过程中有四个关键性因素：

（1）权力。权力即提供给人们足够的用以做决策的权力。这样的权力是多种多样的，如工作方法、任务分派、客户服务、员工选拔等。授予员工的权力大小可以有很大的变化，从简单地让他们为管理者要做出的决策输入一定的信息，到员工们集体联合起来做决策，再到员工自己做决策。

（2）知识和技能。员工参与管理，要求他们必须具有做出好的决策所要求的知识和技能。组织应提供训练和发展计划，培养和提高员工的知识和技能。

（3）信息。信息对做出有效的决策是至关重要的。组织应该保证必要的信息能顺利地流向参与管理的员工处，这些信息包括运作过程和结果中的数据、业务计划、竞争状况、工作方法、组织发展的观念等。

（4）报酬。报酬能有力地吸引员工参与管理。有意义的参与管理的机会一方面提供给员工内在的报酬，如自我价值与自我实现的情感；另一方面提供给员工外在的报酬，如工资、晋升等。

▷【实用范例】

A 集团的前身建立于 20 世纪 50 年代，在发展历程中历经 1980 年、1994 年、2004 年三次改革，于 2004 年改制为中外合资企业。在企业的发展过程中，实施了员工参与管理的管理新模式。

A 集团实施的员工参与管理模式主要有以下几种形式：

1. 合理化建议

合理化建议制度是由 1898 年美国的柯达公司创立的"职工建议制度"演变发展而来的。合理化建议，是指有关改进和完善企业生产技术和经营管理方面的办法和措施。具体地讲，就是职工根据某项事物合理化的需要，以"合理化建议书"的形式，向单位提出的改进方案、方法等方面的建议措施。

为了提高公司的竞争力，A集团公司积极发动全体员工为企业振兴献计献策，促进集团公司的第二次创业运动。为了配合公司合理化建议的有效开展，集团公司根据公司实际情况，充分利用公司的各种资源如在各车间和行政办公楼设立意见箱、在公司企业文化报开辟"我为公司提建议"专栏，给予员工充分发表意见和建议的平台，同时集团公司也制定专项合理化建议奖励政策，对所提合理化意见和建议者给予相应的物质奖励和精神激励。

2. 质量小组

质量小组是指员工们定期开会讨论质量及相关问题的小型团体，是制造型企业组织最常用的一种员工参与管理形式。质量小组成员通常为一线员工，对生产过程及工艺要求非常熟悉和了解，他们可通过定期的讨论交流，以在生产中发现问题、识别问题并提出切实有效的解决方案，促进产品质量的提升。

A集团在1994年改制后，为了应对残酷的市场竞争，提升产品品质、满足消费者的高质量需求，公司上下狠抓质量关，逐步在公司各生产车间推行了质量管理小组的管理模式。质量小组在小组组长的组织领导下，定期对生产车间的产品质量问题进行分析、讨论、总结，群策群力共同解决质量问题。通过此举使得公司的产品质量得到逐步改善，产品合格率稳步上升，同时也促进了公司的技术改进、专利申请和产品的更新换代，为提升公司产品的市场竞争力奠定了坚实的基础。

3. 沟通参与

沟通参与，即下级和一般员工能有较多的机会与上级进行沟通交流，以使管理阶层和一般员工进行沟通融合，促进双方的相互了解，建立信任关系。有效的沟通参与，可从心灵上挖掘员工的内驱力，同时也可缩短员工和管理者之间的距离，促进参与管理效果的提高。

A集团在发展过程中建立了浓厚的"A大家庭"氛围，以总经理为代表的公司高层领导注重与公司各层员工进行沟通交流，如总经理的办公室时常保持"开放"状态，公司员工有较多机会就工作问题与其进行交流建议，同时公司高层领导也经常参加公司员工的组织活动，并能在活动中与员工融洽交流，拉近了公司高层与普通员工的亲近感，促进了沟通渠道的畅通。

4. 劳资协商制度

劳资协商制度，即在公司内成立工会，并以工会为一方，以公司资方或经营者为一方，定期召开劳资协商会议，共同协商企业生产经营管理中需解决的问题，主要包括与员工切身利益相关的工资、福利、奖惩、劳动保护以及劳资纠纷等，是员工参与管理的主要形式。

员工代表为争取公司员工权益与公司资方协商，改善工作环境及待遇，促进员工利益和公司利益的共赢。A集团成立了组织机构健全、制度规范完善的工会组织体系，定期召开职工代表大会，并结合公司各项管理工作实际，代表员工权利与公司管理层进行沟通交涉，如在2004年的高温加班安排中，工会就在公司管理层和员工之间的协商中起到了积极的促进作用。工会随着集团公司的发展不断地完善自身内部建设，较好地代表员工履行了"建立、协商、监督"职能。

分析点评

参与管理法让企业运营中的一些弊端无处藏身，可以最大限度地减少企业的管理成本。这种管理工具的巨大作用体现在以下三个方面：

（1）员工参与管理可以增强组织内的沟通与协调，这样，就通过将不同的工作或部门整合起来，为一个整体的任务目标服务，从而提高生产力。

（2）员工参与管理可以提高员工的工作动机，特别是当他们的一些重要的个人需要得到满足的时候。

（3）员工在参与管理的实践中提高了能力，使得他们能在工作中取得更好的成绩。组织在增强员工参与管理的过程中，通常包含了对他们的集体解决问题和沟通能力的训练。

注意事项

员工参与管理的方式，在一定程度上提高了员工的工作满意度，提高了生产力。因此，参与管理在西方国家得到了广泛的应用，并且其具体形式也不断推陈出新。但是，参与管理并非适用于任何一种情况。在要求迅速做出决策的情况下，领导者还应该有适当的权力集中；而且，参与管理要求员工具有实际的解决管理问题的技能，这对于员工来说未必都能做到。

工具 4：劳动争议解决方法

内容概述

1.劳动争议的概念

劳动争议是指劳动关系当事人之间因劳动的权利与义务发生分歧而引起的争议，又称劳动纠纷。根据《劳动法》第七十七条规定："用人单位与劳动者发生劳动争议，当事人可以依法申请调解、仲裁、提起诉讼，也可以协商解决。调解原则适用于仲裁和诉讼程序。"

2.劳动争议解决的途径

（1）调解。劳动争议调解委员会的组成包括：员工代表、公司代表、工会代表。与员工达成的调解协议必须是自愿执行。这个协议没有法律强制力，不可以向法院申请强制执行。

（2）仲裁。对于仲裁裁决，当事双方均没有反对，应执行。如有一方不服裁决，应在收到裁决书后 15 天内向法院提出诉讼。仲裁裁决在做出后 15 天开始生效。仲裁裁决可以向法院申请强制执行。

①申请仲裁有时效性：要求自争议发生之日起 60 天内申请。

②申请受理时间：7 天。

③答辩：被申请人在 15 天内做出答辩。

④裁决：仲裁裁决在 60 天内做出。对复杂的申请，可延长 30 天。

（3）诉讼。劳动争议产生后，员工不能直接向法院提出诉讼，必须先经过劳动争议仲裁程序。法律法规也规定了例外，比如单独订立的保密协议等。

中国实行二审终审制，对一审不服可向二审法院上诉。在一审中，对做出的劳动仲裁裁决，如果员工提出支付工资等情况，法院可视情况先予执行仲裁裁决。

3. 劳动争议的证据

发生劳动争议时，主要的证据有：

（1）劳动合同。劳动合同是主要证据，合同中双方确定了各方权利义务等内容。因此，劳动合同应该以书面形式做出，对法律规定中不清楚的方面加以填补。

（2）"员工手册"。尽可能制定比较详细的《员工手册》，与劳动合同相补充，应该包括员工不当行为、工作要求及员工福利等内容。《员工手册》内容要遵守法律法规要求。

（3）其他证据。解聘函——提前30天做出并通知员工，诉讼的时效与解聘函有直接关系；工资签收单；病假的证明材料及相关资料；医生的处方，等等。

⇨【实用范例】

王先生大学专科毕业，但是在向北京某机械有限公司（以下简称公司）提交履历时弄虚作假，使自己摇身成了首都经贸大学本科毕业生。2005年11月，王先生成功应聘进入该公司担任销售部经理，月薪人民币7000元。2007年9月，公司发现其虚假文凭后，以"王先生申报的履历有假、所提供的首都经贸大学本科学历是伪造的"为由，解除了与王先生的劳动合同。2007年9月，王先生向所在区的劳动争议仲裁委员会申请劳动仲裁，要求公司支付1.2万余元作为解除劳动合同的经济补偿。

2008年1月，劳动争议仲裁委员会做出裁决，由公司向王先生支付解除劳动合同经济补偿金1.2万余元。公司不服诉至法院，称王先生2005年应聘时向公司提供虚假学历，致使公司与其签订待遇优厚的劳动合同。公司依法解除劳动合同，无须支付经济补偿金。

后经一审法院审理，判决对王先生要求公司支付1.2万余元解除劳动合同经济补偿金的请求不予支持。王先生不服，向二审法院提起上诉。二审法院认为，用人单位与劳动者订立劳动合同，应当遵循合法、公平、平等自愿、协商一致、诚实守信的原则，用人单位有权了解劳动者与劳动合同直接相关的基本情况，劳动者应当如实说明。经查证，王先生向公司提供的确为假文凭。因此，公司以王先生隐瞒真实学历，双方签订的劳动合同无效为由解除劳动关系，在此情况下无须向王先生支付任何经济补偿。

📝 分析点评

劳动争议解决方法是保障劳动者和企业组织双方权利，促使劳动争议又好又快解决的一种有效的工具。这一工具在企业劳动关系管理的过程中发挥着重要的作用。

➡ 注意事项

劳动者与用人单位发生劳动争议的，无论哪一方申请调解、仲裁，都应以对方当事人为被申诉人。对仲裁庭的裁决不服的只能以对方当事人为被告，而不能以仲裁委员会为被告。

工具 5：集体谈判

▶ 内容概述

1. 集体谈判的概念

集体谈判是指用人单位与其所属的职工依法组成代表团，按照法律规定的程序和原则就劳动报酬、工作时间、保险福利、休息休假、劳动安全卫生、职业培训等劳动标准，为签订集体合同而进行商谈的活动。

集体谈判是市场经济条件下调整劳动关系的主要手段和国际惯例，它不仅确立了集体劳动关系调整的正式规则，而且本身就是解决冲突的一种重要机制。通过集体谈判规范劳动关系事务，构成了市场经济国家劳动关系制度的核心。

集体谈判能有效地促使劳资双方互相让步，达成妥协，签订协议，降低诸如罢工、怠工、辞职等冲突产生的负面作用。通过集体谈判解决剧变时期出现的劳资冲突，成本最低且最为有效。

2. 集体谈判的过程

集体谈判过程由几个阶段构成。随着时间的推移，为使谈判更加有效，每一阶段的情况都不断有所改进。

（1）准备阶段。不论是工会代表还是资方代表，都需要花费很多时间来进行谈判准备工作。如果合同已经到期，那么各方都需要认真审查依据原有合同所进行的各种申诉，并以此来修正在新一轮谈判中对合同中有关条款所持的原则立场。另外，在此阶段，还需全面搜集关于各行业和其他企业的工薪、福利、工作条件、资方与工会权力、生产力、缺勤情况等方面的资料。在分析完这些资料之后，双方还需确定各自的优先事项以及为达到各种目的所采取的战略技术。双方都应采取灵活的姿态，以便在谈判中随时准备为达到更实质的目的而舍弃不太重要的要求。

（2）初始要求。在谈判的初始阶段，双方都会在各自的初始阶段，向对方提出初步的要求。谈判开始阶段双方的姿态很关键，这一阶段的气氛是敌意的还是平和的，将对此后双方的谈判风格定下基调。

（3）继续谈判。这一阶段是实质性阶段，在这一阶段，每一方都试图了解对方到底最看重的是什么，并希望通过这种摸底来达成最佳的交易。在谈判期间，资方和工会方都应迅速和准确地评估同工薪、福利及其他经济方面变动的有关的费用预算。

（4）谈判僵局。不论谈判过程怎样安排，劳动双方并非总能在所有问题上立即达成一致协议。当双方在某些问题上互不相让时，就出现了僵局。在这种情况下，可以诉诸第三方进行调解、斡旋和仲裁。

（5）闭厂与罢工。如果僵局不能打破，那么或者资方可能转入闭厂状态，或者工会可能转入罢工状态。罢工是工会成员拒绝工作以给资方造成压力。

（6）达成协议并签订合同。经过劳资双方反复博弈和磋商，最终达成共识，签订劳动合同。

⇨ 【实用范例】

下面是 1996 年德国备受关注的建筑业最低工资谈判实例：

1996 年 2 月 9 日，针对本国及外国一些建筑公司利用德国没有最低工资立法，低工资雇用外籍劳动力造成建筑业市场上不平等竞争的状况，联邦议会颁布了《派遣法》。根据本法，若一个具有普遍约束力的集体合同包含了最低劳动报酬的规定，则该合同对国外建筑公司在本合同地域范围内就业人员同样有效。对不在一个具有普遍约束力的集体合同地域范围内的德国建筑公司，本合同所规定的劳动条件对该公司在本合同适用地域范围内就业的人员同样有效。

为了保证公平竞争，在《派遣法》颁布三天之后，建筑业工会和雇主协会进行了以最低工资标准为内容的工资谈判。但是，由于双方在最低工资水平的确定上存在较大分歧，2 月 12 日和 2 月 18 日两次谈判双方均未达成一致。3 月 12 日宣告谈判破裂。3 月 15 日建筑业 35000 名雇员进行了全国性示威，以后几周在许多地方示威人数不断增加。建筑工会着手准备举行罢工。在这种情况下，调解在由前联邦财政部长汉斯·阿佩尔任主席的调解委员会主持下进行。第一轮调解于 3 月 26 日开始，但双方未能达成一致。4 月 3 日举行的第二轮调解取得了积极成效，在保留更改权利的前提下，谈判双方都同意最低工资标准分阶段实施。在接下来的 4 月 11 日举行的第三轮调解中，双方一致同意，在工资增长 1.85% 的基础上，最低工资按表 8-1 所列标准分阶段实施：

表 8-1　最低工资标准

单位：马克 / 小时

东部		西部	
标准	超始时间	标准	起始时间
15.30	1996.4.1	14.08	1996.4.1
17.00	1996.9.1	15.64	1996.9.1
18.60	1996.12.1	17.11	1997.4.1

但是，在建筑工会和雇主协会历经艰难获得进展之后，资方内部却起狂澜。德国雇主协会联合会（BDA）严厉批评以上最低工资标准太高，并

在 5 月 28 日联邦劳动部长召集的集体合同委员会会议上，拒绝了合同双方关于该合同具有普遍约束力的申请。作为抗议，德国建筑业两大雇主协会宣布退出 BDA，使事态进一步恶化。而建筑工会试图通过由联邦劳动部长宣布，该合同作为具有普遍约束力一个临时法规，但未成功。向科隆行政法院提出的有关申请被驳回。但是，工会在几个联邦州获得支持，这些州宣布，只有按集体合同规定支付工资的建筑公司才能获得建筑合同。

8 月 23 日合同双方举行高层会谈，双方令人惊奇地一致决定将最低工资标准降低为西部 17 马克，东部 15.64 马克，即将原来制定的分阶段实施的标准冻结在第二阶段。这表示工会面对劳动力市场上大量失业人员的状况不得不做出进一步让步，对此 BDA 做出了积极的反应。10 月 8 日在联邦劳动部举行的合同委员会会议上，BDA 表示，若将合同终止期限定在 1997 年 5 月 31 日，之后再进行新的谈判，则同意合同双方关于具有普遍约束力的申请。但是，工会提出将合同终止期限定为 1997 年 12 月 31 日，对此 BDA 拒绝接受。10 月 25 日进行的第二次会谈仍无结果。11 月 5 日联邦劳动部长布吕姆召集双方高层次会谈，之后，双方表示愿意妥协。11 月 12 日合同委员会通过了具有普遍约束力申请，合同执行期为 1997 年 1 月 1 日至 1997 年 8 月 31 日。该合同具有的普遍约束力将受雇于建筑业的外籍雇员纳入合同约束范围，低于合同规定最低工资标准支付工资属违法行为，并将被处以至 10 万马克的罚款。至此，历时 9 个月的最后工资谈判终于落下了帷幕。

分析点评

集体谈判能有效地促使劳资双方互相让步，达成妥协，签订协议。降低诸如罢工、怠工、辞职等冲突产生的负面作用。通过集体谈判解决剧变时期出现的劳资冲突，成本最低且最为有效。

注意事项

集体谈判模式是解决企业劳动关系问题的好方法，但是在中国应用的效果并不明显。这是因为，到目前为止，中国劳资之间的集体谈判机制还不十分健全，主要表现为雇工组织化程度不高、工会缺乏独立性、工会角色没有转变过来、工人对工会信任度低等，其中工会的独立性是最关键的要素。眼下很多工会都是依附于企业而存在，并没有成为工人们自己的自治组织。因此，要想集体谈判模式在中国发挥应有的作用，就需要工会在增强独立自主性方面取得突破。

工具 6： 亨登谈判策略

内容概述

美国夏威夷大学的亨登教授在他举办的谈判培训班中，提出了几百个谈判策略。这里讨论的是一组最常见也最有效的策略。这些策略用于分配上的讨价还价——目的是把一张馅饼切开，问题在于谁得到最大的一块。关于价格和工资的谈判显然往往是分配性的，也就适于应用这里的策略。

亨登教授提出的谈判策略中最常用的有 14 条：

（1）要有感染力。通过你的举止来表现你的信心和决心。这能够提升你的可信度，让对手有理由接受你的建议。

（2）起点高。最初提出的要求要高一些，给自己留出回旋的余地。在经过让步之后，你所处的地位一定比低起点要好得多。

（3）不要动摇。确定一个立场之后就要明确表示不会再让步。

（4）权力有限。要诚心诚意地参与谈判，当必须敲定某项规则时，可以说你还需要得到上司的批准。

（5）各个击破。如果你正和一群对手谈判，设法说服其中一个对手接受你的建议，此人会帮助你说服其他人。

（6）中断谈判或赢得时间。在一定的时间内停止谈判，当情况好转之后再回来重新谈判。这段时间可以很短——出去想一想，也可以很长——离开这座城市。

（7）面无表情，沉着应对。不要用有感情色彩的词汇回答你的对手。不要回应对方的压力，坐在那里听着，脸上不要有任何表情。

（8）耐心。如果时间掌握在你手里，你就可以延长谈判时间，提高胜算。你的对手时间越少，接受你的条件的压力就越大。

（9）缩小分歧。建议在两种立场中找到一个折中点，一般来说，最先提出这一建议的人，在让步过程中的损失最小。

（10）当一回老练的大律师。在反驳对方提议的时候不妨这样说："在我们接受或者否决这项建议之前，让我们看看如果采纳了另外一方的建议会有哪些负面效果。"这样做可以在不直接否定对手建议的情况下，让对方意识到自己的提议是经不起推敲的。

（11）先行试探。在做出决定之前，可以通过某个人或者某个可行的渠道将你的意图间接传达给对手，试探一下对手的反应。

（12）出其不意。要通过出人意料地改变谈判方式来破坏对手的心理平衡。永远不要让对手猜出你下一步的策略。

（13）找一个威望较高的合作伙伴。设法得到一个有威望的人的支持，这个人既要受到谈判对手的尊重，也要支持你的立场。

（14）给对手制造压力。如果你同时和几个竞争者谈判，就要让他们都了解这一情况。将同这些竞争者之间的谈判安排在比较相近的时间，并让他们在会晤前等候片刻，这样他们就能够意识到有人在和自己竞争。

⇨ 【实用范例】

王女士在一家外贸企业已经工作了两年整。出于就业和家庭的压力，她工作兢兢业业，不敢有一丝的懈怠。然而就在王女士为了工作疲于奔命的时候，一条沮丧的消息让她痛苦万分，公司缩编——她被辞退了。

王女士认为该公司对她不公，决定向公司索要相关赔偿费用，解约金和保险费共计1.5万元。她把赔偿明细单以书面形式传真给公司人力资源部，奇怪的是，对方对她的任何条件全不提反对意见，也没有同意的迹象。时间一天一天地流逝，对方依然没有明确的答复。

王女士此时在心理上有了一些变化，同时她不想为这件事耗费太多的时间和精力，她认为让步可以加快谈判的速度。于是，她降低了赔偿要求，1万元就可以接受。这份传真如同泥牛入海般音信全无。又一个星期过去，王女士准备再次让步了。

王女士希望对方按照所提出的要求全额赔偿，如果对方能够同意无疑是最好的谈判结果，双方可以各奔西东，老死不相往来。但是，这家外贸公司就是不动声色，不给王女士任何答复。

王女士的另一个选择是去法院状告企业，这虽然属于正常手续，但又牵扯出新的问题。首先是需要交纳一笔诉讼费，如果有必要还会涉及律师服务费，本来索赔的金额就不多，七除八扣后所剩无几，这还是建立在打赢官司的基础上。其次，她从来没上过法庭，对其办事的程序和方法一无所知，同时她又担心对方的律师会从你的诉状中找出很多的问题，就像电影中风度翩翩、唇枪舌剑的律师一样，弄不好有理变成没理了，毕竟他们是专业人员。如果事情就这么遥遥无期地拖下去，对自己肯定是不利的。

王女士认为还是私下解决比较好，但对方对她的要求既不肯定也不否定，猜不透他们的真实想法，是认为赔偿金过高还是干脆就没打算承担这笔费用？如果是前者自己可以考虑做一定的让步，金额少点也可以接受，总比没有强吧；如果是后者就惨了，恐怕他们已经作好劳动仲裁的准备了，自己就更没有胜算了。综合以上分析，王女士最终决定降低赔偿费用，速战速决。最终，王女士被折腾得筋疲力尽，只想尽快结束这件事，结果只获得了可怜的3000元赔偿。

分析点评

在这个案例中，王女士选择了错误的谈判策略，而外贸公司则选择了正确的谈判策略，最终，虽然外贸公司不占理，但他们却取得了谈判的胜利。

外贸公司采取了亨登谈判策略中的这样两条：面无表情，沉着应对；耐心。就在谈判开始前，外贸公司没有任何优势所言，毕竟自己理亏在先，以严格意义上讲是绝无胜算、败局已定。但是，谈判经验老到的外贸公司抓住了王女士的心理，沉着应对，耐心等待，而且很好地掩饰自己的致命弱点——对簿公堂（毕竟公司的声誉比1万多块钱重要得多），结果获得了谈判的优势。

➡ 注意事项

亨登谈判策略在劳动关系谈判、营销谈判等其他商务谈判中应用比较广泛，但需要使用的人具有一定的经验，而且要灵活，不能死板，要随着谈判的情况变化而调整策略。

工具7：员工档案管理

◗ 内容概述

1. 员工档案管理的概念

员工档案管理就是将员工档案的收集、整理、保管、鉴定、统计和提供利用的活动。

员工档案是人事管理活动中形成的，记述和反映个人经历和德才表现，以个人为单位组合起来，以备考察的文件材料。主要是由人事、组织、劳资等部门在培养、选拔和使用人员的工作活动中形成的，是个人经历、学历、社会关系、思想品德、业务能力、工作状况以及奖励处罚等方面的原始记录，是个人参与社会方方面面活动的记载和个人自然情况的真实反映。

2. 员工档案管理的目的

（1）保守档案机密。现代企业竞争中，情报战是竞争的重要内容，而档案机密便是企业机密的一部分。对人事档案进行妥善保管，能有效地保守机密。

（2）维护人事档案材料完整，防止材料损坏，这是档案保管的主要任务。

（3）便于档案材料的使用。保管与利用是紧密相连的，科学有序的保管是高效利用档案材料的前提和保证。

⇨【**实用范例**】

以下是某企业的员工档案管理办法：

1.档案工作的任务

（1）保管员工档案。

（2）收集、鉴别和整理员工档案材料。

（3）办理员工档案的查阅、借用和转递。

（4）通过档案熟悉员工，为人事工作提供资料。

（5）逐步实现员工档案管理工作的科学化和现代化。

2.档案材料的内容

（1）履历表。

（2）自传。

（3）鉴定。

（4）考核材料。

（5）政治历史问题的审查及甄别、复查材料。

（6）参加党、团材料。

（7）奖励及先进事迹材料。

（8）处分、取消处分材料。

（9）招聘、转正定级、吸收录用审批表、任免报告表、考评技术资格、学位审批表、出国人员审批表、调整工资审批表、离休退休、辞职审批表等。

（10）其他可供组织上参考的材料，如员工个人写的思想、工作、学习总结、检查等。形成以上档案材料的部门和职能人员应及时将完备的材料转交档案室存档。

3.档案管理

员工档案按照管理（任免）权限实行分级管理。

（1）正、副总监以上领导档案，报送总公司人事部。

（2）物业管理有限公司部门经理以下员工档案，由各单位人事部门自行管理。

（3）根据人事回避原则，档案管理人员的档案由人事部领导直接保管。

（4）出国（境）不归及死亡员工档案仍按上述分工管理。

（5）员工辞职、自动离职、开除公职及解除劳动合同后，档案管理人员于15日内将其档案转至户口所在地的街道办事处保管。

4. 档案材料的收集和归档

（1）人事档案管理人员要根据档案管理规定，通过有关部门收集入档材料。有关部门应积极配合，档案管理人员对归档材料应及时归档。

（2）凡归档材料，均应认真鉴别，材料应翔实、完整，用钢笔或毛笔誊写（不得用圆珠笔、铅笔等书写），并经组织审查盖章或本人签字后生效，否则不得归档。

（3）员工档案必须分类明确，编排有序、目录清楚、装订整齐。

5. 档案保管

（1）员工档案由人事部门设专人保管，档案管理人员必须是中共正式党员。

（2）员工档案应存入保险柜。档案室必须坚固适用，有防盗、防火、防潮等安全措施。

（3）对保管的档案要逐一登记造册、编号，每年检查一次，发现缺少，及时查找。

（4）档案移交要填写移交清单，交接双方应共同清点并签字留据。

（5）严禁任何人私自保存他人的档案材料，对造成泄密或其他后果的，视情节轻重，给予严肃处理。

（6）逐步实现档案管理工作的科学化、现代化。

6. 档案的查阅和借用

（1）外单位前来查阅员工档案须凭党组织或人事部门的介绍信、公检法系统的组织介绍信，并经人事部门领导批准。

（2）部门领导和党组织、纪检人员查阅员工档案应经人事部门领导批准。

（3）档案管理人员应根据主管领导指示提供有关材料。

（4）员工档案一般不外借，特殊情况，经人事部门领导批准亦可借阅，但必须严格履行登记手续，按期归还。

（5）私人不得查阅或借用员工本人及其亲属的档案。

（6）查阅档案必须严格遵守保密制度，严禁涂改、圈画、拆换档案材料，不得向无关人员谈论或泄露档案内容，违犯者将视情节轻重，给予批评教育甚至纪律处分。

7. 档案的接收与转递

（1）员工试用期满转正后，应及时到人事档案室办理档案调入手续，档案管理人员接收档案后应及时进行登记，并将档案回执及时退回原单位。

（2）员工调出或辞职后，档案管理人员要及时办理档案转递手续。

（3）员工档案转递应密封，一般应通过机要交通转递，也可由组织指派专人传送，但不得由员工本人自带。

（4）有关职能部门应及时将员工奖励材料，入党、入团的材料转交档案室存档。

8. 档案工作人员守则

（1）认真学习党和国家的劳动人事政策、档案管理规定，不断提高工作水平。

（2）热爱本职工作，忠于职守，刻苦钻研业务，提高业务水平和工作能力，努力为人事工作服务。

（3）保护档案安全，不得擅自转移、分散和销毁档案。严禁在档案室用火、吸烟或存放易燃、易爆等危险品。

（4）严格遵守保密制度，不得向他人提供或泄露档案内容，无关人员不得进入档案室。

（5）坚持原则，遵守纪律，严格按照档案工作的各项规章制度办事。

📝 分析点评

员工档案管理是人事管理的重要组成部分。员工档案不仅要记录员工的过去，更重要的是要记录员工与组织共同发展的历史——心路历程、价值观提升、能力结构与知识结构变化。它是人力资源中心的重点功能之一，也是开展各类人事业务以及设计人事报表的基础。

➡️ 注意事项

企业员工档案是企业历史地、全面地考察、了解、管理、使用员工的一个重要依据。但是在很多非公有企业中，员工档案管理的工作被严重地忽视了，这主要表现为：

（1）企业管理者档案意识薄弱。由于企业与员工是"雇佣"关系，员工的人事档案管理在企业管理中不受重视，往往是人员不到位，硬件设施不到位，管理制度不到位。企业管理者只重视人才的接纳，而忽视档案的接收，造成"有人无档"的现象。

（2）档案管理面临责任落实难，材料收集难，管理规范难的情况。具体表现在非公有企业在劳动用工上，无暇顾及档案工作，缺乏一套适应非公有企业自身发展的人事档案管理制度。

第九章　员工心理管理工具

工具1：员工满意度调查

内容概述

1. 员工满意度调查的概念

员工满意度调查是一种科学的人力资源管理工具，它通常以问卷调查等形式，收集员工对企业管理各个方面满意程度的信息，然后通过后续专业、科学的数据统计和分析，真实地反映公司经营管理现状，为企业管理者决策提供客观的参考依据。

2. 员工满意度调查的方式

（1）访谈调查法。收集口头资料，记录访谈观察。

①特点。具有直接性、灵活性、适应性和应变性；回答率高，但事先需培训，费用大、规模小、耗时多、标准化程度低。

②类型。有结构性访谈，需事先设计精心策划的调查表和非结构性访谈，无问题提纲，可自由发问。

③场所。适用于部门较分散的公司、公共场所。

④人数。按人数多少分，可分为集体性和个别性访谈。

⑤时间。一次性或跟踪性访谈。

（2）问卷调查法。设计出卷子后分发个别员工或集体。

①特点。范围广、结合访谈调查效果更佳。

②类型。有开放性问卷和封闭性问答两种，各自有优缺点，两者结合更好。

③问卷。需设计题目、说明、指导语、内容、动态问题、态度、编号等。

④设计。包括是非选择、多项选择、对比选择、排序选择、程度选择、自由提问、时间限制等。

（3）抽样调查法。包括随机抽样、等距抽样、分层抽样、整体抽样。

3. 员工满意度调查的目的

（1）诊断本公司潜在的问题。实践证明，员工满意度调查是员工对各种企业管理问题的满意度的晴雨表。如果公司通过员工满意度调查发现员工对薪酬满意度有下降趋势，就应及时检查其薪酬政策，找出不满日益增加的原因并采取措施予以纠正。

（2）找出本阶段出现的主要问题的原因。例如，公司近来受到产品高损耗率、高丢失率的困扰，通过员工满意度调查就会找出导致问题产生的原因，确定是否因员工工资过低、管理不善、晋升渠道不畅等而产生的问题，否则只能靠主观的随机猜测。

（3）促进公司与员工之间的沟通和交流。由于保证了员工自主权，那么员工就会畅所欲言地反映平时管理层听不到的声音，这样就起到了信息向上和向下沟通的催化剂和安全渠道作用。

（4）培养员工对企业的认同感、归属感，不断增强员工对企业的向心力、凝聚力。

由于员工满意度调查活动使员工在民主管理的基础上树立以企业为中心的群体意识，从而潜意识地对组织集体产生强大的向心力。

（5）评估组织变化和企业政策对员工的影响。员工满意度调查能够有效地用来评价组织政策和规划中的各种变化，通过变化前后的对比，公司管理层可以了解到公司决策和变化对员工满意度的影响。

⇨【实用范例】

B 公司是一家从事旅游制品销售的民营企业，最近几年发展速度很快，每年以超过 40% 的速度增长，员工人数从成立之初的 500 人增加到如今的 1300 多人。基于这样良好的发展势头，董事会为下一财年又制定的目标是实现 40% 的销售收入增长。公司的销售力量很强，与国外的主要客户有着良好的合作关系，地方政府对企业非常重视，给予很多政策上的优惠，因此在财年初制定发展目标时，董事会和管理层都非常乐观，认为实现这一目标是没有问题的。然而，在财年即将结束时，管理层发现根本无法实现年初制定的经营目标。在分析原因时，管理层意识到问题出在管理上，为找出问题的原因，公司做了员工满意度调查。然而调查结果出来后，管理层更加困惑。按照调查结果，员工满意度很高，达到 81%，既然员工满意度如此之高，为什么还会存在这么多管理问题？管理层百思不得其解，最后决定求助于专业管理咨询公司。

经了解，问卷涵盖了员工满意度的五个基本维度：工作性质本身、薪酬与回报、晋升与发展、上级管理、同事与工作环境，问题也比较科学。既然调查问卷本身没有问题，为什么结果不能发现管理上存在的问题呢？在与人力资源部进一步沟通之后，管理咨询公司了解到 B 公司仅仅做了调查结果的总体分析，得出 81% 满意度的结论，并没有做更进一步的交叉对比分析。经过交叉对比分析，管理咨询公司发现：

（1）满意度得分与员工在公司的工作时间成反比，入职不满一年的员工满意度得分最高，接近 85%，5 年以上的员工满意度只有 60%。

（2）核心员工的满意度最低，只有 60%，非核心岗位的员工满意度最高，达到 88%。

（3）中基层管理岗位的员工满意度明显低于高层和一线生产工人。虽然该公司的员工满意度总体上看起来很高，但经过交叉对比分析却发现了更为深层次的问题——为公司创造价值的核心员工的满意度远远低于其他员工。

分析点评

员工满意度是相对于个体的生活满意度和总体满意度而言的，是特指个体作为职业人的满意程度。它泛指工作者在组织中所扮演的角色的感受或情感反应，是员工对其工作或工作经历评估的一种态度的反映。定期进行科学的员工满意度调查，能使企业领导层进一步了解员工需求，发现企业问题，从而使问题有针对性地得到解决。同时，通过员工满意度测量，能及时监控公司的各项措施的实施状态，对员工中存在问题及时预警，为决策提供科学依据。

注意事项

在员工满意度调查的过程中，为了避免调查结果的失真，应当注意以下几个问题：

（1）提前做好员工的思想工作，解除员工对于问题的顾虑，使员工尽可能反映自己的真实想法。

（2）合理设计问题。不同员工的素质会存在一定的差别，设计的问题过程应当有一定的难度，同时要注意提问的方式，力求简洁易懂，便于员工准确回答。

（3）对于不同层面的员工，应当分别设计调查问卷。

（4）对于同一问题，为了反映员工的真实想法，可以通过反复提问，即通过不同的提问方法，多角度地了解员工的想法。

（5）可以通过两道或多道相关的问题进行相关交叉分析，来判断员工的回答是否合理。

工具2：奥斯本头脑风暴法

内容概述

1.奥斯本头脑风暴法的概念

头脑风暴法出自"头脑风暴"一词。所谓头脑风暴，最早是精神病理学上的用语，指精神病患者的精神错乱状态而言的。而现在则成为无限制的自由联想和讨论的代名词，其目的在于产生新观念或激发创新设想。

头脑风暴法又称智力激励法或自由思考法（畅谈法、畅谈会、集思法）。头脑风暴法是由美国创造学家 A．F．奥斯本于 1939 年首次提出、1953 年正式发表的一种激发性思维的方法。此法经各国创造学研究者的实践和发展，至今已经形成了一个发明技法群，如奥斯本智力激励法、默写式智力激励法、卡片式智力激励法等。

2.头脑风暴法的实施步骤

（1）准备阶段。准备阶段包括总结问题，组建头脑风暴法小组，培训主持人和组员，通知会议的内容、时间和地点。

（2）热身活动。为了使头脑风暴法会议能形成热烈和轻松的气氛，使与会者的思维活跃起来，可以做一些智力游戏、猜谜语、讲幽默小故事等。

（3）明确问题。由主持人向大家介绍所要解决的问题，问题提得要简单、明了、具体。对一般性的问题要把它分成几个具体的问题，而"怎样引进一种新型的合成纤维"之类的问题很不具体。

（4）自由畅谈。由与会者自由地提出设想。主持人要坚持原则，尤其要坚持严禁评判的原则。对违反原则的与会者要及时制止，如坚持不改可劝其退场。会议秘书要对与会者提出的每个设想予以记录或是做现场录音。

（5）会后收集设想。在会议的第二天再向组员收集设想，这时得到的设想往往更富有创见。

（6）如问题未能解决，可重复上述过程。在用原班人马时，要从另一个侧面或用最广义的表述来讨论课题，这样才能变已知任务为未知任务，使与会者思路轨迹改变。

（7）评判组会议。对头脑风暴法会议所产生的设想进行评价与优选应慎重行事。务必要详尽细致地思考所有设想，即使是不严肃的、不现实的或荒诞的设想亦应认真对待。

⇨ **【实用范例】**

下面是一个精彩的头脑风暴法案例：

主持人：我们的任务是砸核桃，要求砸得多、快、好，大家有哪些好办法？

甲：平常在家里是用榔头砸、用钳子夹、用牙嗑、用手掰、用门夹。

主持人：大家再想一想，用什么样的力才能把核桃砸开，用什么办法才能得到这些力？

甲：需要给一个力，用某种东西冲击核桃，就能产生这种力……或者，相反，用核桃冲击某种东西（逆向思维）！

乙：可用气动机枪往墙上射核桃，比如说可以用装泡沫塑料弹的儿童气枪射。

丙：当核桃落地时，可以利用重力。

丁：核桃壳非常硬，应该先用溶剂加工，使它们软化、溶解……或者使它们变得较脆……要使核桃变脆，可以冷冻。

主持人：鸟儿用嘴啄……或者飞得高高的，把核桃扔到硬地上。我们应该将核桃装在袋子里，从高处（例如，在热气球上、直升机上、电梯上等）往硬的物体（例如，水泥板）上扔，然后把摔碎的核桃拾起来（类比）。

主持人：如果我们运用逆向思维来解决问题，又会怎样？

丁：可以把核桃放在空气室里，往里加高压打气，然后使空气室里压力锐减，因为内部压力不能立即降低，这时，内部气压使核桃破裂（发展了上一个设想）。或者使空气里的压力交替地剧增与锐减，使核桃壳处于变负荷状态下。

在头脑风暴法会议进程中，只用 10 分钟就得到 40 个设想，其中一个方案（在空气压力超过大气压力并随即降到大气压力以下，核桃壳破裂，核桃仁保持完好）获发明专利。

📝 分析点评

实践表明，头脑风暴法提供了一种有效的就特定主题集中注意力与思维，进行创造性沟通的方式，无论是对于学术主题探讨或日常事务的解决，都不失为一种可资借鉴的途径。头脑风暴法可以排除折中方案，对所讨论问题通过客观、连续的分析，找到一组切实可行的方案，因而获得了广泛的应用。

➡ 注意事项

需要注意的是，头脑风暴法实施的成本（时间、费用等）是很高的，另外，头脑风暴法要求参与者有较好的素质。这些因素是否满足会影响头脑风暴法实施的效果。

工具 3：人员访谈法

🔘 内容概述

1. 人员访谈法的概念

人员访谈法是指工作分析人员通过与员工进行面对面的交流，加深对员工工作的了解，以获取工作信息的一种工作分析方法。其具体做法包括个人访谈、同种工作员工的群体访谈和主管人员访谈。

2. 人员访谈法的特点

（1）人员访谈法的优点。非常容易和方便可行，引导深入交谈可获得可靠有效的资料。对于群体访谈，不仅节省时间，而且与会者可放松心情，可做思考后再回答问题，相互启发影响，有利于问题的深入。

（2）人员访谈法的缺点。样本小，需要较多的人力、物力和时间，应用上受到一定限制。所以，人员访谈法一般在调查对象较少的情况下采用，且常与问卷法、测验等结合使用。

3. 人员访谈法的适用范围

由于访谈调查收集信息资料，主要是通过访谈员与被访者面对面直接交谈方式实现的，具有较好的灵活性和适应性，又由于访谈调查的方式简单易行，即使被访者阅读困难或不善于文字表达，也可以回答，因此它尤其适合文化程度较低的成人或儿童这样的调查对象，所以适用面较广。

人员访谈法被广泛运用于教育调查、心理咨询、征求意见等，更多用于个性、个别化研究。它适用于调查的问题比较深入，调查的对象差别较大，调查的样本较小，或者调查的场所不易接近等情况。

4. 人员访谈法的类型

依据不同的分类标准，人员访谈法可以分为多种类型：

（1）以人员接触情况划分。

①面对面访谈。面对面访谈也称直接访谈，它是指访谈双方进行面对面的直接沟通来获取信息资料的访谈方式，是访谈调查中一种最常用的收集资料的方法。在这种访谈中，访谈员可以看到被访者的表情、神态和动作，有助于了解更深层次的问题。

②电话访谈。电话访谈也称间接访谈，它不是交谈双方面对面坐在一起直接交流，而是访谈员借助某种工具（电话）向被访者收集有关资料。电话访谈可以减少人员来往的时间和费用，提高了访谈的效率。

③网上访谈。网上访谈是访谈员与被访者用文字而非语言进行交流的调查方式。随着互联网的普及，在一些城市中，网上访谈也开始出现。网上访谈也像电话访谈一样属于间接访谈，它兼有电话访谈免去人员往返因而节约人力和时间的优势，它甚至比电话访谈更节约费用。另外，网上访谈是用书面语言进行的，这便于资料的收集和日后的分析。

（2）以调查次数划分。

①横向访谈。横向访谈又称一次性访谈，它是指在同一时段对某一研究问题进行的一次性收集资料的访谈。这种研究需要抽取一定的样本，被访者有一定的数量，访谈内容是以收集事实性材料为主，研究一次性完成。

②纵向访谈。纵向访谈又称多次性访谈或重复性访谈，它是指多次收集固定研究对象有关资料的跟踪访谈，也就是对同一样本进行两次以上的访谈以收集资料的方式。纵向访谈是一种深度访谈，它可以对问题展开由浅入深的调查，以探讨深层次的问题。纵向访谈常用于个案研究或验证性研究，这种访谈常用于质的研究。按照美国学者塞德曼的观点，深度访谈至少应进行 3 次以上。

（3）以调查对象数量划分。

①个别访谈。个别访谈是指访谈员对每一个被访者逐一进行的单独访谈。其优点是访谈员和被访者直接接触，可以得到真实可靠的材料。这种访谈有利于被访者详细、真实地表达其看法。访谈员与被访者有更多的交流机会，被访者更易受到重视，安全感更强，访谈内容更易深入。个别访谈是访谈调查中最常见的形式。

②集体访谈。集体访谈也称为团体访谈或座谈，是指由一名或数名访谈员亲自召集一些调查对象，就访谈员需要调查的内容征求意见的调查方式。集体访谈是教育调查研究中一种很好的方法，通过集体座谈的方式进行调查，可以集思广益，互相启发，互相探讨，而且能在较短的时间里收集到较广泛和全面的信息。集体访谈要求访谈员有较熟练的访谈能力和组织会议的能力。集体访谈一般需要准备调查提纲，而且，如果在会前，将调查的目的、内容等通知被访者，访谈的结果往往更加理想。参加座谈会的人员要有代表性，一般不超过 10 人。访谈中要使座谈会现场保持轻松的气氛，这样有利于被访者畅所欲言。如果讨论中发生争论，如果与主题有关，要支持争论下去；如果争论与主题无关，要及时引导到问题中心上来。主持人一般不参加争论，以免堵塞与会者的思路。另外，还要做好详细的座谈记录。

5. 人员访谈法的运用过程

（1）设计访谈提纲。无论是哪一种形式的访谈，一般在访谈之前都要设计一个访谈提纲，明确访谈的目的和所要获得的信息，列出所要访谈的内容和提问的主要问题。

（2）恰当提问。要想通过访谈获取所需资料，对提问有特殊的要求。在表述上要求简单、清楚、明了、准确，并尽可能地适合受访者；在类型上可以有开放型与封闭型、具体型与抽象型、清晰型与含混型之分；另外，适时、适度的追问也非常重要。

（3）准确捕捉信息，及时收集有关资料。人员访谈法收集资料的主要形式是"倾听"。"倾听"可以在不同的层面上进行：在态度上，访谈者应该是"积极关注地听"，而不应该是"表面地或消极地听"；在情感层面，访谈者要"有感情地听"，避免"无感情地听"；在认知层面，要随时将受访者所说的话或信息迅速地纳入自己的认知结构加以理解和同化，必要时还要与对方进行对话，与对方进行平等的交流，共同建构新的认知。另外，"倾听"还需要特别遵循两个原则：不要轻易地打断对方和容忍沉默。

（4）适当地做出回应。访谈者不只是提问和倾听，还需要将自己的态度、意向和想法及时地传递给对方。回应的方式多种多样，可以是诸如"对""是吗""很好"等言语行为，也可以是点头、微笑等非言语行为，还可以是重复、重组和总结。

（5）及时做好访谈记录，一般还要录音或录像。在访谈的过程中要做好记录工作。访谈信息的记录方式有多种。边访谈边记录，能确保信息的真实，但容易干扰受访者的反应；事后回忆记录能保证访谈不因记录而受影响，但是无法保证信息的真实性；用录音、摄像的方法记录，特别是借助隐形录音、录像工具，可弥补前面两种方法的缺点。但需要注意的是，事后应该告诉访谈者对其谈话进行了录音并获得同意后才能对资料进行分析。

6. 访谈技巧

（1）一般事先应对访谈对象要有了解。

（2）一般要尽可能自然地结合受访者当时的具体情形开始访谈。

（3）访谈的问题应该是由浅入深、由简入繁，而且要自然过渡。

（4）在准备充分的前提下，为避免谈话跑题，有时需要适当地调节和控制。

（5）无论是提问还是追问，问的方式、内容都要适合受访者。

（6）要特别注意自己在访谈中的非言语行为。

（7）在回应中要避免随意评论。

（8）要讲究访谈的结束方式。

⟹【实用范例】

下面是为了解 6 岁男孩杰克的心理特点进行的一次访谈。

访谈者：我想请问你几个问题，看看你对一些事情是怎么想的。请把你的想法告诉我，好吗？

杰克：好的。

访谈者：风是从哪里来的？

杰克：从东边，从南边。

访谈者：现在它在哪里？

杰克：到处都有。难道你感觉不到吗？

访谈者：风是由什么构成的？

杰克：空气。我们也有空气，我们可以通过吹气制造出风来。

访谈者：风最开始是从哪里来的？

杰克：哦，你知道，上帝给了人空气，这样他们就能呼吸了，上帝还想多帮人一点忙。对了，你知道帆船吗？就是空气推着它们走的。空气可以推走东西，就是因为有了上帝的帮助我们才能开动帆船。

访谈者：它是怎么走的？

杰克：上帝推着它走的。

访谈者：当风吹向人时，它能感觉到有人吗？

杰克：是的，它碰到了我们。

访谈者：风是有生命的吗？

杰克：对。

访谈者：晚上风到哪里去了呢？

杰克：去了……西边……北边。

访谈者：风永远待在一个地方吗？

杰克：不，它到处跑。

……

分析点评

上面的案例是一次关于儿童对物质世界因果关系认识的访谈，访谈者想考察儿童对"风"这一自然现象的理解，从访谈内容中探索儿童的心理特征。虽然6岁的杰克在老师及同伴的眼中对自然环境"非常了解"，但是不难看出，杰克头脑中虚构出来的世界与成年人眼中的大相径庭。其心理特点充满了"自我中心主义""万物有灵论""万物目的论""魔力论"。

同时，需要注意的是，在这次访谈中，访谈者所表现出来的专业素养值得我们学习。如不对儿童的反应做任何评价、不根据我们的理念对其进行言语引导、使用儿童能够听懂的语言进行交流等，这都是成功访谈必须具备的因素。

注意事项

在访谈过程中，要想取得理想的效果，就需要访谈者注意以下四个方面：

（1）谈话要遵循共同的标准程序，避免只凭主观印象，或谈话者和调查对象之间毫无目的、漫无边际的交谈。关键是要准备好谈话计划，包括关键问题的准确措辞以及对谈话对象所做回答的分类方法。

（2）访谈前尽可能收集有关被访者的材料，对其经历、个性、地位、职业、专长、兴趣等有所了解；要分析被访者能否提供有价值的材料；要考虑如何取得被访者的信任和合作。另外，在访谈时要掌握好发问的技巧，善于洞察被访者的心理变化，善于随机应变，巧妙使用直接法、间接法等。

（3）访谈者要做好访谈过程中的心理调查。例如，为了使被访者留下良好的印象，要善于沟通，消除误会隔阂，形成互相信任融洽的合作关系。访谈者还要注意自己的行为举止，其中关键是以诚相待，热情、谦虚、有礼貌。有时访谈的失败正是因为沟通不够。

（4）访谈所提问题要简单明白，易于回答；提问的方式、用词的选择、问题的范围要适合被访者的知识水平和习惯；谈话内容要及时记录。

工具 4：员工沟通技巧

内容概述

管理离不开沟通，沟通渗透于管理的各个方面。现代的企业决策者，绝不是高高在上的管理者。要激发员工的工作热情，并使管理卓有成效，离开了沟通别无他途。如何合理地利用各种沟通渠道，采用多种沟通技巧，尽可能地与员工进行全方位的交流，已经成为企业内部管理的一个重要课题。通用电气公司 CEO 伊梅尔特在谈怎样支配自己的有效工作时间时说：我差不多有 30% ~ 40% 的时间跟人打交道，进行交流、沟通，这是 CEO 非常重要的一项工作。有关研究表明：管理中 70% 的错误是由于不善于沟通造成的。因此，人力资源管理者一定要重视沟通，并在企业内部建立良好的沟通机制。

通常而言，沟通有以下技巧：

1. 倾听技巧

倾听能鼓励他人倾吐他们的状况与问题，而这种方法能协助他们找出解决问题的方法。倾听需要相当的耐心与全神贯注。

倾听技巧由 4 个技巧所组成，分别是询问、鼓励、反应与复述。

（1）询问能够以探索方式获得更多对方的信息资料。

（2）鼓励能够促进对方表达的意愿。

（3）反应能够告诉对方你在听，同时确定完全了解对方的意思。

（4）复述被用于讨论结束时，可确定没有误解对方的意思。

2. 气氛控制技巧

安全而和谐的气氛，能使对方更愿意沟通，如果沟通双方彼此猜忌、批评或恶意中伤，将使气氛紧张、冲突，加速彼此心理设防，使沟通中断或无效。

气氛控制技巧由4个技巧组成，分别是联合、参与、信赖与觉察。

（1）联合：以兴趣、价值、需求和目标等强调双方所共有的事务，营造和谐的气氛而达到沟通的效果。

（2）参与：激发对方的投入态度，创造一种热忱，使目标更快完成，并为随后进行的沟通创造积极气氛。

（3）信赖：创造安全的情境，提高对方的安全感，接纳对方的感受、态度与价值等，使对方产生信赖。

（4）觉察：将潜在"爆炸性"或高度冲突状况予以化解，避免讨论演变为负面或破坏性，使对方觉察到此时此刻的沟通气氛，以增加双方持续讨论的可能性。

3. 推动技巧

推动技巧是用来影响他人的行为，使之逐渐符合我们的议题。有效运用推动技巧的关键，在于以明白具体的积极态度，让对方在毫无怀疑的情况下接受你的意见，并觉得受到激励，准备努力完成工作。

推动技巧由4个技巧组成，分别是提议、推论、增强与回馈。

（1）提议：即将自己的意见具体明确地表达出来，让对方能了解自己的行动方向与目的。

（2）推论：可使讨论具有进展性，整理谈话内容，并以它为基础，为讨论目的延伸而锁定目标。

（3）增强：利用增强对方出现的正向行为（符合沟通意图的行为）来影响他人，也就是利用增强来激励他人做你想要他们做的事。

（4）回馈：即让对方了解你对其行为的感受，这些回馈对人们改变行为或维持适当行为是相当重要的，尤其是提供回馈时，要以清晰具体而非侵犯的态度提出。

⇨ 【实用范例】

作为世界著名的电脑公司，IBM非常重视员工的沟通。IBM公司内部的人事沟通渠道可分为三类：员工—直属经理，员工—越级管理阶层，其他渠道。

（1）"员工—直属经理"的沟通是很重要的一条沟通渠道，其主要形式是：每年由员工向直属经理提交工作目标，直属经理定期考核检查，并把考评结果作为员工的加薪依据。IBM公司的考评结果标准有5级：未能执行的是第五级；达到既定目标的是第四级；执行过程中能通权达变、完成任务的是第三级；在未执行前能预知事件变化并能做好事前准备的为第二级；第一级的考绩，不但要达到第二级的工作要求，其处理过程还要成为其他员工的表率。

（2）"员工—越级管理阶层"的沟通有四种形态：其一是"越级谈话"，这是员工与越级管理者一对一的个别谈话；其二是由人事部安排，每次由10名左右的员工与总经理面谈；其三是高层主管的座谈；其四是IBM公司最重视的"员工意见调查"，即每年由人事部要求员工填写不署名的意见调查表，管理幅度在7人以上的主管都会收到最终的调查结果，公司要求这些主管必须每3个月向总经理禀报调查结果的改进情况。

（3）其他沟通渠道包括"公告栏""内部刊物""有话直说"和"申诉制度"等。IBM公司的"有话直说"是鼓励员工对公司制度、措施多提意见的一种沟通形式（一般通过书面的形式进行），员工的建议书会专门有人搜集、整理，并要求当事部门在10天内给予回复。IBM公司的"内部刊物"的主要功能是把公司年度目标清楚地告诉员工。IBM公司的"申诉制度"是指在工作中，员工如果觉得委屈，可以写信给任何主管（包括总经理），在完成调查前，公司注意不让被调查者的名誉受损，不大张旗鼓地调查以免当事人难堪。

为了确保沟通目标得以实现，IBM公司制订了一个"沟通十诫"：一是沟通前先澄清概念；二是探讨沟通的真正目的；三是检讨沟通环境；四是尽量虚心听取别人的意见；五是语调和内容一样重要；六是传递资料尽可能有用；七是应有追踪、检讨；八是兼顾现在和未来；九是言行一致；十是做好听众。

分析点评

良好的内部沟通机制不仅能够充分体现企业对员工的尊重与重视，同时也能够及时发现企业在生产管理方面的问题。平等、互相尊重、有人情味的关系氛围是企业保持稳定和持续发展的必要保障。因此，为使与员工的沟通达到预期的目的，企业管理人员必须掌握一定的沟通技巧。

➡ 注意事项

在与员工沟通时，要注意两方面问题：

（1）沟通不要太急于入题，最好事先做好铺垫工作。

（2）经常沟通是我们所赞成的，但是不能因为频繁的沟通给下属造成与上司是哥儿们的错觉。为了更好地开展工作，企业管理者一定要有威严。

工具5：现场观察法

◖ 内容概述 ◗

1. 现场观察法的概念

在人力资源管理中，观察法是指工作分析人员直接到现场，亲自对特定对象（一个或多个工作人员）操作进行观察，并收集、记录有关工作的内容，工作间的相互关系，人与工作的作用以及工作环境、条件等信息，最后把取得的职务信息归纳整理为适用的文字资料。

2. 现场观察法的种类

对某一个特定调查问题，从成本和数据质量的角度出发，需要选择适合的观察方法。我们通常采用的观察方法包括如下4种：

（1）自然观察法。自然观察法是指调查员在一个自然环境中（包括超市、展示地点、服务中心等）观察被调查对象的行为和举止。

（2）设计观察法。设计观察法是指调查机构事先设计模拟一种场景，调查员在一个已经设计好的并接近自然的环境中观察被调查对象的行为和举止。所设置的场景越接近自然，被观察者的行为就越接近真实。

（3）机器观察法。在某些情况下，用机器观察取代人员观察是可能的甚至是我们所希望的。在一些特定的环境中，机器可能比人工更便宜、更精确和更容易完成工作。

（4）掩饰观察法。众所周知，如果被观察人知道自己被观察，其行为可能会有所不同，观察的结果也就不同，调查所获得的数据也会出现偏差。掩饰观察法就是在不被观察人、物或者事件所知的情况下监视他们的行为过程。

3. 现场观察法的程序

（1）观察准备。

①检查现有文件，形成工作的总体概念。

②准备一个初步的观察任务清单，作为观察的框架。

③为数据收集过程中涉及的还不清楚的主要项目做一个注释。

（2）观察。

①在部门主管的协助下，对员工的工作进行观察。

②在观察中，要适时地做记录。

（3）面谈。

①根据观察情况，最好再选择一个主管或有经验的员工进行面谈，因为他们了解工作的整体情况以及各项工作任务是如何配合的。

②确保所选择的面谈对象具有代表性。

（4）合并工作信息。

①检查最初的任务或问题清单，确保每一项都已经被回答或确认。

②进行信息的合并。把所收集到的各种信息合并为一个综合的工作描述，这些信息包括主管、工作者、现场观察者、有关工作的书面材料。

③在合并阶段，工作分析人员应该随时获得补充材料。

（5）核实工作描述。

①把工作描述分发给主管和工作的承担者，并附上反馈意见表。

②根据反馈意见，逐字逐句地检查整个工作描述，并在遗漏和含糊的地方做出标记。

③召集所有观察对象，进行面谈，补充工作描述的遗漏和明确其含糊

的地方。

④形成完整和精确的工作描述。

➪【实用范例】

某公司的调查人员通过对顾客购物行为的观察来预测某种商品的销售情况。表9-1、表9-2为他们设计的统计表。

表9-1　顾客行为观察记录表

×××超市顾客购物情况　　　　　　　　　日期 2009-10-01

时间		顾客基本情况						顾客购物情况		
		男性			女性			食品	日杂	服装
时	分	老	中	青	老	中	青			

表9-2　人流量观察记录表

时间		步行行人						过往车辆					
		男性			女性			非机动车		轿车			卡车
时	分	老	中	青	老	中	青	自行车	电动车	高档	中档	低档	重型	轻型

分析点评

现场观察法作为重要的管理工具，其主要优点是直观、可靠性强，更接近真实，不受被观察者的意愿和回答能力影响，而且简便易行，灵活性强，可随时随地进行。其缺点主要是，通常只有行为和自然的物理过程才能被观察到，而无法了解被观察者的动机、态度、想法和情感。而且，只能观察到公开的行为，并且这些行为的代表性将影响调查的质量。

注意事项

观察法使用的注意事项：

（1）避免机械记录，应主动反映工作的各有关内容，对观察到的工作信息进行比较和提炼。

（2）要求工作应相对稳定，即在一定的时间内，工作内容、程序、对工作人员的要求不会发生明显的变化。

（3）适用于大量标准化的、周期较短的以体力活动为主的工作，不适用于脑力劳动（即思维判断或智能性）为主的工作。

（4）要注意工作行为样本的代表性。

（5）观察人员尽可能不引起被观察者的注意，不应干扰被观察者的工作。

工具 6：冲突处理法

内容概述

1.冲突处理法的概念

工作冲突是指由于工作群体或个人试图满足自身需要而使另一工作群

体或个人受到挫折时的社会心理现象。如果某种冲突已经发生，作为管理者就要采取积极的、建设性的措施来处理这些冲突。成功的处理方法必须建立在对工作冲突本身正确而充分的了解基础之上。

2. 冲突处理的方法

下面介绍五种处理冲突的方法。当然，在具体运用这些方法时，必须结合实际情况。

（1）解决问题。由于团队内的群体、个体往往不能时常进行相互间的沟通，在这种情况下，采取解决问题的办法来处理团队冲突或许最合适，它可以用来就事论事地处理某些具体问题。这种办法是将冲突双方或代表召集到一块儿，让他们把分歧讲出来，辨明是非，找出分歧的原因，提出办法，最终选择一个双方都满意的解决方案。这种面对面的沟通形式如果利用得好，可以促进相互理解。

（2）否认或隐瞒。这种方法是通过"否认"工作冲突的存在来处理冲突。当冲突不太严重或者处于显露前后"平静期"时采用这种方法比较见效。

（3）支配式处理方式。这种方法是冲突中的某一方利用自身的地位和权威来解决矛盾。冲突的旁观者也可利用自身的权威和影响，采用类似的方法来调解冲突双方的矛盾。这种方法只有当凭借的"权威"确有影响力或冲突双方都同意这种方法时才能取得满意效果。

（4）妥协。这种办法要求冲突双方为达到和解的目的，都必须做出一定的让步。使用这种方法的前提是冲突双方都必须有足够的退让余地。

（5）压制或缓解。掩盖矛盾，使组织重新恢复"和谐"。同样，这种方法也是在冲突不太严重或者冲突双方都"不惜一切代价"保持克制时才能取得满意的效果。

3. 冲突处理的步骤

（1）分清哪种冲突是不利的，必须加以解决。

（2）分清哪种冲突是有益的，必须加以扶持。

（3）查清冲突发生的具体原因。

（4）确定处理冲突的方法。

（5）处理冲突。

⇨【实用范例】

下面是一位公司老总对冲突处理法的精彩应用：

一位业绩一直第一的员工，认为一项具体的工作流程是应该改进的。她也和主管包括部门经理提出过，但没有受到重视，领导反而认为她多管闲事。

一天，她私自违反工作流程进行改变。主管发现后，带着情绪批评了她。而她不但不改，反而认为主管有私心，于是就和主管吵翻了，并退出了工作岗位。主管反映到部门经理那里，经理也带着情绪严肃地批评了她，她置若罔闻。

于是经理和主管共同决定对她作出扣三个月奖金的处罚。

这位员工拒不接受。于是部门经理把问题报告到老总那里。

老总于是把这位早有耳闻的业务尖子叫到办公室谈话。老总没有一上来就批评她，而是让她先叙述事情的经过，通过和她交谈，交换意见和看法，老总发现这位员工确实很有思路，她违反的那项工作流程确实应该改进，而且她还谈出了许多现行的工作流程和管理制度中存在的不完善之处。

老总的这种朋友式的平等的交流，真诚地聆听她的意见，让她感觉受到了重视和尊重，情绪渐渐平息下来，开始冷静地反思自己的行为。从开始的只认为主管有错，到最后承认自己做得也不对。在老总策略性地询问下，她也说出了她认为自己的错误应该受到的处罚程度。

此后，老总与部门经理以及主管交换了意见和看法，经理和主管也都认同了"人才有用不好用，奴才好用没有用"的道理。

大家讨论决定以该位员工自己认为应受的罚金减半罚款，让她在班前会上公开做了自我检讨。她十分愉快地甚至可以说是怀着感激之情接受了处罚，而且公司还以最快的速度对那项工作流程进行了改进。

📝 分析点评

对企业经营者而言，冲突本身可说是一种挑战，可以促使组织变革。如果企业经营者能够妥善地处理员工之间的冲突，则会增加组织成员之间的了解，从而促进企业组织的和谐与健康发展。

➜ **注意事项**

在进行冲突处理的时候，最为重要的一点是保持公平、公正，否则会起到相反的作用，激化矛盾。

工具 7： 晤谈法

👈 **内容概述**

1. 晤谈法的概念

晤谈法是心理评估中最常用的一种基本方法，其基本形式是一种面对面的语言交流。晤谈的形式包括自由式晤谈和结构式晤谈两种。前者的谈话是开放式的，气氛比较轻松，被评估者较少受到约束，可以自由地表现自己。后者根据特定目的预先设定好一定的结构和程序，谈话内容有所限定，效率较高。晤谈是一种互动的过程，评估者掌握和正确使用晤谈技巧是十分重要的。晤谈技巧包括言语沟通和非言语沟通（如表情、姿态等）两个方面。在言语沟通中，包括听与说。在非言语沟通中，可以通过微笑、点头、注视、身体前倾等表情和姿势表达对被评估者的接受、肯定、关注、鼓励等思想感情，从而促进被评估者的合作，启发和引导他（她），将问题引向深入。例如，在工作中，当管理者发现员工的业绩表现不符合公司要求时，部门主管就应该与员工晤谈，共同协力了解造成业绩表现不佳的原因，确定员工低落的业绩表现是因为不能适应工作环境，还是技能、个性不能符合工作的要求，是不是可以通过相关的人力调整措施（例如，训练、调职）改善员工的表现等问题。

2. 晤谈法的方式

（1）标准化访谈（也叫结构式访谈）。其特点是由晤谈法的实施者按所需资料的要求，以较为固定的方式或定向的标准程序，编制出访谈的提纲和问卷，向当事人依次提出问题，让其按要求做出回答。

（2）非标准化访谈（也叫非结构式访谈）。其特点是不按事先设计的固定结构和程序进行，而以自由交谈方式进行。

（3）半标准化访谈（也叫半结构式访谈）。它是介于标准化访谈与非标准化访谈之间的访谈方式，其特点是事先准备好各类问题，又不完全拘泥于某种固定方式与顺序。许多晤谈都采用这种形式。这种形式集前两种方式之长，避其所短，可以取得较好的效果，但要运用得得心应手，其难度也是较大的。

➪【实用范例】

晤谈法使用的范围比较广，既可以在人力资源管理中使用，也可以在其他的人员心理管理中使用，而且，既可以对个体使用，也可以对集体使用。下面就是一个集体晤谈的案例。

参加晤谈的组员共13人，高中生，男生8人，女生5人。他们都经历了汶川大地震，但其家人均未在地震中伤亡。这13名学生均由原先各地灾区转移至现新校址。

集体晤谈过程分介绍期、事实期、感受期、症状描述期、辅导期以及恢复期六个阶段。

1. 介绍期

首先，治疗师向大家做了自我介绍，并且解释了此次组织大家晤谈的目标，强调了保密原则。这一步骤的主要目标是希望能够使组员清楚晤谈的目的，迅速建立对治疗师的信任以及对晤谈环境的安全感。其次，治疗师为了能够较快地使各位组员相互了解，活跃团体气氛，运用了一种报名游戏的方式让大家做了一个自我介绍。在这个基础上，治疗师又运用了一个心理学游戏，进一步促进大家之间良好的信任感。当组员表现得有些放松，并且相互之间有些沟通的时候，治疗进入下一阶段。

2. 事实期

让组员描述地震发生时或发生之后他们自己及事件本身的一些实际情

况，询问组员在这些严重事件过程中的所在、所闻、所见、所嗅和所为，每一参加者都必须发言。但需注意的是治疗师应该选择开放性较好、心理承受能力较强的组员开始发言。治疗师在这一阶段的主要任务是引导和倾听。这一步骤的目的是让组员在一个相对良好和安全的支持环境中表达自己所经历的事件。用此方式重新梳理事件发生的过程，让大家彼此验证发生在自己身上的事情是真实的，而且是大家共同经历的，并不是只针对于自己和自己家庭的灾难。这为下一步组员能够表达自己在灾难发生过程中的体验奠定了良好的基础。

3. 感受期

在完成前两个阶段的任务以后，治疗师开始逐渐引导组员表达对这次地震发生时或发生后的感受。但是，治疗师发现，可能因为这次地震来得非常突然，且造成的破坏巨大，因此，对组员的心理冲击巨大。因此，在这一阶段遇到了一些阻力，组员们开始沉默不语。针对这个现象，治疗师及时调整了干预策略，加入了一个"盲行"游戏。其目的是打破长期沉默的气氛。大家对"盲行"游戏的讨论渐渐过渡到对地震经历的感受。经过这个调整，慢慢地大家开始谈论对地震的感受了。这一步骤的目的是让组员在这个安全且可以值得信赖的环境中愿意暴露自己较长一段时间以来一直压抑的情绪，而这不仅可以改变为此产生的羞愧感，而且治疗师和其他组员的支持和分享可以有效地减弱对地震经历的恐惧、担心等其他情绪。在组员进行了较充分的情绪宣泄后，晤谈进入第四个阶段——症状描述期。

4. 症状描述期

在这一阶段，治疗师让组员进一步描述一下自己的症状，如睡眠问题、饮食问题、脑子不停出现的闪回、注意力问题、记忆力问题等。除此以外，还谈了谈地震发生时和发生之后不寻常的体验以及地震发生后的生活变化，讨论这些体验对学习和生活所造成的影响。这一阶段的目的，一是继续使得组员能够将自己的变化与自己所遭遇的创伤进行联系，不断修通组员认知、情感和行为间的联系，修复组员内在心理结构与外界环境之间的联系；二是筛查出症状较明显、需要进一步做个别心理治疗的组员。

5. 辅导期

在这一阶段，治疗师开始在晤谈进展顺利、团体动力良好的基础上，进行一些积极的、准确的信息植入。虽然在前几个阶段，每个组员都能够从他人身上看到与自己相同的认知、情绪和行为反应，但在此阶段，治疗师应对此进行进一步强化，让他们更加确信自己的反应是正常的，是可以被理解的，并且动员团体资源的互相支持。为了能够让组员更好地理解和消化积极的信念，治疗师采取了另外一个心理游戏——心有千千结，使组员真正体会到了自我的力量和团体协作的精神。

6.恢复期

在这个阶段，治疗师对整个晤谈过程给予了总结，回答了组员的相关问题；针对他们都是高中生，讨论了共同的行动计划来表达对过去所发生灾难的哀悼；进一步强化组员间在学习、生活上的相互支持和帮助。最后，治疗师让组员共同讨论，通过了一个口号，大家以齐声呐喊的方式结束了本次集体晤谈。

✒ 分析点评

晤谈法是企业员工日常思想工作和心理诊断工作常用的一种方法，是心理咨询、心理治疗中最为基础和最为重要的方法。当调查的内容比较敏感、调查对象有顾虑时，采用晤谈的方式有助于被调查者解除顾虑。另外，当调查的内容比较深入，很难用文字表达清楚时，或者对被调查者进行书面调查有困难时，也可采用此种方法。

⟳ 注意事项

虽然使用晤谈法常易获得真实的信息，但该方法也并非完美，同样也会产生一些错误。

（1）判断错误。判断错误可由两个因素引起。其一是晤谈的合作和信任关系。在初次接触时，受试者由于对主试者的信任不够，易产生对某些问题的不真实回答。其二是主试者的专业水平不高，这也是影响晤谈结果的准确性因素，易致主试者判断错误。

（2）被试者不真实的回答。由于在晤谈的过程中往往有可能涉及一些敏感的问题，而且被试者与主试者是面对面的谈话，容易造成对某些问题的回避，特别是受环境因素的影响，如周围有人等，使被试者作出不真实的回答。

第十章　人力资源战略管理工具

工具 1：战略框架

内容概述

　　战略框架就是根据已经选定的战略驱动力形成对未来产品、客户、市场预测的思考架构，也就是指企业为了适应未来环境的变化，寻求长期生存和稳定发展而制订的总体性和长远性的规划。战略框架的特征如下：

　　（1）全局性，指以企业全局为研究对象来确定企业的总体目标，规定企业的总体行动，追求企业的总体效果。

　　（2）纲领性，指经营战略所确定的战略目标和发展方向是一种原则性和总体性的规定，是对企业未来的一种粗线条设计，是对企业未来成败的总体谋划，而不是纠缠于现实的细枝末节。

　　（3）长远性，指企业战略的着眼点是企业的未来而不是现在，是为了谋求企业的长远利益而不是眼前利益。

　　（4）抗争性，指企业在竞争中为战胜竞争对手，迎接环境的挑战而制订的一整套行动方案。

（5）风险性，指企业的战略是着眼于未来，因而具有不确定性。

一般来说，企业的战略框架主要包括以下几个方面：

1. 增长性战略

从企业发展的角度来看，任何成功的企业都应当经历长短不一增长性战略实施期，因为从本质上说只有增长性战略才能不断扩大企业规模，使企业从竞争力弱小的小企业发展成为实力雄厚的大企业。

2. 稳定性战略

稳定性战略，是指在内外环境的约束下，企业准备在战略规划期使企业的资源分配和经营状况基本保持在目前状态和水平上的战略。按照稳定性战略，企业目前所遵循的经营方向及其正在经营的产品和面向的市场领域，以及企业在其经营领域内所达到的产销规模和市场地位都大致不变或以较小的幅度增长或减少。

3. 收缩性战略

所谓收缩性战略，是指企业从目前的战略经营领域和基础水平收缩和撤退，且偏离起点战略较大的一种经营战略。与增长性战略和稳定性战略相比，收缩性战略是一种消极的发展战略。一般而言，企业实施收缩性战略只是短期的，其根本目的是使企业遭遇过风暴后转向其他的战略选择。有时，只有采取收缩和撤退的措施，才能抵御竞争对手的进攻，避开环境的威胁和迅速地实行自身资源的最优配置。可以说，收缩性战略是一种以退为进的战略。

4. 组合性战略

组合性战略是增长性战略、稳定性战略和紧缩性战略的组合，事实上，许多有一定规模的企业实行的并不只是一种战略，从长期来看是多种战略的综合使用。

从采用情况来看，一般较大型的企业采用组合性战略较多，因为大型企业相对来说拥有较多的战略业务单位，这些业务单位很可能分布在完全不同的行业和产业群中，他们所面临的外界环境，所需要的资源条件完全不相同。如果对所有的战略业务单位都采用统一的战略态势，就有可能由于战略与具体的战略业务单位不一致，而导致企业的总体效益受到伤害。

所以，可以说，组合性战略是大型企业在特定的历史阶段的必然选择。

⇨【实用范例】

海尔集团是世界第四大白色家电制造企业。海尔公司在全球建立了 29 个制造基地，8 个综合研发中心，19 个海外贸易公司，全球员工总数超过 5 万人，已发展成为大规模的跨国企业集团，2008 年海尔集团实现全球营业额 1190 亿元。

海尔总的战略框架大体上分为四个阶段：

第一阶段是 1984～1991 年间的名牌发展战略，只做冰箱一种产品，7 年时间通过做冰箱，逐渐树立起品牌的声誉与信用。

第二阶段是 1991～1998 年间的多元化产品战略，按照"东方亮了再亮西方"的原则，从冰箱，到空调、冷柜、洗衣机、彩色电视机，每一到两年做好一种产品，7 年来重要家电产品线已接近完整。

第三阶段是从 1998～2005 年为国际化战略发展阶段，即海尔公司到海外去发展。海尔公司产品批量销往全球主要经济区域市场，有自己的海外经销商网络与售后服务网络，Haier 品牌已经有了一定知名度、信誉度与美誉度。

第四阶段是从 2006 年至今的全球化品牌战略阶段。为了适应全球经济一体化的形势，运作全球范围的品牌，从 2006 年开始，海尔集团继名牌战略、多元化战略、国际化战略阶段之后，进入第四个发展战略——创新阶段：全球化品牌战略发展阶段。国际化战略和全球化品牌战略的区别是：国际化战略阶段是以中国为基地，向全世界辐射；全球化品牌战略则是在每一个国家的市场创造本土化的海尔品牌。海尔实施全球化品牌战略要解决的问题是：提升产品的竞争力和企业运营的竞争力，从单一文化转变到多元文化，实现持续发展。

分析点评

企业的战略框架是企业的行动纲领，企业战略框架的构建对企业未来的发展至关重要。有了战略框架，企业的未来经营就有了重心，有了目标。因此，在激烈的市场竞争中，企业要想求得生存和长远发展，就必须站在全局的高度去把握未来，构建企业未来发展轨迹。

➡ 注意事项

在构建企业战略框架的时候，必须要有一定的科学性和可行性，过于空洞的战略框架很难给予企业发展的正面力量，只会成为企业未来发展的绊脚石。

工具2：价值链分析法

🎙 内容概述

1. 价值链分析法的概念

价值链分析法是由美国哈佛商学院教授迈克尔·波特提出来的，是一种寻求确定企业竞争优势的工具。该方法运用系统性方法来考察企业各项活动和相互关系，从而找寻具有竞争优势的资源。

价值链思想认为企业的价值增值过程按照经济和技术的相对独立性，可以分为既相互独立又相互联系的多个价值活动，这些价值活动形成一个独特的价值链。价值活动是企业所从事的物质上和技术上的各项活动，不同企业的价值活动划分与构成不同，价值链也不同。

对制造业来说，价值链的基本活动包括进料后勤、生产、发货后勤、销售、售后服务；支持活动包括企业基础设施（财务、计划等）、人力资源管理、研究与开发、采购。每一活动都包括直接创造价值的活动、间接创造价值的活动、质量保证活动三部分。企业内部某一个活动是否创造价值，看它是否提供了后续活动所需要的东西、是否降低了后续活动的成本、是否改善了后续活动的质量（见图10-1）。

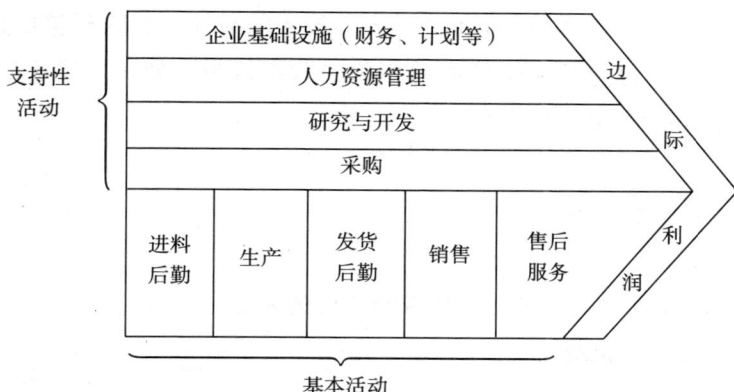

图 10-1　波特价值链

2. 价值链分析法的内容

（1）基本活动的类型。

①进料后勤：与接收、存储和分配相关联的各种活动，如原材料搬运、仓储、库存控制、车辆调度和向供应商退货。

②生产：与将投入转化为最终产品形式相关的各种活动，如机械加工、包装、组装、设备维护、检测等。

③发货后勤：与集中、存储和将产品发送给买方有关的各种活动，如产成品库存管理、原材料搬运、送货车辆调度等。

④销售：与提供买方购买产品的方式和引导它们进行购买相关的各种活动，如广告、促销、销售队伍、渠道建设等。

⑤售后服务：与提供服务以增加或保持产品价值有关的各种活动，如安装、维修、培训、零部件供应等。

（2）支持性活动的基本类型。

①企业基础设施：企业基础设施支撑了企业的价值链条，如会计制度、行政流程等。

②人力资源管理：包括涉及所有类型人员的招聘、雇佣、培训、开发和报酬等各种活动。人力资源管理不仅对基本和支持性活动起到辅助作用，而且支撑着整个价值链。

③研究与开发：每项价值活动都包含着技术成分，无论是技术诀窍、程序，还是在工艺设备中所体现出来的技术。

④采购：购买用于企业价值链各种投入的活动，采购既包括企业生产原料的采购，也包括支持性活动相关的购买行为，如研发设备的购买等；另外亦包含物料的管理作业。

⇨【实用范例】

下面是针对水泥生产企业所做的价值链分析：

1. 水泥生产企业的价值链

（1）基本活动评价。

①内部后勤评价：原材料与存货控制系统是否健全，原材料仓储效率是否提高。

②生产制造评价：工厂与工艺设计的效率如何，主机设备的生产能力、多品种产品生产组织方案、产品质量如何。

③外部后勤评价：水泥熟料的仓储效率如何，包装与发运的能力如何。

④营销评价：市场调研的有效性如何，工厂目前的销售渠道如何，销售队伍的激励情况、市场分割或者市场占有率如何。

（2）支持性活动评价。

①基础设施评价：公司融资能力如何，授信情况如何，公众形象如何。

②人力资源评价：员工激励和工作满意程度如何，现有激励和薪酬机制的有效性如何。

③技术开发评价：产品开发的有效性、实验室及其他实验设施的质量如何。管理信息系统开发的有效性如何。

④采购评价：大宗原燃料采购的及时性、可靠性如何，辅助材料的周转效率如何，与供应商的长期关系如何。

2. 水泥生产企业内部价值链

运用价值链理论我们可以看出，水泥生产企业的价值实际上是一个综合系统创造的产物，价值链内基本活动之间、不同辅助活动之间、基本活动与辅助活动之间都存在着联系，最显而易见的是支持性活动和基本活动之间的各种联系。

对于水泥生产企业来说，由于产品的同质度较高、差异化不强的特性，决定了企业都将在市场竞争中采用低成本的经营策略。而传统的成本分析方法往往集中在生产成本上，而忽视了其他如采购、销售、服务等因素的影响。更为致命的是，它是站在某一企业的角度实现成本最低，而成本最低并不表明企业能够在竞争中取得成本优势。

采用价值链分析的方法，将企业内各种活动按价值链的内在联系进行分析，将企业的成本管理视为一项系统工程，同时也从企业所处的竞争环境出发，不仅包括企业内部的价值链分析，而且包括竞争对手的价值链分析和企业所处行业的价值链分析，把传统的成本分析上升到战略性的成本分析，是价值链分析在企业管理中的重要应用。

价值链分析用于战略成本管理的步骤包括：

（1）确定成本分析的价值链，即把占用营业成本和资产中的活动分离出来，同时不能忽视比例较小但正在增长、最终改变成本结构的价值活动，并把营业成本和资产分摊到它们发生的活动中去。

（2）判定每种价值活动的成本驱动因素以及它们的相互作用。迈克尔·波特教授在《竞争优势》一书中总结了10种主要成本驱动因素：规模经济、学习曲线、生产能力利用模式、联系、相互关系、整合、时机选择、自主政策、地理位置、机构因素。

通过这些因素的分析，明确相对成本地位的来源和如何改进的方法，也可以得知通过内部联系形成的竞争优势有两种形式：最优化和协调。

最优化就是在各项价值活动间的联系上进行最优化的选择，如在生产过程中，根据市场需求采用最合理的配料方案、最佳的工艺参数、最严格的质量控制以生产合格产品，减少服务成本。

协调就是指通过协调活动之间的联系，增加产品的差异化或者降低成本，如在多品种包装发运的水泥生产企业中，利用现代信息技术开发的信息管理系统，通过建立开票、发货、出门等多个环节相互控制和制约方法，既可以加强内部管理，又可以充分掌握经营的动态信息，降低工厂的协调成本。

（3）分析竞争对手的价值链。价值链之间的差异是竞争优势的关键来源，水泥生产企业可以通过公开数据或者供应商、用户等渠道了解竞争对手的价值链。

（4）通过控制成本驱动因素、价值链重构两种主要方法，降低相对成本，确立企业的竞争优势。例如，在控制成本驱动因素方面，可以采用淡季调价或促销活动，均衡工厂现有的生产线的生产量，提高生产能力利用率；在采购活动中，采用承包年购买量、分期交货来代替经常性的小批量购买等方式，提高规模采购量。而重构价值链则是从根本上改变成本的方法。

3. 水泥生产企业外部价值链

水泥生产企业同样需要与供应商、渠道商、买方的价值链发生联系。

（1）与供应商价值链的联系。水泥生产装备的大型化和单个企业产能大型化，使得对各类原料、燃料和物资的需求增加，而电力供应也是制约水泥生产企业经营的重要因素。因此，需要通过改善与供应商的关系，与煤炭、粉煤灰、供电企业建立起联盟和合作的关系，或以参股等形式控制供货资源，辅以采用建立长期供货关系、物资备件寄售等可操作手段，形成双赢格局。

（2）与销售商价值链之间的联系。销售费用的增加经常在产品最终市场价格中占很大比重，应加强对各类分销渠道的研究和成本分析，根据不同的目标市场建立不同的营销方法，最终目的是降低产品的销售费用，提高产品在市场上的竞争力。

同时，对水泥生产企业而言，水泥产品还不是最终产品，仅是作为商品混凝土的组成部分，因此在市场竞争中可考虑进一步延伸价值链，发展商品混凝土产业。商品混凝土产业把混凝土从备料、拌制到运输等一系列生产环节从传统的施工系统中游离出来，建立预拌混凝土厂或混凝土公司。从产品价值链形成来分析，发展商品混凝土是价值增值的有效途径，国外大的水泥集团发展过程已充分验证了这一有效途径。中国商品混凝土的发展与发达国家相比还处于起步阶段，同时与水泥生产企业相对割裂，因此水泥生产企业应密切关注混凝土产业的发展，可利用现有水泥销售和中转渠道，在水泥用量较大的城市经营商品混凝土。

分析点评

价值链的建立，有助于准确地分析价值链各个环节所增加的价值，从而提高企业的效益。而且价值链的应用不仅仅局限于企业内部，随着互联网的应用和普及，竞争的日益激烈，企业之间组合价值链联盟的趋势也越来越明显。

➡ 注意事项

价值链分析的主要局限性表现在价值链分析侧重从定性的角度对企业成本进行管理，企业产品多样化导致其服务的目标市场的多样化，而目标市场的多样化导致企业价值链中成本行为发生差异，如果企业无法认识这些市场成本行为之间的差异，对这些市场共同发生的成本的分配就会产生平均趋向，从而导致对产品定价的平均化趋向，这对战略的制订会产生错误引导。要解决这一矛盾，定性分析显得缺乏说服力，而定量分析显得至关重要，所以价值链分析法必须有其他成本管理工具的支持。

工具3：SWOT 分析法

■ 内容概述

1. SWOT 分析法的概念

SWOT 分析法是一种将对企业内外部条件各方面内容进行综合和概括，进而分析组织的优劣势、面临的机会和威胁的方法。SWOT 代表企业优势（Strength）、劣势（Weakness）、机会（Opportunity）和威胁（Threat）。这里所说的优劣势分析主要是着眼于企业自身的实力及其与竞争对手的比较，而机会和威胁分析将注意力放在外部环境的变化及对企业的可能影响上。但是，外部环境的同一变化给具有不同资源和能力的企业带来的机会与威胁却可能完全不同，因此，两者之间又有紧密的联系。

2. SWOT 分析法的内容

（1）优势与劣势分析（SW）。当两个企业处在同一市场或者说它们都有能力向同一顾客群体提供产品和服务时，如果其中一个企业有更高的赢利率或赢利潜力，那么，我们就认为这个企业比另外一个企业更具有竞争优势。也就是说，所谓竞争优势，是指一个企业超越其竞争对手的能力，这种能力有助于实现企业的主要目标——赢利。但值得注意的是，竞争优势并不一定完全体现在较高的赢利率上，因为有时企业更希望增加市场份额，或者多奖励管理人员或雇员。

竞争优势可以指消费者眼中一个企业或它的产品有别于其竞争对手的任何优越的东西，它可以是产品线的宽度、产品的大小、质量、可靠性、适用性、风格和形象以及服务的及时、态度的热情等。虽然竞争优势实际上指的是一个企业比其竞争对手有较强的综合优势，但是明确企业究竟在哪一个方面具有优势更有意义，因为只有这样，才可以扬长避短，或者以实击虚。

由于企业是一个整体，并且由于竞争优势来源的广泛性，所以，在做优劣势分析时必须从整个价值链的每个环节上，将企业与竞争对手做详细的对比，如产品是否新颖，制造工艺是否复杂，销售渠道是否畅通以及价格是否具有竞争性等。如果一个企业在某一方面或几个方面的优势正是该行业企业应具备的关键成功要素，那么，该企业的综合竞争优势也许就比较强。需要指出的是，衡量一个企业及其产品是否具有竞争优势，只能站在现有潜在用户角度上，而不是站在企业的角度上。

（2）机会与威胁分析（OT）。随着经济、社会、科技等诸多方面的迅速发展，特别是世界经济全球化、一体化过程的加快，全球信息网络的建立和消费需求的多样化，企业所处的环境更为开放和动荡。这种变化几乎对所有企业都产生了深刻的影响。正因为如此，环境分析成为一种日益重要的企业职能。

环境发展趋势分为两大类：一类表示环境威胁，另一类表示环境机会。环境威胁指的是环境中一种不利的发展趋势所形成的挑战，如果不采取果断的战略行为，这种不利趋势将导致公司的竞争地位受到削弱。环境机会就是对公司行为富有吸引力的领域，在这一领域中，该公司将拥有竞争优势。

3. SWOT 分析步骤

（1）分析环境因素。运用各种调查研究方法，分析公司所处的外部环境因素和内部能力因素。外部环境因素包括机会因素和威胁因素，它们是外部环境对公司的发展直接有影响的有利和不利因素，属于客观因素，一般归属为经济的、政治的、社会的、人口的、产品和服务的、技术的、市场的、竞争的等不同范畴。内部环境因素包括优势因素和弱点因素，它们是公司在其发展中自身存在的积极和消极因素，属主动因素，一般归类为管理的、组织的、经营的、财务的、销售的、人力资源的等不同范畴。在调查分析这些因素时，不仅要考虑公司的历史与现状，更要考虑公司的未来发展。

（2）构造 SWOT 矩阵。将调查得出的各种因素根据轻重缓急或影响程度等排序方式，构造 SWOT 矩阵。在此过程中，将那些对公司发展有直接的、重要的、大量的、迫切的、久远的影响因素优先排列出来，而将那些间接的、次要的、少许的、不急的、短暂的影响因素排列在后面。

（3）制订行动计划。在完成环境因素分析和 SWOT 矩阵的构造后，便可以制订出相应的行动计划。制订计划的基本思路是：发挥优势因素，克服弱点因素，利用机会因素，化解威胁因素；考虑过去，立足当前，着眼未来。运用系统分析的综合分析方法，将排列与考虑的各种环境因素相互匹配加以组合，得出一系列公司未来发展的可选择对策。

⇨【实用范例】

下面是对世界 500 强企业龙头沃尔玛的 SWOT 分析案例。

1. 优势（Strength）

沃尔玛是著名的零售业品牌，它以物美价廉、货物繁多和一站式购物而闻名。

沃尔玛的销售额在近几年有明显增长，并且在全球的范围进行扩张。

沃尔玛的一个核心竞争力是由先进的信息技术所支持的国际化物流系统，在该系统支持下，每一件商品在全国范围内的每一间卖场的运输、销售、储存等物流信息都可以清晰地看到。信息技术同时也加强了沃尔玛高效的采购过程。

沃尔玛的一个焦点战略是人力资源的开发和管理。优秀的人才是沃尔玛在商业上取得成功的关键因素，为此，沃尔玛投入时间和金钱对优秀员工进行培训并建立忠诚度。

2. 劣势（Weakness）

沃尔玛建立了世界上最大的食品零售帝国，尽管它在信息技术上拥有优势，但因为其巨大的业务拓展，这可能导致对某些领域的控制力不够强。

因为沃尔玛的商品涵盖了服装、食品等多个部门，所以，它在适应性上较更加专注于某一领域的竞争对手不占优势。

该公司是全球化的，但是目前开拓的国际市场并不大，截至 2009 年 5 月，只有 14 个国家。

3. 机会（Opportunity）

采取收购、合并或者战略联盟的方式与其他国际零售商合作，专注于欧洲或者大中华区等特定市场。

作为世界 500 强的龙头企业，沃尔玛的卖场当前只开设在 14 个国家内。因此，拓展新兴市场可以带来大量的机会。

沃尔玛可以通过新的商场地点和商场形式来获得市场开发的机会。更接近消费者的商场和建立在购物中心内部的商店，可以使过去仅仅是大型超市的经营方式变得多样化。

沃尔玛的机会存在于对现有大型超市战略的坚持。

4. 威胁（Threat）

沃尔玛在零售业的领头羊地位使其成为所有竞争对手的赶超目标。沃尔玛的全球化战略使其可能在其业务国家遇到政治上的问题。

多种消费品的成本趋向下降，原因是制造成本的降低。致使制造成本降低的主要原因是向世界上的低成本地区进行生产外包，这导致了价格竞争，并在一些领域内造成了通货紧缩。

恶性价格竞争是一个威胁。

分析点评

SWOT 分析法是制定企业战略决策、竞争情报分析中常用的方法之一。

企业管理者可以运用 SWOT 方法，了解当前企业环境，未来竞争状况，制订一套能适应当前，也能应对未来的企业策略。通过 SWOT 分析，可以帮助企业把资源和行动聚集在自己的强项和机会较多的地方。

➲ 注意事项

SWOT 分析法由麦肯锡提出已经很久了，带有时代的局限性。以前的企业可能比较关注成本、质量，现在的企业可能更强调组织流程。例如，以前的电动打字机被印表机取代，该怎么转型？是应该做印表机还是做其他与机电有关的产品？从 SWOT 分析来看，电动打字机厂商的优势在机电，但是发展印表机又显得比较有机会。结果有的向印表机发展，死得很惨；有的向剃须刀生产发展很成功。这就看你要的是以机会为主的成长策略，还是要以能力为主的成长策略。SWOT 没有考虑企业改变现状的主动性，而企业是可以通过主动寻找新的资源来创造企业所需要的优势，从而达到过去无法达成的战略目标的。

工具 4：决策树

● 内容概述

1. 决策树的概念

当项目需要做出某种决策、选择某种解决方案或者确定是否存在某种风险时，决策树提供了一种形象化的、基于数据分析和论证的科学方法，这种方法通过严密的逻辑推导和逐级逼近的数据计算，从决策点开始，按照所分析问题的各种发展的可能性不断产生分枝，并确定每个分支发生的可能性大小以及发生后导致的货币价值多少，计算出各分支的损益期望值，然后将期望值中最大者（如求极小，则为最小者）作为选择的依据，从而为确定项目、选择方案或分析风险做出理性而科学的决策。

2. 决策树的使用

（1）决策树包含了决策点和机会点，决策点通常用方格或方块表示，在该点表示决策者必须做出某种选择；机会点，用圆圈表示，通常表示有机会存在。

（2）从决策点向右引出若干条支线（树枝线），每条支线代表一个方案，叫作方案枝。

（3）在每个方案枝的末端画一个圆圈，叫作状态点。

（4）估计每个方案发生的概率，并把它注明在该种方案的分支上，称为概率枝。

（5）估计每个方案发生后产生的损益值，收益用正值表示，损失用负值表示。

（6）计算每个方案的期望价值：期望价值＝损益值 × 该方案的概率。

（7）如果问题只需要一级决策，在概率枝末端画"△"表示终点，并写上各个自然状态的损益值。

（8）如果是多级决策，则用决策点"□"代替终点"△"，重复上述步骤继续画出决策树。

（9）计算决策期望值：决策期望值＝由此决策而发生的所有方案期望价值之和。

（10）根据决策期望值做出决策。

图 10-2 为决策树模型。

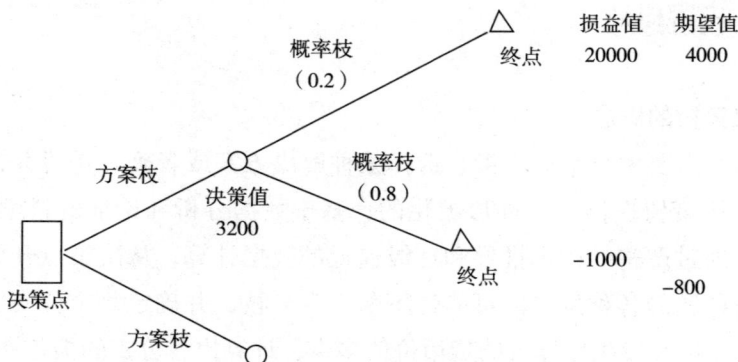

图 10-2　决策树模型

⇨【实用范例】

A公司是一家制造医护人员工装大褂的公司，该公司正在考虑扩大生产能力，它可以有以下几个选择：a.什么也不做；b.建一个小厂；c.建一个中型厂；d.建一个大厂。新增加的设备将生产一种新型的大褂，目前该产品的潜力或市场还是未知数。如果建一个大厂且市场较好，就可实现100000元的利润。如果市场不好则会导致90000元的损失。但是，如果市场较好，建中型厂将会获得60000元，建小型厂将会获得40000元；市场不好则建中型厂将会损失10000元，建小型厂将会损失5000元。当然，还有一个选择就是什么也不干。最近的市场研究表明市场好的概率是0.4，也就是说，市场不好的概率是0.6（见图10-3）。

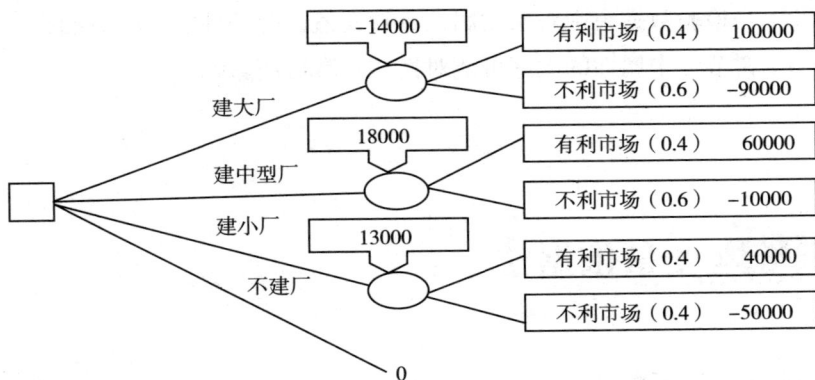

图10-3 A公司决策树模型

在这些数据的基础上，能产生最大的预期货币价值（EMV）的选择就可找到。

EMV（建大厂）$= (0.4) \times (100000) + (0.6) \times (-90000) = -14000($元$)$

EMV（建中型厂）$= (0.4) \times (60000) + (0.6) \times (-10000) = +18000($元$)$

EMV（建小厂）$= (0.4) \times (40000) + (0.6) \times (-5000) = +13000($元$)$

EMV（不建厂）$= 0($元$)$

根据EMV标准，A公司应该建一个中型厂。

分析点评

决策树为人们提供了一种非常有效的分析法。该方法的重要意义在于：清楚显示出项目所有可供选择的行动方案、行动方案之间的关系、行动方案的后果、后果发生的概率以及每种方案的损益期望值，使纷繁复杂的决策问题变得简单、明了，并且有理有据。决策树用数据说话，形成科学的决策，避免单纯凭经验、凭想象而导致的决策上的失误。

注意事项

在使用决策树的时候需要注意以下几点：

（1）即使对于小型项目，决策树也可能相当大，因此难以理解。

（2）当检验数据集中对象的属性有缺失值，树的性能可能有问题。

（3）树节点中属性的次序可能对性能具有负面影响。

工具 5：变量依据法

内容概述

1. 变量依据法的概念

变量依据法又叫洛克希德法，这是洛克希德导弹与航天公司研究出的一种方法。该方法是把影响管理幅度的各种因素作为变量，采用定性分析与定量分析相结合的做法来确定管理幅度的一种方法。

该方法通过研究影响中层管理人员管理宽度的6个关键变量（职能的相似性、地区的相似性、职能的复杂性、指导与控制的工作量、协调的工作量和计划的量），把这些变量按困难程度排成五级，并加权使之反映重要程度，最后加以修正，从而提出建议的管辖人数标准值。

2. 变量依据法的实施步骤

（1）确定影响管理幅度的主要变量。由于企业的具体情况差别非常大，影响企业管理幅度的若干主要变量可能有所不同，因而需要从多种因素中选择，并确定对特定企业影响较大的主要变量。美国洛克希德导弹与航天公司通过研究分析与验证，把以下6个变量作为主要变量：

①职能的相似性。指同一上级领导下的各单位或人员执行的职能的差异程度。

②地区的相似性。指同一上级领导下的各单位或个人的工作地点相距远近。

③职能的复杂性。指主管人员的任务和下属或部门的工作性质。

④指导与控制的工作量。这个因素涉及下属的素质及需要训练的工作量、所能授予的职权范围以及需要亲自关心的程度。

⑤协调工作量。指上级领导者为使下属及部门与公司其他部门的业务活动达到步调一致所需花费的时间。

⑥计划工作量。这个因素用来反映主管人员及其所在单位的计划工作的重要性、复杂性和所需要的时间。

（2）确定各变量对上级领导人工作负荷的影响程度。为了定量反映各个变量对上级领导人工作负荷的影响程度，首先要按照每个变量本身的差异程度将其划分为若干个等级。洛克希德公司把每个变量分成5个等级，然后根据处在不同等级上的变量对上级工作负荷的影响程度，分别给予相应的权数。权数越大，则表示这个等级上的变量对管理幅度的影响越大。

（3）确定各变量对管理幅度总的影响程度。运用上一步得到的权数表，对照企业各变量的实际情况，确定该企业各变量应该取的权数，再将其加总而得到一个总数值，然后根据主管人员拥有的助理人数及其工作内容，对这个总数值加以修正，即得到决定管理幅度大小的总权数。这个总权数越大，意味着领导者的工作负荷越重，管理幅度就应越小。

修正总数值时，系数一般取0～1之间的小数。主管人员拥有的助理人数越多，系数就越小。例如，只有1位助手的主管人员的系数为0.9，有2位助手的为0.8，以此类推。助手的工作内容也影响修正系数。如配备有分担一部分主管工作的直线助理，采用系数0.7；在计划和控制方面的参谋助理可用0.75或0.8的系数。

（4）确定具体的管理幅度。将计算出来的主管人员的总权数同管理幅度的标准相比较，就可以判定企业目前的实际幅度是高于还是低于标准值，也可以为新机构的管理幅度提出建议人数。管理幅度的标准值是以那些被公认为组织与管理得法并具有较大幅度的企业为实例，经过统计分析而提出的。

⇨ 【实用范例】

某企业经过反复研究和比较，确定前述影响企业管理幅度的6个变量的权数（见表10-1）。

表10-1　管理幅度各变量对主管工作负荷量的影响程度表

影响宽度的主要变量	工作量的等级与权数				
职能相似性	完全相同 1	基本相同 2	相似 3	基本不同 4	根本差别 5
地区临近性	完全在一起 1	同一办公楼 2	同一工厂不同办公楼 3	地区相同不同地点 4	不在同一地区 5
职能复杂性	简单工作 2	例行公事 4	稍微复杂 6	复杂多变 8	非常复杂多变 8
指导与控制	管理训练工作量少 3	管理工作量有限 6	适当定期管理 9	经常持续管理 12	始终严密管理 15
协调	与其他人的关系极少 2	明确规定的有限关系 4	适当的便于控制的相互关系 6	相当密切关系 8	接触面广，关系不复杂 10
计划工作	规模与复杂性很小 2	规模与复杂性有限 4	中等规模与复杂性 6	要求相当的努力，有相关政策指导 8	要求极大努力，范围与政策均不明确 10

对照该企业各变量的实际情况，确定出该企业各变量应该取的权数分别为3，5，6，15，4，4，将其加总得总权数为37。该公司根据实际工作分析，确定一名拥有3位助理的主管的修正系数为0.7，得出该主管的总权数为25.9，然后与表10-2管理幅度标准值表对照，确定该主管的管理幅度

人数为 7 ~ 10 人。

表 10-2　管理幅度标准值表

变量的权数总和	幅度人数
22 ~ 24	8 ~ 11
25 ~ 27	7 ~ 10
28 ~ 30	6 ~ 9
31 ~ 33	5 ~ 8
34 ~ 36	4 ~ 7
37 ~ 39	4 ~ 6
40 ~ 42	4 ~ 5

分析点评

变量依据法是一种科学的方法，采用此法可以很好地将影响企业管理幅度的若干主要变量与领导者的下属人员配备结合起来，实现了定量分析与定性分析的有效结合，整个过程可操作性较强，对企业实现人力资源优化配置具有一定的帮助性。

注意事项

在使用变量依据法时需要注意的是，管理者能成功指导的下属人数取决于下列因素：

（1）下属之间相互影响的程度。

（2）行为的相似程度。如果高层管理者身边有专家的话，管理幅度就可以相对放宽一些。

（3）管理者下属的新问题、新系统和新员工的状况。在起步阶段或发生重大变化的阶段，管理者不可能在较大的管理幅度内进行有效的控制。

（4）单位的地理分布。地理距离显然会引起管理上的困难，例如，在伦敦的一个销售经理可以管理 4 个销售代理，而在苏格兰、北英格兰、约克郡和兰开夏郡，同样数量的销售代理就需要 2 ~ 3 名销售经理来管理。

（5）管理者的其他活动范围也是非常重要的。如果他同时履行客户代理人的职责，那么他指导其他职员工作的时间就少了。

工具6：7S要素模型

内容概述

1. 7S要素模型的产生

20世纪70～80年代，Thomas J. Peters和Robert H. Waterman两位斯坦福大学的管理硕士、长期服务于美国著名的麦肯锡管理顾问公司的学者，访问了美国历史悠久、最优秀的62家大公司，又以获利能力和成长的速度为准则，挑出了43家杰出的模范公司，其中包括IBM、德州仪器、惠普、麦当劳、柯达、杜邦等各行业中的翘楚。他们对这些企业进行了深入调查，并与商学院的教授进行讨论，以麦肯锡顾问公司研究中心设计的企业组织七要素（简称7S模型）为研究框架，总结了这些成功企业的一些共同特点，写出了《追求卓越——美国企业成功的秘诀》一书，使众多美国企业在经济不景气的大环境下看到了榜样的力量，重新找回了失落的信心，也为新的经济振兴带来了无限的智慧和方法上的支持。

2. 7S要素模型的内容

7S要素模型指出了企业在发展过程中必须全面地考虑各方面的情况，包括结构、制度、风格、员工、技能、战略、共同的价值观。也就是说，企业仅具有明确的战略和深思熟虑的行动计划是远远不够的，因为企业还可能在战略执行过程中失误。因此，战略只是其中的一个要素。

在模型中，战略、结构和制度被认为是企业成功的"硬件"，风格、人员、技能和共同的价值观被认为是企业成功经营的"软件"。麦肯锡的7S要素模型提醒世界各国的经理们，软件和硬件同样重要，两位学者指出，各公司长期以来忽略的人性，如非理性、固执、直觉、喜欢非正式的组织等，其实都可以加以管理，这与各公司的成败息息相关，绝不能忽略。

（1）硬件要素分析战略。

①战略。这是企业根据内外环境及可取得资源的情况，为求得企业生存和长期稳定的发展，对企业发展目标、达到目标的途径和手段的总体谋划，是企业经营思想的集中体现，是一系列战略决策的结果，同时又是制定企业规划和计划的基础。企业战略这一管理理论是 20 世纪 50 ~ 60 年代由发达国家的企业经营者在社会经济、技术、产品和市场竞争的推动下，在总结自己的经营管理实践经验的基础上建立起来的。1947 年美国企业制定发展战略的只有 20%，而 1970 年已经达到了 100%。日本经济新闻社在 1967 年曾进行过专门调查，在 63 家给予回答的日本大公司中，99% 有战略规划。在美国进行的一项调查，有 90% 以上的企业家认为企业经营过程中最占时间、最为重要、最为困难的就是制定战略规划。可见，战略已经成为企业取得成功的重要因素，企业的经营已经进入了"战略制胜"的时代。

②结构。战略需要健全的组织结构来保证实施。组织结构是企业的组织意义和组织机制赖以生存的基础，它是企业组织的构成形式，是企业的目标、协同、人员、职位、相互关系、信息等组织要素的有效排列组合方式，是将企业的目标任务分解到职位，再把职位综合到部门，由众多的部门组成垂直的权力系统和水平分工协作系统的有机整体。组织结构是为战略实施服务的，不同的战略需要不同的组织结构与之对应，组织结构必须与战略相协调。例如，通用电气公司，在 20 世纪 50 年代末期，执行的是简单的事业部制，但那时企业已经开始从事大规模经营的战略。到了 60 年代，该公司的销售额大幅度提高，而行政管理却跟不上，造成多种经营失控，影响了利润的增长。在 70 年代初，企业重新设计了组织结构，采用了战略经营单位结构，使行政管理滞后的问题得到了解决，妥善地控制了多种经营，利润也相应地得到了提高。由此看出，企业组织结构一定要适应实施企业战略的需要，它是企业战略贯彻实施的组织保证。另外，两位学者在研究中发现，简单明了是美国成功企业的组织特点。这些企业中上层的管理人员很少，常常是不到一百个管理人员的公司在经营上百亿美元的事业。

③制度。企业的发展和战略实施需要完善的制度做保证，而实际上各项制度又是企业精神和战略思想的具体体现。所以，在战略实施过程中，

应制定与战略思想相一致的制度体系，要防止制度的不配套、不协调，更要避免背离战略的制度出现。在3M公司，一个人只要参加新产品创新事业的开发工作，他在公司里的职位和薪酬自然会随着产品的成绩而改变，即使开始他只是一个生产一线的工程师，如果产品打入市场，就可以提升为产品工程师，如果产品的年销售额达到五百万美元时，他就可以成为产品线经理。这种制度极大地激发了员工创新的积极性，促进了企业发展。

（2）软件要素分析。

①风格。两位学者发现，杰出企业都呈现出既中央集权又地方分权的宽严并济的管理风格，他们让生产部门和产品开发部门极端自主，同时又坚定地遵守着几项流传久远的价值观。

②人员。战略实施还需要充分的人力准备，有时战略实施的成败取决于有无适合的人员去实施。实践证明，人力准备是战略实施的关键。IBM的一个重要原则就是尊重个人，并且花很多时间来执行这个原则。因为，他们坚信员工不论职位高低，都是产生效能的源泉。所以，企业在做好组织设计的同时，应注意配备符合战略思想需要的员工队伍，将他们培训好，分配给他们适当的工作，并加强宣传教育，使企业各层次人员都树立起与企业的战略相适应的思想观念和工作作风。例如，麦当劳的员工都十分有礼貌地提供微笑服务；IBM的销售工程师技术水平都很高，可以帮助顾客解决技术上的难题；迪斯尼的员工生活态度都十分乐观，他们为顾客带来了欢乐。人力配备和培训是一项庞大、复杂和艰巨的组织工作。

③技能。在执行公司战略时，需要员工掌握一定的技能，这有赖于严格、系统的培训。松下幸之助认为，每个人都要经过严格的训练，才能成为优秀的人才，例如，在运动场上驰骋的健将们大显身手，但他们惊人的体质和技术，不是凭空而来的，而是长期在生理和精神上严格训练的结果。如果不接受训练，一个人即使有非常好的天赋资质，也可能无从发挥。

④共同的价值观。由于战略是企业发展的指导思想，只有企业的所有员工都领会了这种思想并用其指导实际行动，战略才能得到成功的实施。因此，战略研究不能只停留在企业高层管理者和战略研究人员这一个层次上，而应该让执行战略的所有人员都了解企业的整个战略意图。企业成员共同的价值观念具有导向、约束、凝聚、激励及辐射作用，可以激发全体

员工的热情，统一企业成员的意志和欲望，齐心协力地为实现企业的战略目标而努力。这就需要企业在准备战略实施时，要通过各种手段进行宣传，使企业的所有成员都能够理解它、掌握它，并用它来指导自己的行动。

因此，在企业发展过程中，要全面考虑企业的整体情况，只有在软硬两方面 7 个要素能够很好地沟通和协调的情况下，企业才能获得成功。

⇨【实用范例】

中国邮政储蓄银行 2007 年 3 月 20 日正式成立，这标志着中国邮政储蓄体制改革迈出了实质性的一步，也标志着中国金融体制改革取得了重要的阶段性成果。

截至 2007 年 10 月底，全国邮政储蓄存款余额达到 1.7 万亿元，存款规模列全国第五位，储蓄市场占有率近 10%；持有邮政储蓄绿卡的客户超过 1.4 亿户，每年通过邮政储汇办理的个人结算金额超过 2.1 万亿元，其中，从城市汇往农村的资金达到 1.3 万亿元。虽然中国邮政储蓄银行取得了很大的成绩，但是与其他商业银行相比，还存在着较大的差距，具体表现在如下几个方面：

（1）基础建设落后，网络优势不显。

（2）业务种类单一，市场培育不足。

（3）人员素质较低，制度建设滞后。

因此，立足于竞争日益激烈的金融行业，如何迅速提升本企业的竞争力，已成为邮储银行高层领导者必须面对的亟待解决的问题。下面，我们根据麦肯锡 7S 要素模型进行分析研究，以期为提升中国邮储银行的竞争力提供一些思路。

在著名的麦肯锡 7S 要素模型中，企业发展中存在相互关系的 7 个要素，即战略、结构、制度、风格、员工、技能和共同的价值观等，这 7 个要素在提升企业竞争力的过程中发挥着重要的作用，也是确保企业成功经营的重要条件。

1. 战略：制定科学合理的战略规划

邮政储蓄银行定位以零售业务和中间业务为主，为城市社区和广大农村地区居民提供基础金融服务，即以从事微型金融业务为主。这种定位表明了邮储采取的竞争战略是差异化战略。因此，邮政储蓄银行必须锁定目标顾客，通过细分市场制定一个科学合理、层次分明的战略体系，围绕总体战略制定一系列的品牌、营销战略，培育好两个市场，即农村市场和城市市场，在百年老店的金字招牌上，着力打造好三张牌，即网络牌、服务平牌、品牌优化牌，实行全新的邮政储蓄转型战略。

2. 结构：构建扁平化的现代组织结构

邮政储蓄必须按现代银行企业的标准来构建组织结构体，建立精简高效的扁平化组织，提高企业的竞争效率，为企业未来发展打下良好基础。

3. 制度：建立严密的商业银行制度体系

邮政储蓄银行应构建完备的公司治理结构，逐步完善独立董事与充分发挥监事会的作用，建立一整套管理严谨、内控严密商业银行制度体系；在资金运用、资金监控、风险防范、内部控制等方面建立有效的内部管理和监督机制。

4. 风格：强化管理，高效服务

邮政储蓄银行应始终以"高效益办事，高质量服务，严控风险，强化管理"为经营理念，积极探索加大支农服务的有效途径，切实加大"三农"投入力度，有效拓展促进农民持续增收渠道。应该强化管理，积极为城市社区和农村服务，做老百姓身边的银行，全身心致力于服务地方经济发展，服务城乡群众，多方位筹集资金支持农村经济社会发展。

5. 人员：实施人才兴储战略，建立人才梯次纵队

金融业是人才密集的行业，在金融市场竞争日趋激烈、金融变革不断深化的进程中，邮政储蓄应牢固树立"以人为本"的理念，吸引四类人才：一是具备敏锐市场洞察力和全局驾驭能力的企业家人才；二是具备丰富投资理财知识和经验的金融人才；三是精通市场业务熟练的营销人才；四是计算机等专业技术人才。因此，实施新的人力资源战略，通过强有力的激励措施和富有吸引力的事业发展机会，引进人才，留住人才，发现人才，培养人才，逐步建立起一支结构合理、素质优良的员工队伍。人才兴储战略是提升邮储竞争力的关键。

6. 技能：建立学习型组织，提升员工技能

邮政储蓄银行应创建良好的学习氛围，不断鼓励和督促员工提升技能，如建立健全有效的激励机制，鼓励员工进行岗位创新；建立培训与教育的长效机制，开展企业、研究中心和学校等培训机构良性互动；继续推行岗位练功、职业技能鉴定和职业技能比赛等活动等。

7. 共同的价值观：培育优良的企业文化，塑造共同的价值观

邮政储蓄银行应从以下五个方面来培育新的适应企业发展和竞争的企业文化：一是确立企业的核心价值观，为企业的发展战略服务；二是提升企业整体形象，塑造邮储品牌；三是培育优良的企业精神，激励员工形成共同价值观；四是树市典型榜样，重视劳模标兵的带头作用；五是加强企业道德建设，完善企业约束机制，为提升竞争力提供保证。通过培育良好的企业文化将企业的员工紧紧联系在一起，并逐渐形成以客户服务为中心，创新、学习、贡献的共同价值观，促使组织成员自觉地为共同的目标而奋斗，从而为提升企业的竞争力提供有力的支撑。

分析点评

7S 要素模型的积极意义就在于它建构了较为完整的管理体系，并将管理艺术量化、科学化，形成了鲜明的图形和流程，对于客观评价管理效能有较好的支持作用。面对现在竞争激烈的金融市场环境，中国邮政储蓄银行要想在激烈的市场竞争中赢得主动，扩大市场份额，就必须迅速提升自身的竞争力，走良性的可持续发展的道路。而 7S 要素模型为邮政储蓄提升竞争力提供了全方位的系统规划和科学的发展思路。

注意事项

需要人们注意的是，7S 要素模型在被其他学科借鉴时，可以根据具体学科的情况修改相应的因素或是变量而派生出新的模型。而且，7S 要素模型中的 7 个因素也不是一成不变的，还可以根据学科的不同做相应的增减和修改。

工具 7： 波士顿矩阵法

内容概述

　　波士顿矩阵是制定公司战略最流行的方法之一。该方法是由波士顿咨询集团（Boston Consulting Group，BCG）在 20 世纪 70 年代初开发的。波士顿矩阵的分析前提是认为企业的相对竞争地位（以相对市场份额指标表示）和业务增长率（以市场增长率指标表示）决定了企业业务组合中的某一特定业务应当采取何种战略。在图 10-4 中，矩阵的横轴表示企业在行业中的相对市场份额，相对市场份额分高、低两个区域。纵轴表示市场增长率，是指企业所在行业某项业务前后两年市场销售增长百分比，在分析中通常用 10% 的市场增长率作为增长高、低的界限。

　　如图 10-4 所示，根据有关业务或产品的行业市场增长率和企业相对市场份额标准，波士斯矩阵可以把企业全部的经营业务定位在四个区域中，分别为：

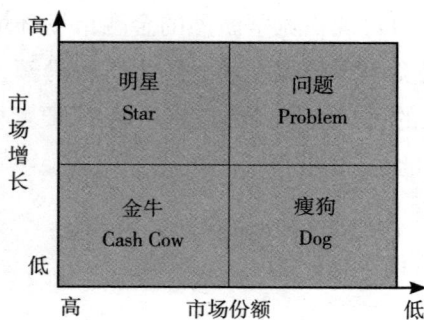

图 10-4　波士顿矩阵

　　（1）明日之星（明星产品，Star），这是属于高度成长、高占有率的产品。由于成长快速，因此，通常厂商不但不能从中获取大量的现金，反而还需要投入资金，以扩大市场，强化与推广，使自己能够更上一层楼，并在未来获取更多、更长远的利益。

（2）问题儿童（问题产品，Problem Child），亦称为问号（Question Mark），这是属于高度成长、低占有率的产品。管理当局应该仔细考虑，是否要花费更多的资金来提高市场占有率，以开创更美好的明天，或是缩小经营规模，甚至完全退出市场。

（3）金牛（金牛产品，Cash Cow），这是属于低度成长、高占有率的产品。由于竞争已经趋于稳定，因此，它可以产生大量的现金，以供厂商发展新产品，并培养逐渐升成明日之星，可说是厂商的"金库"。

（4）落水狗（瘦狗产品，Dog），亦称为现金陷阱，这里属于低度成长、低占有率的产品，它或许还能自给自足，或对利润也有贡献，但行销人员必须认清真相，不要因为感情因素，而将资金继续浪费在没有明天的产品上，除非产品本身仍有可为，否则，壮士断腕才是上策。

要想理解波士顿矩阵，重要的是假定在累积学习曲线（Cumulative Learning Curve）效应。该假定认为，如果企业能够适当地生产产品和管理生产过程，则产品生产累积的每一个显著的增加，都会带来可预计的单位产品成本的下降。特别是，波士顿咨询集团断言，销售量每翻一番，单位产品成本一般会下降20%～30%，这个结论显然是占有最大市场份额的业务将有最低的成本。

研究显示，牺牲短期利润以获取市场份额的组织，将产生最高的长期利润。因此，管理当局应当从"现金牛"身上尽可能多地挤出"奶"来，把"现金牛"业务的新投资限制在最必要的水平上，而利用"现金牛"产生的大量现金投资于明星业务，对明星业务的大量投资将获得高额红利。当然，当明星业务的市场饱和及增长率下降时，它们最终会转变为"现金牛"。最难做出的是关于问题业务的决策，其中一些应当出售，另一些有可能转成明星业务。但是问题业务是有风险的，管理当局应当限制投机性业务的数量。对于瘦狗型业务不存在战略问题，因为这些业务所得的现金可以用来收购或资助某些问题业务。

⇨【实用范例】

上海和达汽车零部件有限公司是由某国内上市公司与外商合资生产汽

车零部件的企业。公司于1996年正式投产，配套一汽大众、上海通用、东风柳汽、吉利、湖南长风武等。

和达公司的主要产品分成五类，一是挤塑和复合挤塑类（密封嵌条、车顶饰条等）；二是滚压折弯类（车门导槽、滑轨、车架管）；三是普通金属焊接类（汽车仪表板横梁模块）；四是激光焊接类（镁合金横梁模块）；五是排挡杆类（手动排挡总成系列）。

图10-5是和达公司产品波士顿矩阵分析图。

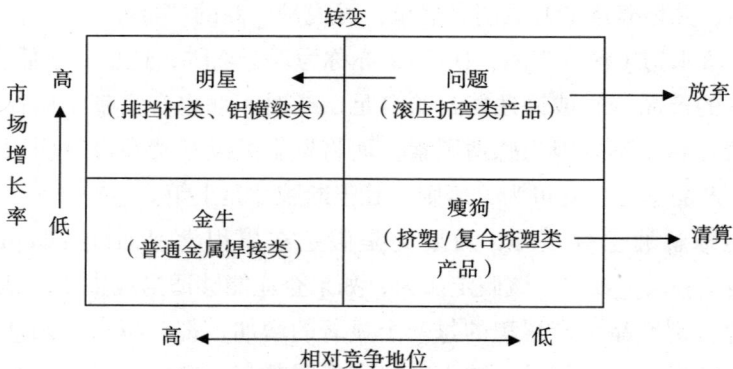

图10-5　和达公司产品波士顿矩阵分析图

1.问题型业务（指高增长、低市场份额）

处在这个领域中的是一些投机性产品，这些产品可能利润率高但占有的市场份额很小。公司必须慎重回答"是否继续投资这些业务"这个问题。只有那些符合企业发展长远目标、企业具优势、能够增强企业核心竞争力的业务才能得到肯定的回答。

从和达公司的情况来看，滚压折弯类产品由于技术含量不高，门槛低，未来市场竞争程度必然加剧。所以，对于这类产品最好是舍弃。由于目前还能带来利润，不必迅速退出，只要保持必要的市场份额，公司不必再增加投入。当竞争对手大举进攻时可以舍弃。

2.明星型业务（指高增长、高市场份额）

这个领域中的产品处于快速增长的市场中并且占有支配地位份额，但也许不会产生正现金流量。市场还在高速成长，为保持与市场同步增长，并击退竞争对手，公司必须继续投资。

对于和达公司来说，铝横梁的真空电子束焊接系统是国内第一家，具有技术上的领先优势。因此企业应该加大对这一产品的投入，以继续保持技术上的领先地位。对于排挡杆类产品，由于国内在这个领域的竞争程度还不太激烈，因此可以考虑进入。和达公司应该把这类产品作为公司的明星业务来培养，要加大对这方面的资金支持。在技术上应充分利用和寻找国外已具有同等类似产品的厂商进行合作。

3. 现金牛业务（指低增长、高市场份额）

处在这个领域中的产品产生大量的现金，但未来的增长前景是有限的。由于市场已经成熟，企业不必大量投资来扩展市场规模。同时作为市场中的领导者，该业务享有规模经济和高边际利润的优势，因而给企业带来大量现金流。

对于和达公司来说，其普通金属焊接类产品即是现金牛类产品。由于进入市场的时机较早，产品价格不错，每年能够给企业带来相当的利润。因此对于和达公司来说，对于金属焊接类产品，应该保持住目前的市场份额，把从这个产品中获取的利润投入到铝横梁和排挡杆的产品中去。

4. 瘦狗型业务（指低增长、低市场份额）

这个剩下的领域中的产品既不能产生大量的现金，也不需要投入大量现金，这些产品没有希望改进其绩效。瘦狗型业务通常占用很多资源，多数时候是得不偿失的。

对于和达公司来说，普通塑料异型挤出和异型体复合挤出类产品因设备陈旧等原因，在国内已落后于主要竞争对手。从公司战略的角度出发，应该不断对这一块进行收缩，不必再投入更大的精力和财力，而是逐渐把注意力集中在激光焊接和排挡杆的业务上去。

通过运用波士顿矩阵分析，使和达公司明确了产品定位和发展方向，对于企业投资的选择起到了举足轻重的作用。但波士顿矩阵仅仅是一个工具，问题的关键在于要解决如何使企业的产品品种及其结构适合市场需求的变化，只有这样企业的生产才有意义。同时，如何将企业有限的资源有效地分配到合理的产品结构中去，以保证企业收益，是企业在激烈竞争中能否取胜的关键。

分析点评

波士顿矩阵法的应用为企业产生了巨大的效益。该方法提高了管理人员的分析能力，帮助他们以前瞻性的眼光看待问题，更深刻地理解企业各项业务活动的关联，加强了企业业务和企业管理人员之间的沟通，及时调整企业的业务组合，收获或放弃萎缩业务，对更有发展前景的业务加强投资。波士顿矩阵法也为人力资源战略的调整提供了科学的依据。

注意事项

波士顿矩阵在应用的时候也有一定的局限性，例如，在矩阵中假设这些业务是独立的，但是许多公司的业务是紧密联系在一起的。比如，金牛类业务和瘦狗类业务是互补的业务组合，如果放弃瘦狗类业务，那么金牛类业务也会受到影响。